Elogios a
O Efeito Halo

Um dos Melhores Livros de 2007 sobre Negócios

— *Financial Times* e *The Wall Street Journal*

Prêmio Anual Accenture de Melhor Artigo do Ano: "Misunderstanding the Nature of Company Performance: The Halo Effect and Other Business Delusions" [Equívoco sobre a natureza do desempenho empresarial: O Efeito Halo]

— *California Management Review*, verão de 2007

"Fiquei impressionado com este livro. Ele destrói mitos, criados na literatura de administração, sobre os motivos para o sucesso por meio de argumentos testados e poderosos. Ele deve se consolidar como um dos livros de administração mais importantes de todos os tempos, e um antídoto para os best-sellers de gurus que apresentam padrões falsos e argumentos ingênuos."

— Nassim Nicholas Taleb, autor de *A Lógica do Cisne Negro*

"Em *O Efeito Halo*, Phil Rosenzweig nos presta um grande serviço ao conseguir falar o indizível. A sua análise iconoclasta é um antídoto muito bem-vindo para o tipo de abordagem superficial, estereotipada e simplificada que é comum atualmente em muitos livros populares de negócios. É o livro certo na hora certa."

— John R. Kimberly, Professor Henry Bower de Estudos Empresariais, The Wharton School, Universidade da Pensilvânia

"Livros de negócios raramente combinam a astúcia do mundo real com o rigor científico. O livro de Rosenzweig é uma exceção extraordinária — é um trabalho excelente há muito esperado."

— Philip E. Tetlock, Catedrático Lorraine Tyson Mitchell II de Liderança e Comunicação, Haas School of Business, Universidade da Califórnia, Berkeley

"Rosenzweig não só zomba da grande quantidade de textos ruins e ciência precária no mundo da administração. Ele explica por que são tão ruins — e como podemos aprender com eles, independentemente do que dizem seus autores."

— John Kay, colunista do *Financial Times* e autor de *Everlasting Light Bulbs: How Economics Illuminates the World*

"Ele escreve de maneira descontraída, usando exemplos simples, mas interessantes, é rigoroso sem ser pedante, e faz o possível para ser justo com os supostos experts que destrói."

— *The Conference Board*

"Uma visão perspicaz dos negócios e dos conselhos de negócios."

— *The Wall Street Journal*

"Este é um livro fascinante e bem fundamentado que desafia muito do que sabemos sobre negócios, estimulando-nos a ver as descobertas de pesquisas de forma mais cética. É um apelo à mente, em vez de um manual prático para gestores, e nos ajuda a avaliar a base de novas e (velhas) ideias que ouvimos."

— *Globe and Mail* (Toronto)

"Uma desconstrução de muitas obras sobre negócios que mostra que conselhos divulgados em incontáveis best-sellers de negócios talvez sejam menos úteis do que parecem […] Uma revelação minuciosa, ocasionalmente devastadora, de vários livros e artigos populares sobre negócios."

— *The Guardian*

"Rosenzweig faz uma denúncia reveladora da superficialidade de grande parte da literatura de administração e uma crítica aos muitos estudos que alegam esclarecer a fonte do alto desempenho através da experiência de empresas bem-sucedidas."

— John Kay, *Management Today*

"(Um) novo livro exuberante e divertido (que mostra como) problemas de metodologia de pesquisa e dados corrompidos assolam grande parte da literatura de administração, transformando-a em parábolas reconfortantes em vez de orientação confiável com base em evidências empíricas [...] tem a coragem de citar nomes [...] dá uma amostra do livro de Jim Collins e Jerry Porras, *Feitas para Durar*, e do livro de Collins, *Empresas Feitas para Vencer*, talvez os livros de administração mais influentes dos últimos anos."

— Simon Caulkin, *The Observer*

"Um corretivo revigorante".

— Simon Hoggart, *The Guardian*

"Faz todo sentido".

— *The Economist*

"(Rosenzweig) merece a aclamação por seu trabalho corajoso e provocador [...] Ele fez um sério desafio aos seus colegas, às faculdades de administração e à mídia de negócios, também."

— *The Financial Times*

"Uma denúncia magistral de muitos mitos e pensamentos desleixados em administração. Se você quer evitar a próxima moda estúpida, e, como diz a famosa frase de Kipling, 'manter a calma quando todo mundo à sua volta já a perdeu', este livro é um compêndio essencial."

— Professor Andrew Campbell,
Ashridge Business School, e autor de *The Growth Gamble*

"Um livro brilhante que dá o que pensar."

— Vuyo Jack, *Business Report* (África do Sul)

PHIL ROSENZWEIG

O EFEITO HALO

...E OUTROS OITO DELÍRIOS EMPRESARIAIS QUE ENGANAM OS GESTORES

ALTA BOOKS
E D I T O R A
Rio de Janeiro, 2021

O Efeito Halo

Copyright © 2021 da Starlin Alta Editora e Consultoria Eireli. ISBN: 978-65-552-0380-6

Translated from original The Halo Effect. Copyright © 2007 by Philip Rosenzweig. ISBN 978-0-7432-9125-5. This translation is published and sold by permission of Free Press, a Division of Simon & Schuster, Inc., the owner of all rights to publish and sell the same. PORTUGUESE language edition published by Starlin Alta Editora e Consultoria Eireli, Copyright © 2021 by Starlin Alta Editora e Consultoria Eireli.

Todos os direitos estão reservados e protegidos por Lei. Nenhuma parte deste livro, sem autorização prévia por escrito da editora, poderá ser reproduzida ou transmitida. A violação dos Direitos Autorais é crime estabelecido na Lei nº 9.610/98 e com punição de acordo com o artigo 184 do Código Penal.

A editora não se responsabiliza pelo conteúdo da obra, formulada exclusivamente pelo(s) autor(es).

Marcas Registradas: Todos os termos mencionados e reconhecidos como Marca Registrada e/ou Comercial são de responsabilidade de seus proprietários. A editora informa não estar associada a nenhum produto e/ou fornecedor apresentado no livro.

Impresso no Brasil — 1ª Edição, 2021 — Edição revisada conforme o Acordo Ortográfico da Língua Portuguesa de 2009.

Produção Editorial Editora Alta Books	**Produtor Editorial** Thiê Alves	**Equipe de Marketing** Livia Carvalho Gabriela Carvalho marketing@altabooks.com.br	**Editor de Aquisição** José Rugeri j.rugeri@altabooks.com.br
Gerência Editorial Anderson Vieira		**Coordenação de Eventos** Viviane Paiva eventos@altabooks.com.br	
Gerência Comercial Daniele Fonseca			
Equipe Editorial Ian Verçosa Illysabelle Trajano Luana Goulart Maria de Lourdes Borges Raquel Porto	Rodrigo Dutra Thales Silva	**Equipe de Design** Larissa Lima Marcelli Ferreira Paulo Gomes	**Equipe Comercial** Daiana Costa Daniel Leal Kaique Luiz Tairone Oliveira Vanessa Leite
Tradução Michela Korytowski	**Revisão Gramatical** Carolina Gaio Kamila Wozniak	**Diagramação** Lucia Quaresma	**Capa** Larissa Lima
Copidesque Edite Siegert			

Publique seu livro com a Alta Books. Para mais informações envie um e-mail para autoria@altabooks.com.br

Obra disponível para venda corporativa e/ou personalizada. Para mais informações, fale com projetos@altabooks.com.br

Erratas e arquivos de apoio: No site da editora relatamos, com a devida correção, qualquer erro encontrado em nossos livros, bem como disponibilizamos arquivos de apoio se aplicáveis à obra em questão.
Acesse o site **www.altabooks.com.br** e procure pelo título do livro desejado para ter acesso às erratas, aos arquivos de apoio e/ou a outros conteúdos aplicáveis à obra.

Suporte Técnico: A obra é comercializada na forma em que está, sem direito a suporte técnico ou orientação pessoal/exclusiva ao leitor.

A editora não se responsabiliza pela manutenção, atualização e idioma dos sites referidos pelos autores nesta obra.

Ouvidoria: ouvidoria@altabooks.com.br

Dados Internacionais de Catalogação na Publicação (CIP) de acordo com ISBD

R816e   Rosenzweig, Phil
         O Efeito Halo: ... e Outros Oito Delírios Empresariais que Enganam os Gestores / Phil Rosenzweig ; traduzido por Michela Korytowski. - Rio de Janeiro, RJ : Alta Books, 2021.
         256 p. ; 16cm x 23cm.

         Tradução de: The Halo Effect
         Inclui bibliografia, índice e apêndice.
         ISBN: 978-65-552-0380-6

         1. Administração. 2. Gestão. I. Korytowski, Michela. II. Título.

2020-3125   CDD 658.401
                                         CDU 658.011.2

Elaborado por Vagner Rodolfo da Silva - CRB-8/9410

Rua Viúva Cláudio, 291 — Bairro Industrial do Jacaré
CEP: 20.970-031 — Rio de Janeiro (RJ)
Tels.: (21) 3278-8069 / 3278-8419
www.altabooks.com.br — altabooks@altabooks.com.br
www.facebook.com/altabooks — www.instagram.com/altabooks

Para os meus pais,
Mark e Janine Rosenzweig

Agradecimentos

Meu primeiro agradecimento vai para Gordon Adler, meu bom amigo e colega do IMD, que me ouviu falar sobre alguns dos temas deste livro nos últimos anos e me encorajou a escrever sobre eles. Minha esposa, Laura Rosenzweig, e meu pai, Mark Rosenzweig, leram rascunhos dos capítulos iniciais e ofereceram comentários e encorajamento. Outros colegas leram vários capítulos e reagiram com entusiasmo: agradeço a Dan Denison, a Peter Killing e a John Walsh. Minha mais profunda gratidão vai para aqueles que leram o manuscrito inteiro em detalhes (em alguns casos, mais de uma vez) e ofereceram muitos comentários valiosos, pontuais ou em maiores detalhes: Bill Fischer, Tomi Laamanen, Anita McGahan, Michael Raynor, Mark Rosenzweig e Tom Vollmann. Reconheço o tempo despendido e o cuidado que tiveram para desafiar minhas suposições, apontar meus erros, aguçar meus argumentos e oferecer ideias para melhorias. Este livro tornou-se imensuravelmente melhor graças às suas contribuições.

O IMD, International Institute for Management Development, em Lausanne, Suíça, do qual sou professor desde 1996, é um dos maiores centros do mundo de pesquisa e educação gerencial. O IMD é, acima de tudo, um instituto prático, com uma curiosidade sobre ideias de negócios e a sua aplicação a situações do mundo real. Esse espírito tem sido um terreno fértil para o pensamento que levou a este livro. Sou muito grato aos líderes do IMD da última década, Peter Lorange e Jim Ellert. Também quero agradecer aos colegas do corpo docente pela amizade e apoio, e por permitirem que eu desse minha contribuição para o instituto enquanto a conciliava com a vida familiar no exterior. Poucas organizações adotariam uma postura tão flexível e construtiva — e minha família e eu somos gratos ao IMD por tê-lo feito.

Marine Frey me auxiliou nos últimos dois anos pesquisando artigos e livros em bibliotecas, preparando versões encadernadas dos rascunhos e cuidando da correspondência. Ela combina diversas qualidades há muito tempo associadas à Suíça — eficiência, confiabilidade e critério — com outras que aprecio em qualquer pessoa, independentemente do passaporte — bom humor, irreverência e um senso de humor maroto. John Evans, diretor do centro de informações do IMD, e toda a sua equipe me ajudaram enormemente a coletar artigos. Em particular, John desempenhou um papel-chave no trabalho com a Standard & Poor's para coletar os dados do Compustat mostrados no apêndice e descritos nos Capítulos 6 e 7.

Daniel Bial, meu agente literário, acreditou neste projeto desde o princípio e tem sido um ótimo parceiro em todo o processo, do contato inicial até a finalização. Fred Hills, da Free Press, forneceu muitas ideias que foram fundamentais para moldar o manuscrito. Apreciei muito seus conselhos e apoio. Sem Dan e Fred, provavelmente ainda estaria murmurando comigo mesmo sobre as histórias que se disfarçam de ciência. Agradeço também às muitas pessoas da Free Press que ajudaram a editar, a estruturar e a produzir o livro, inclusive Marty Beiser, Phil Metcalf, Davina Mock e Eric Fuentecilla.

Agradeço a Ben Loehnen e a Brit Hvide, da Simon & Schuster, pela edição de 2014.

Antes de encerrar, eu gostaria de dar o devido reconhecimento a alguns professores que mais me influenciaram nos momentos importantes da minha vida: da Berkeley High School, Donald Schrump e Gordon "Buddy" Jackson (1945–1971); da Universidade de Santa Bárbara, Roy Savoian e William Ebenstein (1910–1976); e da Universidade da Pensilvânia, John Kimberly, Kenwyn Smith e Edward Bowman (1925–1998). Meus sinceros agradecimentos a todos eles por suas orientações e pelos exemplos que me deram.

Por fim, agradeço em particular à minha amada esposa, Laura, que compreendeu a alegria que esse projeto me proporcionava e nunca reclamou de acordar com o som do teclado do meu computador no outro cômodo fazendo tap-tap-tap.

Sobre o Autor

Phil Rosenzweig é professor do IMD, o International Institute for Management Development, em Lausanne, Suíça, no qual trabalha com importantes empresas multinacionais em questões de estratégia e organização.

Natural do norte da Califórnia, Phil estudou economia na UC Santa Barbara e administração de empresas na UCLA. Após seis anos na Hewlett-Packard, mudou-se para Filadélfia e fez doutorado na Wharton School, Universidade da Pensilvânia, em 1990. Foi docente da Escola de Negócios de Harvard por seis anos, antes de ingressar no IMD, em 1996. Phil e sua esposa, Laura, têm dois filhos, Tom e Caroline.

Sobre o Autor

Sumário

Prefácio da Edição de 2014   xix

Prefácio   xxv

Capítulo Um: Quão Pouco Sabemos   1
Por que algumas empresas prosperam e outras fracassam? Mesmo com a grande quantidade de pesquisas, há muitas coisas que não sabemos. Enquanto alguns estudos sobre desempenho de empresas seguem o padrão científico, muitos outros são mais bem descritos como pseudociência — eles seguem a forma da ciência, mas são mais bem descritos como histórias.

Capítulo Dois: A História da Cisco   17
A Cisco Systems surgiu no final da década de 1990 com uma estratégia brilhante, um foco aguçado nos seus clientes e uma habilidade magistral para aquisições. Quando a bolha estourou, foi dito que a Cisco arruinou a sua estratégia, negligenciou seus clientes e fez aquisições imprudentes. A história foi reescrita com base no pior desempenho.

Capítulo Três: Altos e Baixos com a ABB   33
Enquanto o momento era bom, a ABB era uma maravilha da Nova Era com uma grande cultura corporativa, uma organização futurista e um herói no comando. Quando caiu, a ABB foi lembrada por ter tido uma cultura complacente, uma organização caótica e um líder arrogante. A ABB não tinha mudado muito — a diferença estava, sobretudo, no olho do observador.

Capítulo Quatro: Halos ao Nosso Redor 47
Um problema central que obscurece grande parte do nosso pensamento sobre negócios é o *efeito halo*. Muitas coisas que costumamos acreditar que *levam* ao desempenho da empresa — cultura corporativa, liderança e mais — são muitas vezes simples atribuições baseadas no desempenho da empresa.

Capítulo Cinco: Pesquisa para o Resgate? 61
As pesquisas acadêmicas sobre o desempenho das empresas conseguem superar o efeito halo? Apenas se medirem variáveis independentes de forma que sejam realmente independentes do desempenho. Mesmo então, muitos estudos têm outras falhas, inclusive o *Delírio da Correlação* e da *Causalidade e o Delírio das Explicações Únicas*.

Capítulo Seis: Procurando Estrelas, Encontrando Halos 77
Examinando dois conhecidos best-sellers, *Vencendo a Crise* e *Feitas para Durar*, encontramos fortes indícios do efeito halo, assim como outros erros, tais como o *Delírio de Ligar os Pontos Vencedores*, o *Delírio da Pesquisa Rigorosa* e o *Delírio do Sucesso Duradouro*.

Capítulo Sete: Delírios em Pilhas Altas e Profundas 99
Estudos subsequentes, incluindo *Empresas Feitas para Vencer*, tentaram ser ainda mais elaborados e ambiciosos, porém revelam ainda mais erros em seu pensamento sobre o desempenho das empresas, inclusive o *Delírio do Desempenho Absoluto*, o *Delírio da Extremidade Errada do Bastão* e o *Delírio da Física Organizacional*.

Capítulo Oito: Histórias, Ciência e o *Tour de Force* Esquizofrênico 117
Muitos livros populares sobre negócios são profundamente imperfeitos como ciência, mas são atraentes porque trabalham bem as histórias. Eles inspiram e reconfortam os seus leitores. No entanto, também focam a atenção nas prioridades erradas e, às vezes, levam gestores em direções perigosas.

Sumário

Capítulo Nove: A Mãe de Todas as Questões de Negócios, *Parte Dois*   131

Então, o que *leva* ao alto desempenho? Uma abordagem analisa apenas dois elementos: escolha estratégica e execução. No entanto, os dois deixam muitas dúvidas, o que explica por que o desempenho das empresas nunca pode ser garantido e por que esforços para isolar os segredos do sucesso sempre decepcionam.

Capítulo Dez: Administrar sem Fones de Ouvido de Cocos   145

Como os gestores podem continuar avançando sem delírios? Considere alguns gestores que deixam de lado a falta de objetividade e conduzem suas empresas com sabedoria e clareza, reconhecendo a natureza incerta do desempenho dos negócios e trabalhando para melhorar as chances de sucesso.

Capítulo Onze: A Ganância e a Grande Recessão   161

A Grande Recessão prestou-se a uma explicação satisfatória: ganância. Embora pareça fácil detectar a ganância depois do fato — seja ele em Wall Street, na Toyota ou no vazamento de petróleo da BP —, é muito mais difícil reconhecê-la antecipadamente. Quando a ganância é inferida sempre que algo dá errado, é apenas outro exemplo do efeito halo.

Capítulo Doze: De Volta para o Presente   173

Verificando o nosso elenco de personagens, vemos como a sorte da Intel, da Logitech e de Robert Rubin variou durante os últimos anos, enquanto a Apple Inc. brilha sob um halo fascinante, sem precedentes, mas provavelmente insustentável. Enquanto isso, a Lego planeja uma reviravolta impressionante e lembra-nos dos fatores que levam ao alto desempenho: boa escolha estratégica e execução rigorosa.

Apêndice   187

Notas   195

Referências   215

Índice   223

O Efeito Halo e Outros Oito Delírios Empresariais

Delírio Um: *O Efeito Halo*

    A tendência de olhar o desempenho geral de uma empresa e tirar conclusões sobre a sua cultura, liderança, valores etc. Na verdade, muitas coisas que costumamos afirmar que determinam o desempenho de uma empresa são simples conclusões baseadas em seu desempenho anterior.

Delírio Dois: *O Delírio da Correlação e da Causalidade*

    Dois fatos podem estar correlacionados, mas podemos não saber qual deles causa o outro. A satisfação dos funcionários leva ao alto desempenho? Os indícios mostram que costuma ser o contrário — o sucesso da empresa tem um impacto mais forte sobre a satisfação dos funcionários.

Delírio Três: *O Delírio das Explicações Únicas*

    Muitos estudos mostram que um fator específico — uma empresa com uma cultura forte, foco no cliente ou uma ótima liderança — leva a um melhor desempenho. Mas como muitos desses fatores estão fortemente correlacionados, o efeito de cada um costuma ser menor do que se acredita.

Delírio Quatro: *O Delírio de Ligar os Pontos Vencedores*

    Se escolhermos um número de empresas bem-sucedidas e buscarmos o que elas têm em comum, nunca isolaremos as razões de seu sucesso, porque não temos como compará-las com empresas menos bem-sucedidas.

Delírio Cinco: *O Delírio da Pesquisa Rigorosa*

> Se os dados não forem de boa qualidade, não importa quantos coletemos ou quão sofisticados pareçam ser os nossos métodos de pesquisa.

Delírio Seis: *O Delírio do Sucesso Duradouro*

> Quase todas as empresas de alto desempenho regridem com o tempo. A promessa de um modelo de sucesso duradouro é atraente, mas não é realista.

Delírio Sete: *O Delírio do Desempenho Absoluto*

> O desempenho de uma empresa é relativo, não absoluto. Uma empresa pode melhorar e, ao mesmo tempo, ficar ainda mais atrás dos seus rivais.

Delírio Oito: *O Delírio da Extremidade Errada do Bastão*

> Pode ser verdade que empresas de sucesso muitas vezes tenham seguido uma estratégia altamente focada, mas isso não significa que estratégias altamente focadas costumam levar ao sucesso.

Delírio Nove: *O Delírio da Física Organizacional*

> O desempenho de uma empresa não obedece a leis imutáveis da natureza e não pode ser previsto com precisão científica — apesar do nosso desejo por certeza e ordem.

Prefácio da Edição de 2014

Muitas coisas mudaram nos anos que seguiram a publicação de *O Efeito Halo*. Mesmo assim, o assunto deste livro — os delírios e erros que permeiam o mundo dos negócios e nos levam a interpretar mal a natureza do desempenho de uma empresa — é atual como nunca, talvez até mais.

Como observou John Kay, no *Financial Times*: "O poder do efeito halo significa que quando as coisas vão bem, os elogios vão para todos os aspectos de desempenho, mas quando a roda da fortuna gira, a reavaliação é igualmente extensa. Nossa busca por explicações excessivamente simples, nosso desejo de encontrar grandes personalidades e empresas excelentes, obscurecem uma verdade complexa."

O Efeito Halo foi muito bem recebido por gestores em um grande número de áreas, desde investimentos de valores até engenharia de segurança, manufatura enxuta até análise de riscos, e de auditoria até pesquisa farmacêutica. Mas o que essas áreas têm em comum? Em cada uma, existe a necessidade de extrair conclusões sólidas de dados válidos. Também foi bem acolhido por acadêmicos, que o usavam para ajudar os seus alunos a pensar criticamente sobre desempenho de empresas e conduzir pesquisas sólidas.

Fiquei satisfeito por que *O Efeito Halo* também foi bem recebido por leitores de muitos países. Embora os meus exemplos fossem, na maioria, de empresas norte-americanas, as ideias repercutiram pelo mundo. Três países merecem uma menção especial: Reino Unido, China e Índia.

Para a edição do Reino Unido, pediram que eu encontrasse evidências do efeito halo em empresas britânicas. Eu não tive que procurar muito. Em 2005, a Marks & Spencer, a rede varejista mais famosa da Grã-Bretanha, estava classificada em um medíocre 127º lugar entre as 220 empresas britânicas mais admiradas em uma pesquisa conduzida pela *Management Today*. Mas então, quando a estratégia do CEO Stuart Rose se consolidou, o desempenho começou a melhorar. Em 2007, a Marks & Spencer estava em primeiro lugar, elogiada como a empresa mais admirada do Reino Unido. A Marks & Sparks (como os britânicos a chamam) não apenas recebeu a maior nota de todas, mas também foi classificada como a melhor em cinco das nove categorias: qualidade dos serviços e produtos, qualidade de marketing, uso de recursos corporativos, valor como investimento de longo prazo, e a habilidade de atrair, desenvolver e reter talentos. Também estava classificada entre as três principais em cada uma das quatro categorias restantes: qualidade de gerenciamento (em segundo), estabilidade financeira (em segundo), responsabilidade ambiental e comunitária (em segundo) e capacidade de inovação (em terceiro). Nas noves categorias da revista *Management Today* ela sempre ficou colocada entre as três primeiras.

Como a Marks & Spencer conseguiu se classificar perto do topo em *cada uma* das nove categorias diferentes? Isso parecia bom demais para ser verdade — e infelizmente era. O sucesso da Marks & Spencer na pesquisa da *Management Today* é um bom exemplo do fenômeno central descrito nestas páginas. Quando divulgou suas vendas e lucros sólidos, a Marks & Spencer desfrutou de um efeito halo cuja aura se estendeu sobre tudo o que fazia. Impressionados com o seu forte desempenho, observadores concluíram que a Marks & Spencer *devia* ser inovadora, que ela *devia* ter uma ótima gestão, que o seu marketing *devia* ser brilhante, e assim por diante. Apesar das alegações de pesquisas rigorosas, e dos milhares de gestores que pesquisou, a *Management Today* baseou-se em medidas não objetivas dessas categorias. Apenas perguntou sobre percepções, que quase inevitavelmente são fortemente moldadas pelo desempenho financeiro.

Não foi surpresa quando o desempenho da Marks & Spencer piorou no ano seguinte e ela rapidamente caiu das primeiras posições em quase todas as mesmas categorias. Sem medidas objetivas e dados válidos, a pesquisa se torna pouco mais do que uma história para nos sentirmos bem, disfarçada de pesquisa científica. Naturalmente, a maioria dos leitores fica impressionada pelo grande tamanho das amostras e estatísticas aparentemente precisas — a nota vencedora da Marks & Spencer foi 76,33 calculada até duas casas decimais — e não consegue ver o que está errado. Eles são atraídos pelo que chamo de Delírio da Pesquisa Rigorosa — o delírio cinco descrito nestas páginas. Leitores sábios não devem se deixar enganar. Eles devem estar cientes de que estudos como esse podem até perguntar sobre nove categorias, mas na realidade apenas exploram uma percepção básica, que então expressa nove maneiras diversas — uma questão totalmente diferente!

Em um continente distante, na China, o efeito halo também está prosperando. Um dos meus colegas chineses me divertia com histórias de grandes elogios que eram feitos a empresas de sucesso durante os seus anos de crescimento meteórico, apenas para depois serem seguidas de uma fúria impiedosa quando o seu desempenho vacilava. Reputações foram exageradas para o lado positivo e então destruídas com a mesma intensidade.

A reação mais esclarecedora ao *efeito halo* veio da Índia, onde fui contatado pelo ICICI Bank, o maior banco privado do país. O ICICI Bank tinha crescido tremendamente na década anterior e foi tema de diversos artigos auspiciosos na imprensa de negócios. Jornalistas da Índia, assim como os seus primos ao redor do mundo, foram rápidos em distribuir elogios. Alguns executivos do banco tiveram o bom senso de ficar preocupados. Como um deles me explicou: "Não nos importamos se outras pessoas colocam um halo em nós, mas não queremos nunca ser enganados pelo nosso sucesso. Precisamos entender o que o motivou e nos esforçar para melhorar." Os líderes do ICICI queriam focar o que realmente impulsiona o desempenho de uma instituição financeira e não apenas inferir que estavam indo bem na execução ou atendimento ao cliente só porque os resultados gerais eram sólidos. Eles não queriam ser levados pelo halo de seu sucesso.

A história não termina aí. Em 2009, após o setor bancário sofrer um forte declínio, os maiores bancos da Índia — incluindo o ICICI Bank — passaram a sofrer críticas. Como os executivos já tinham compreendido bem, era importante não se deixar levar pelos elogios excessivos durante os bons tempos, e agora, que os tempos eram ruins, era igualmente importante não levar as críticas a sério.

Apesar de todo o tumulto e angústia no mercado financeiro e de todas as reações inconstantes dos investidores, o modelo de negócios fundamental do ICICI Bank permaneceu intacto. Mais uma vez, observadores foram rápidos em tirar conclusões extremas baseadas no desempenho do momento, fosse favorável ou não. Como Warren Buffet observou sobre investidores, existe uma tendência de exceder nas duas direções, no lado positivo e no lado negativo.

Fiquei impressionado com a clareza do pensamento dos executivos do ICICI Bank, e fiquei igualmente satisfeito com as atitudes dos gestores em muitas outras empresas. Admiro seu propósito de entender os verdadeiros condutores do desempenho, em vez de serem enganados por uma miragem.

No entanto, há um longo caminho a percorrer. Muito do que continuamos a ler e a ouvir no mundo dos negócios está repleto de erros. Existem exemplos frequentes do efeito halo na imprensa de negócios, nas pesquisas acadêmicas, nos estudos conduzidos por empresas líderes em consultoria, assim como nos novos livros de negócios publicados a cada ano. Apesar de todas as alegações de pesquisa rigorosa, de toda sua pretensão científica, muitas vezes as variáveis que eles usam não são independentes do fato que tentam explicar.

Realmente, desde que *O Efeito Halo* foi publicado, vários outros livros apareceram alegando revelar os segredos do alto desempenho. Um deles abordava as startups — uma espécie de *Empresas Feitas para Vencer* para o setor empresarial. Outro examinava as empresas europeias, uma réplica de *Feitas para Durar* para o antigo continente. Outro ainda virava de cabeça para baixo a questão do alto desempenho, perguntando o que faz uma empresa de sucesso fracassar. O gênero está vivo e bem porque o chamariz das soluções simples permanece forte. A maioria desses livros comete a mesma falha que é revelada neste livro: se você seleciona empresas com base nos seus resultados — seja de sucesso ou de fracasso — e depois coleta dados que são distorcidos por esses resultados, nunca saberá o que impulsiona o desempenho. Você só saberá como as empresas de alto ou as de baixo desempenho são descritas.

Aos dez capítulos originais — inalterados desde a edição de 2007 —, adicionei mais dois.

O Capítulo 11, "Ganância e a Grande Recessão", analisa o evento econômico mais importante desde que este livro foi publicado, a crise financeira de 2008–2009. Em vez de conceder halos para empresas de alto desempenho, foi feita a pergunta inversa: O que as levou ao fracasso? Uma explicação comum era a *ganância*. Como veremos, embora essa explicação seja reconfortante, é apenas mais um exemplo do efeito halo. Pegue qualquer fracasso e é possível apontar o dedo para a ganância. Claro que isso dá uma boa história, mas impede que as pessoas aprendam as lições mais importantes.

O Capítulo 12, "De Volta para o Presente", atualiza a história, permitindo-nos encontrar algumas pessoas e empresas apresentadas na edição de 2007. Veremos como se saíram e o panorama atual para buscar evidências do efeito halo.

Uma última palavra. Vários leitores perguntaram por que a edição de 2007 falou tão pouco sobre a Enron e outros exemplos de irregularidades corporativas. Essa é uma boa pergunta, já que a Enron foi um exemplo primordial do efeito halo. Enquanto estava acumulando ganhos recordes em receitas e lucros, todos os aspectos, desde a cultura corporativa, a engenharia financeira inovadora até a liderança visionária da Enron, receberam inúmeros elogios.

A Enron foi um exemplo típico de inovação no livro de 2000 de Gary Hamel, *Liderando a Revolução*, o que causou um pouco de constrangimento quando a empresa implodiu, em 2001 — o que levou a uma rápida revisão, publicada em 2002. Também na Escola de Negócios de Harvard, foram escritos estudos de casos elogiosos sobre a criatividade e o modelo de negócio inovador da Enron, só para desaparecerem depois do seu catálogo quando a Enron caiu e serem substituídos por estudos de caso acauteladores sobre corrupção e exercício inadequado da liderança. Nada como fechar a porta do estábulo depois que o cavalo escapou. Depois que o fato ocorre, todos conhecem a resposta.

E por que mencionar tão pouco a Enron neste livro? Porque a Enron se envolveu em comportamento criminoso, o que nos desvia da lição principal. Minha intenção é mais elementar: pessoas fazem inferências com naturalidade baseadas em impressões gerais e de um modo que parece totalmente lógico. Ele forma uma história coerente e nos ajuda a dar sentido ao mundo ao nosso redor. Porém, quando deixamos que uma impressão geral deturpe nosso pensamento, pisamos em um terreno escorregadio. Não é necessário um comportamento criminoso para sermos enganados pelo efeito halo. Assim que escolhemos exemplos apoiados em resultados, e fazemos inferências baseados nesses resultados gerais, atraímos problemas.

Meu objetivo — agora e quando este livro foi originalmente publicado — é ajudar os gestores a pensarem por si mesmos. É permitir que enxerguem através do raciocínio tortuoso e dos truques que muitas vezes passam por conhecimentos no mundo dos negócios. *O Efeito Halo* foi escrito para ajudar os gestores a desenvolverem suas habilidades de pensamento crítico e se tornarem mais aptos a captar as verdades mais complexas dos negócios.

Se você está pronto para aguçar as suas habilidades e se defender contra o pensamento delirante dos denominados especialistas, este livro é para você.

Prefácio

Este livro aborda negócios e gestão, sucesso e fracasso, ciência e narração de histórias. Foi escrito para ajudar os gestores a pensarem por si mesmos, em vez de ouvirem a sucessão de experts e consultores de gerenciamento e CEOs famosos, todos afirmando ter a próxima inovação. Pense neste livro como um guia para o gestor reflexivo, uma maneira de separar as coisas boas das que não fazem sentido.

Naturalmente, para aqueles que querem um livro que promete revelar o segredo do sucesso, a fórmula para dominar o mercado ou os seis passos para a grandeza, há muitas opções entre as quais escolher. Todos os anos, dezenas de novos livros afirmam revelar os segredos das empresas líderes, desde a General Electric, Toyota, Starbucks e até o Google. *Aprenda os seus segredos e aplique-os à sua empresa!* Outros livros trazem o perfil dos maiores líderes de sucesso nos negócios, como Michael Dell, Jack Welch, Steve Jobs ou Richard Branson. *Descubra o que os tornam grandes e faça o mesmo!* Outros dirão a você como se tornar uma potência inovadora, como produzir uma estratégia infalível, criar uma empresa sem fronteiras ou tornar a concorrência irrelevante. *Aqui está como derrotar os seus rivais!*

Na verdade, apesar de todos os segredos e fórmulas e de todos líderes autoproclamados do pensamento, o sucesso nos negócios é algo ilusório. É provavelmente *mais* ilusório do que nunca, com o crescente aumento da competição global e a aceleração das mudanças tecnológicas — o que pode explicar por que somos atraídos por promessas revolucionárias, segredos e soluções rápidas. Circunstâncias desesperadoras nos fazem procurar curas milagrosas.

A propósito, o que está acontecendo aqui não é uma ampla conspiração de direita ou de esquerda, de Wall Street ou da Ivy League. Em parte, é um casamento por conveniência. Os gestores são pessoas ocupadas, sob enorme pressão para gerar receitas mais altas, lucros maiores e retornos maiores para os acionistas. Eles naturalmente vão procurar respostas prontas, soluções *plug and play* completas que possam lhes dar uma vantagem sobre os seus rivais. E as pessoas que escrevem livros de negócios — consultores, professores de escolas de negócios e gurus da estratégia — ficam felizes em fazer esse favor. Demanda estimula oferta, e oferta encontra uma demanda à espera. E assim por diante.

Porém, tem muito mais coisas acontecendo do que apenas preguiça ou ganância. Muitas pessoas criteriosas trabalham arduamente para identificar os motivos do sucesso de uma empresa. Se elas têm dificuldades em encontrar respostas definitivas, nós temos que perguntar o porquê. *Por que* é tão difícil determinar os fatores que levam ao alto desempenho? *Por que* até mesmo as melhores cabeças que sinceramente querem desvendar os segredos do sucesso não encontram respostas definitivas — mesmo quando coletam quantidades imensas de dados sobre centenas de empresas ao longo de muitos anos? Será que existe algo na maneira como fazemos as perguntas, ou na maneira como tentamos encontrar as respostas, que nos impede de conseguir a resposta correta?

A ideia central deste livro é mostrar que a nossa maneira de pensar sobre os negócios é moldada por vários delírios. Existem bons precedentes para investigar delírios nos negócios e na economia. O livro clássico de 1841 de Charles Mackay, *Ilusões Populares e a Loucura das Massas: Um Clássico Sobre a Psicologia Popular e o Delírio Coletivo ao Longo da História*, relatava a insensatez do julgamento público, desde a mania das tulipas holandesas até as bolhas especulativas etc. Mais recentemente, psicólogos cognitivos identificaram tendências que afetam a maneira como as pessoas tomam decisões diante das incertezas. Este livro aborda um conjunto diferente de delírios, aqueles que distorcem o nosso entendimento sobre o desempenho das empresas, que dificultam entendermos por que algumas são bem-sucedidas e outras fracassam. Esses erros de análise permeiam muito do que lemos sobre negócios, seja em revistas importantes, revistas científicas ou best-sellers de administração. Eles obscurecem a nossa habilidade de pensar clara e criticamente sobre a natureza do sucesso nos negócios.

Delírio é uma palavra muito forte? Eu não acho. Um amigo de longa data, Dick Stull, explica a diferença entre ilusão e delírio desta forma: quando Michael Jordan parece pairar imóvel no meio do ar por uma fração de segundo a caminho de uma cesta memorável, isso é uma *ilusão*. Os seus olhos estão lhe pregando uma peça. Mas se *você* acha que pode calçar um Nike, agarrar uma bola de basquete e ser como Michael Jordan, isso é um *delírio*. Você está se enganando. Isso não vai acontecer. Os delírios que descrevo neste livro são parecidos com isso — promessas de que você pode alcançar grande sucesso se fizer uma coisa ou outra, mas fundamentalmente falsas. Na verdade, alguns dos livros de negócios de maior sucesso dos últimos anos contêm não um ou dois, mas vários delírios. Apesar de todas as alegações de rigor científico, todas as longas descrições de pesquisas aparentemente sólidas e cuidadosas, eles operam principalmente no âmbito de uma narração de história. Eles sempre nos oferecem histórias inspiradoras que achamos reconfortantes e satisfatórias, mas são fundamentados em pensamentos questionáveis. Eles são delirantes.

Mark Twain uma vez disse: "Sempre faça o que é certo. Isso agradará algumas pessoas e surpreenderá outras." Meu propósito é um pouco diferente. Em vez de agradar e surpreender, espero que este livro estimule a discussão e aumente o nível do pensamento sobre negócios. A questão não é tornar gestores mais inteligentes. O mundo dos negócios é repleto de pessoas muito inteligentes — espertas, de pensamento rápido e familiarizadas com os atuais conceitos de administração. O que faltam são gestores sábios — que para mim são perceptivos, ponderados e capazes de julgar o que é certo e o que é errado. Eu gostaria que este livro ajudasse os gestores a se tornarem mais sábios: com mais discernimento, mais apropriadamente céticos e menos vulneráveis a fórmulas simplistas e soluções rápidas. Por que esse objetivo vale a pena? Convivi com esse mundo de negócios por mais de 25 anos, primeiro como gestor de uma empresa norte-americana importante, depois como professor da Escola de Negócios de Harvard, e nos últimos 10 anos como professor do IMD, em Lausanne, Suíça. Trabalho diariamente com executivos de uma ampla variedade de setores. O que observei, várias vezes, é a tendência de gestores e professores adotarem respostas simples, algumas delas claramente ingênuas e equivocadas, e agarrarem-se a soluções rápidas em vez de questionarem e pensarem por eles mesmos.

Mas em vez de lhe dizer *o que* pensar, prefiro fazer você pensar criticamente por si mesmo. Talvez você ache algumas partes deste livro um tanto provocativas. Se isso acontecer, não tem problema. Quero que você conteste o que eu escrevo, e não apenas aceite. Um dos meus principais modelos é o falecido Herbert Simon[1], pai da inteligência artificial, vencedor do Prêmio Nobel de economia pelo seu trabalho na teoria de decisões, e professor da Universidade Carnegie Mellon desde o fim da década de 1940 até a sua morte, em 2001. Em seu livro de memórias, *Models of My Life* [*Modelos de Minha Vida*, em tradução livre], Simon descreveu como o seu trabalho em várias missões no estrangeiro para averiguação de fatos na década de 1960, o que com frequência consumia muito tempo e custava caro, levou-o a formular o seu Teorema da Viagem, que funciona assim:

> Tudo o que pode ser aprendido por um adulto norte-americano normal em uma viagem para um país estrangeiro (com duração de menos de um ano) pode ser aprendido mais depressa, com custo menor e mais facilidade através de uma visita à Biblioteca Pública de San Diego.

As reações? Simon escreveu: "As pessoas reagem quase de forma violenta ao meu Teorema da Viagem. Tento explicar que não tem nada a ver com os prazeres de viajar, mas apenas com a eficiência da viagem para o aprendizado. Elas parecem não ouvir a minha explicação, continuam indignadas. Elas observam que pareço viajar o tempo todo. Então por que outras pessoas também não podem? Mas mesmo depois de se acalmarem o suficiente para entender o teorema, elas continuam a atacá-lo. Leva muito tempo para que a razão acalme a sua paixão — e normalmente ela não é apagada, mas temporariamente abrandada. Por que, pensam eles, discutir com um homem louco?"

Bem, acho o Teorema da Viagem maravilhoso — não porque eu concordo com ele, mas porque me faz pensar. Faz com que eu pergunte: *Qual é o verdadeiro propósito dessa viagem?* É diversão ou aprendizado? Se for aprendizado, exatamente o que estou tentando aprender, e qual é a melhor maneira de fazê-lo? Meu tempo e meu dinheiro poderiam ser mais bem aproveitados se eu procurasse recursos já disponíveis, em vez de ir para os confins do planeta? Discorde do Teorema da

Viagem de Simon se você quiser, mas essa não é questão. A questão é nos forçar a perguntar em que circunstâncias ele é correto e quando é falso — e esse tipo de pensamento crítico é sempre útil.

A maioria dos livros de administração pergunta a questão de primeira ordem: *O que leva ao alto desempenho?* Este livro se propõe a responder uma questão diferente: *Por que é tão difícil entender o alto desempenho?* Meu objetivo é afastar as cortinas e fazer perguntas que não fazemos com frequência, para mostrar alguns dos delírios que não nos deixam enxergar claramente. Muito deste livro, do Capítulo 2 até o 8, mostra por que os experts — gurus, consultores, professores e jornalistas — estão tantas vezes errados. Ele revela delírios que estão ao nosso redor — na imprensa de negócios, nas pesquisas acadêmicas e em best-sellers recentes. Mas só isso não é suficiente. O que acontece depois que removemos os delírios que tanto permeiam o pensamento popular sobre negócios? A segunda coisa que um gestor sábio deve fazer é focar os elementos que impulsionam o desempenho da empresa enquanto reconhece a incerteza fundamental do núcleo do mundo dos negócios. O restante do livro, os Capítulos 9 e 10, levanta essas questões, sugerindo como gestores podem substituir delírios por uma maneira mais perspicaz de entender o desempenho das empresas que respeite as probabilidades. Felizmente, existem gestores em atividade hoje em dia que oferecem bons modelos, e o capítulo final mostra alguns breves perfis que podem servir de exemplo para todos nós.

Existe um pote de ouro no final do arco-íris? Não no sentido comum do termo. Você não encontrará nas páginas deste livro nenhuma promessa ou garantia de resultados. Não existe certeza de que o sucesso acontecerá previsivelmente se você adotar essas quatro regras, seguir um plano de cinco pontos ou se comprometer com aqueles seis passos. No entanto, estou convencido de que uma abordagem lúcida e ponderada *é* melhor para se pensar em administração — de qualquer forma, melhor do que o tipo de pensamento casual que tanto caracteriza o que há nas prateleiras de livros de negócios hoje em dia.

Outro homem sábio cuja voz aparece nestas páginas, o físico Richard Feynman, certa vez comentou que muitas áreas têm uma tendência pela pompa, a fazer as coisas parecerem mais profundas e sérias. É como se quanto menos soubéssemos, mais tentássemos envolver o assunto em termos complicados. E fazemos isso em incontáveis áreas, desde a sociologia, filosofia, história até a economia — e isso definitivamente ocorre nos negócios. Suspeito que a insipidez em tantos textos de negócios com frequência origina-se do desejo de fazer parecer que temos todas as respostas, e de uma relutância em reconhecer os limites do que sabemos. A respeito de um filósofo especialmente arrogante, Feynman observou:

> Não é a filosofia que me contraria, é a pompa. Se eles apenas *rissem* de si mesmos! Se eles apenas dissessem: "Eu acho que é assim, mas Von Leipzig achava que era diferente, e ele também fez uma boa tentativa." Se eles explicassem que esse é o seu melhor palpite[2].

Bem, este é o *meu* melhor palpite. É o meu ponto de vista.

CAPÍTULO UM
Quão Pouco Sabemos

Quão pouco sabemos[1], e quanto para descobrir...
Quem se importa em definir que química é essa?
Quem se importa, com seus lábios nos meus, quão ignorante é a alegria?

"How Little We Know (How Little It Matters)"
Letra de Carolyn Leigh, música de Philip Springer, 1956

Em janeiro de 2004, após uma temporada de férias particularmente desastrosa, a Lego, a companhia dinamarquesa de brinquedos, despediu seu diretor de operações. Ninguém duvidava de que Poul Plougmann tinha que sair. As vendas de Natal baixíssimas foram a gota d'água para um fim de ano terrível — a receita caiu 25%, e a empresa teve um prejuízo de US$230 milhões naquele ano, o pior na sua história. Mas o que houve de tão errado? O CEO Kjeld Kirk Kristiansen, neto do fundador, deu uma explicação clara: a Lego tinha "se afastado demais das suas raízes" e estava contando demais com o merchandising de subprodutos, como os bonecos de Harry Potter, que se mostraram impopulares naquela temporada apesar do sucesso dos livros da J.K. Rowling". A solução? A Lego anunciou que "voltaria a seus conceitos básicos". Kristiansen declarou: "Focaremos a lucratividade, especialmente no potencial atrativo dos nossos produtos básicos[2]."

Não tem nada de especialmente marcante em uma história como essa. Todos os dias, lemos sobre empresas que estão indo bem e alguém acaba sendo promovido, e sobre outras que fracassam e alguém é demitido. Hoje lemos sobre a Lego, amanhã será sobre outra empresa. Vida que segue.

Agora, não estou muito interessado na Lego. Assim como Rick poderia ter dito em *Casablanca*, os problemas de uma fábrica de brinquedos dinamarquesa familiar "não são mais que um monte de feijões neste mundo louco". O que *me interessa* é como explicamos seu desempenho, porque a maneira como pensamos sobre o que aconteceu será a mesma sobre o sucesso e o fracasso de tantas outras empresas. Não queremos ler que as vendas da Lego despencaram, queremos uma explicação do que houve. Não é azar — deve haver um motivo para uma empresa tão impressionante, sempre presente nas lojas de brinquedos do mundo, uma fiel companheira de brincadeira para gerações de crianças, de repente ir tão mal. Então como a imprensa de negócios explica a queda da Lego? Alguns jornais informaram que ela foi atingida pela queda do dólar em relação à coroa dinamarquesa, o que fazia as vendas para a América do Norte — quase a metade das vendas totais — valerem menos em sua carteira de negócios. Alguns repórteres alegaram que um novo forte rival, a Mega Bloks Inc. de Montreal, reduziu a participação dominante da Lego no mercado. Mas esses eram problemas secundários. Qual era a principal explicação? *A Lego se afastara da sua essência. Perdera suas raízes de vista.* Foi isso que o CEO disse, e que a mídia informou, incluindo o *Financial Times*, *The Wall Street Journal*, Associated Press, Bloomberg News, *Nordic Business Report*, *Danish News Digest*, *Plastics News* etc. Dependendo da fonte, Poul Plougmann foi *despedido, dispensado, mandado embora, expulso, descartado, substituído* ou simplesmente *liberado de seus deveres*. Fora o verbo usado para descrever sua saída, não havia diferenças nos artigos. O grande erro da Lego fora *se afastar da sua essência*.

Pense por um momento na palavra *afastar*. O *American Heritage Dictionary of the English Language* define *stray* (*afastar*) como "vagar além dos limites estabelecidos", "desviar-se de um percurso já considerado 'certo' e 'se perder'". Um míssil guiado pode se *afastar do seu percurso* e acertar o alvo errado. Uma empresa pode *se distanciar* também, quando parte em busca de uma aventura inconsequente, sai do rumo ou se perde. Aparentemente, foi o que a Lego fez — foi atrás do merchandising de um subproduto quando deveria focar sua linha básica. Mas *se afastou* de sua essência.

Chris Zook, da Bain & Company, afirmou em seu livro de 2001, *Lucro a Partir do Core Business*[3], que muitas vezes as empresas se dão melhor quando focam relativamente poucos produtos para um segmento claro de clientes. Quando as empresas têm muitos produtos, ou buscam uma variedade muito grande de clientes, os resultados não costumam ser bons. Mas a pergunta é: Como exatamente definimos a essência da empresa? Zook identificou seis dimensões em que uma empresa pode expandir suas atividades de forma razoável: em novos países, novos canais, novos segmentos de clientes, novas etapas da cadeia de valor, novos negócios e novos produtos. Qualquer uma dessas dimensões pode ser uma expansão partindo da essência e trazendo sucesso. Também é possível que qualquer uma delas esteja repleta de perigos e leve ao desastre. Como sabemos qual caminho escolher? Quando deixamos a essência da empresa e nos afastamos do rumo? Claro que é fácil responder a essas perguntas em retrospecto — mas como saber com antecedência?

O que nos traz de volta à Lego. Durante anos, nossos amigos da Lego fizeram uma única coisa: produziram e venderam blocos de montar para crianças. Essa era a essência. A Lego fez milhões de blocos graças a técnicas de produção de modelação por injeção moderna, fazia blocos de várias cores e também em diferentes formatos e tamanhos para que pudessem ser facilmente manipulados por mãos pequenas. As crianças podiam construir qualquer coisa com os blocos Lego — o único limite era sua imaginação. A Lego sempre foi sinônimo de blocos de montar, nada mais. Conquistou uma participação dominante no mercado e tinha grande poder sobre distribuidores e varejistas. Nesse segmento, a Lego reinava.

Infelizmente, nada no mundo dos negócios é estático — a preferência do cliente muda, a tecnologia avança e concorrentes aparecem. O mercado de brinquedos tradicionais se estagnou já que as crianças adotam jogos eletrônicos cada vez mais cedo. Nos anos 1990, simples blocos de plástico para montar já eram ultrapassados e, em um mundo de videogames e brinquedos eletrônicos, *um tanto* entediantes. Se a Lego queria crescer ou, pelo menos, manter-se, deveria testar coisas novas — a pergunta era: o quê? De tudo o que a Lego poderia tentar, qual faria mais sentido? Se por acaso decidisse se expandir para serviços financeiros, ela se afastaria da essência. Ninguém ficaria surpreso se a aventura fosse um fiasco — *Por que uma empresa de brinquedos quer ser um banco? O que eles sabem sobre bancos?* — e o gestor responsável seria mandado embora. E se lançasse uma linha de roupas infantis?

Isso já não é tão óbvio, já que a Lego entende de crianças, e entende os produtos dos consumidores. Ela tem pleno poder sobre o varejo, só não em roupas, pelo menos, até agora. Talvez desse certo, talvez não. E que tal brinquedos *eletrônicos*? Novamente, discutível — talvez pudesse usar sua experiência com brinquedos, e com todo o crescimento dos videogames, por que não? Na realidade, a Lego desenvolveu o jogo Bionicle em CD-ROM e robôs Mindstorm feito de blocos de montar controlados por um computador pessoal. Mas e os bonequinhos do Harry Potter? Brinquedinhos com pequenas partes plásticas que se encaixam? Isso deveria *ser* sua essência. Se os bonecos do Harry Potter estão *fora* dela, qual é exatamente a abrangência da essência da Lego? Já que a essência da Lego se resume aos blocos tradicionais, temos que refletir sobre o que possivelmente oferece oportunidades de crescimento suficiente para uma empresa com uma receita de US$2 bilhões.

Na verdade, Plougmann veio da Bang & Olufsen, uma empresa dinamarquesa de equipamentos de áudio de alta qualidade, em parte buscando oportunidades. Sua contratação foi vista como ousada, sintoma do compromisso da Lego com novos caminhos de crescimento após anunciar seu primeiro prejuízo desde 1998. Sob sua liderança, a Lego começou a se expandir para brinquedos eletrônicos e merchandising de subprodutos, e a resposta inicial foi boa. Na época, ninguém dizia que era um afastamento da essência. Mas quando as vendas caíram em 2003, Kristiansen perdeu a paciência e demitiu Poul Plougmann. "Seguimos uma estratégia de crescimento focada em novos produtos. Essa estratégia não trouxe os resultados esperados." Então, em 2004, a Lego decidiu "retornar à sua essência" e "focar a lucratividade". Estranho, porque crescimento lucrativo era supostamente o que a Lego tinha em mente quando foi atrás daquelas oportunidades.

Imagine, se voltássemos para 1999, que a Lego tivesse persistido com os blocos de plástico, nada mais. Não, *não* estamos interessados em nos associarmos com o Harry Potter, que era o livro infantil mais popular de todos os tempos, cujos dois primeiros filmes tiveram uma bilheteria de US$1,2 bilhão em todo o mundo. Qual seria a manchete no próximo ano? Provavelmente algo assim: EXECUTIVO DEMITIDO POR CAUSA DA QUEDA NAS VENDAS DA LEGO. E a narrativa? Algo do tipo: Empresa dinamarquesa familiar insiste na linha de produtos consagrados e perde a oportunidade de crescimento para rivais inovadores. Analistas diriam que a Lego fracassou por não ter coragem. *Faltou visão. Só olhou para dentro. Os administradores eram tímidos e complacentes* — talvez até *arrogantes*.

Claro, alguns empreendimentos que saem da essência são espetacularmente bem-sucedidos. Durante os anos 1980, a General Electric, a maior empresa industrial norte-americana que por muito tempo foi associada a lâmpadas, refrigeradores, motores de avião e plásticos, vendeu alguns dos seus negócios tradicionais — eletrodomésticos e televisões — e entrou em grande estilo para os serviços financeiros — financiamento comercial, financiamento ao consumidor e seguros. Hoje em dia, esses serviços geram mais de 40% da receita da GE e uma quantia correspondente de seus lucros de aproximadamente US$8 bilhões. A GE foi além da sua essência? Claro que sim. Mas ninguém pediu a cabeça do chefe porque a GE foi bem-sucedida. Aliás, a GE estava classificada no topo da pesquisa *Empresas Globais Mais Admiradas*[4] da revista *Fortune* de 2005, na frente do Walmart, Dell, Microsoft e Toyota, e estava classificada em segundo na pesquisa das *Empresas Mais Respeitadas do Mundo* da *Financial Times* de 2005, depois de ter ficado seis anos consecutivos como a número um. Às vezes, afastar-se da sua essência não é perigoso.

Nas semanas que seguiram à dispensa de Plougmann, a *Brand Strategy*, uma revista do Reino Unido, deu mais de atenção às perspectivas da Lego. Como todo mundo, informou que os problemas resultaram de "focar novos produtos como a licença do Star Wars e Harry Potter, em vez de focar sua principal atividade". Mas a *Brand Strategy* deu um passo à frente e perguntou para vários experts do setor o que a Lego deveria fazer. Talvez esses experts, que aparentemente conhecem o setor de brinquedos e seus principais protagonistas muito bem, fossem capazes de oferecer alguns conselhos eficazes. A eles foi perguntado[5]: *O que a Lego deveria fazer agora?*

Veja o que o gestor de marketing da Hamley's, a famosa loja de brinquedos de Londres, disse:

A Lego não deveria perder de vista o que a tornou conhecida: brinquedos de montar coloridos e confiáveis. Seu marketing é impressionante, mas a Lego precisa continuar tendo o fator impressionante.

A seguir o conselho de um analista do setor de jogos e brinquedos:

A Lego perdeu o rumo até certo ponto nos últimos anos. Ela tem se diversificado em vários setores e isso não funcionou. A Lego deveria focar o que ela faz melhor, o que são os brinquedos.

E mais uma opinião de outro expert do setor de brinquedos:

A Lego tem que se ater a seu legado; ouvir clientes; inovar; focar problemas-chave para obter sucesso de longo prazo; e seguir a evolução, não a revolução.

Uma boa série de conselhos! Cada um desses experts do setor de brinquedos queria que a Lego seguisse dois caminhos: por um lado, lembrar seu legado e focar aquilo pelo qual é conhecida, e por outro, ser inovadora e alcançar um fator impressionante. (Lembre, isso foi exatamente o que a Lego fez — e foi criticada por perder de vista sua essência. Certamente foi o fator impressionante errado!) Nenhum dos experts sugeriu que a Lego fizesse uma escolha clara e seguisse uma direção definitiva — todos queriam que tivesse o melhor dos dois mundos. Você pode apostar que se a Lego tivesse recuperado a lucratividade, cada um desses experts diria: *Vejam, a Lego seguiu o meu conselho*, e se tivesse continuado a perder dinheiro, eles diriam: *A Lego não fez o que eu disse que deveria*. E esses são os experts do setor, que supostamente entendem a indústria de brinquedos melhor do que eu e você.

Ted Williams[6], o grande defensor externo do Red Sox, uma vez disse que sempre achou irritante que, com os corredores na base e o artilheiro adversário indo para a base do rebatedor, o treinador vá até o montinho e diga para o arremessador: "Não dê ao rebatedor um bom arremesso, mas não ceda um *walk*", aí dá meia-volta e retorna para o abrigo. *Inútil*, disse Ted. *Claro* que o arremessador não quer dar ao rebatedor um bom arremesso, e é claro que ele não quer lhe ceder um walk. O arremessador já *sabe* disso! O único conselho útil é: "*Nesta* situação é melhor lançar um *strike* porque você realmente não quer ceder um *walk* a esse rebatedor" ou "É melhor ceder um *walk* a esse rebatedor porque nesta situação você realmente não quer lançar um *strike* para ele". Mas os treinadores de beisebol, assim como os analistas do setor de brinquedos, acham mais fácil pedir pelo melhor dos dois.

Uma nota final. Perdido em toda essa discussão acalorada sobre a Lego estava o fato de que outras fábricas de brinquedos também estavam em dificuldades. A Mattel[7], a maior produtora de brinquedos norte-americana, em meio a uma reviravolta plurianual após anos de fracasso, anunciou em julho de 2004 que as vendas do seu produto mais conhecido, a boneca Barbie, caíra 13%. Parte do infortúnio se originara de um produto rival, as bonecas Bratz, da MGA Entertainment, consideradas "mais fashion e descoladas", que abocanharam sua fatia de mercado. Qual foi o plano da Mattel? Focar a essência? Não, planejou uma nova linha baseada no programa de televisão *American Idol* e uma linha baseada em moda chamada "Fashion Fever". Meses após a Lego concluir que aquele merchandising de subprodutos era uma má ideia, a Mattel decidiu adotar a mesma abordagem.

À Deriva com WH Smith, *Expandindo* com a Nokia

A Lego não é a única empresa a ser criticada por sair do rumo. Imagine a WH Smith, cadeia varejista de jornais e revistas em dificuldades. A WH Smith começou, mais de cem anos atrás, como uma distribuidora de jornais em Londres, e mais tarde mudou para lojas e bancas de livros. Até aí nada demais. O *New York Times* divulgou: "Foi na década de 1980 que a WH Smith começou a diversificar muito além dos livros e periódicos, acrescentando música, materiais para escritórios, papelaria e presentes em suas lojas. Mas, à deriva dos produtos principais, dizem os analistas, também se tornou vulnerável para a concorrência[8]." A WH Smith passou a se ver competindo com supermercados e outras lojas maiores — um jogo perigoso.

Note: *à deriva*. De acordo com o *Times*, a WH Smith não *expandiu* ou *diversificou*, ficou à *deriva*. *The American Heritage Dictionary* define *drift* (à deriva) como "deslocar-se sem [um objetivo em particular]", "ser levado pelas correntes de ar ou de água", "vagar, perder-se". Uma balsa pode *ficar à deriva*, levada pela correnteza. Pedaços de madeira indo com a maré estão *à deriva*. Uma pessoa sem direção ou objetivos está "*à deriva*". (No começo do filme *Sete Homens e Um Destino*, a falta de vínculos — e a disponibilidade para a contratação — dos pistoleiros se mostra no diálogo entre Steve McQueen e Yul Brynner. "Para onde você está indo?", pergunta McQueen. Brynner respondeu: "Estou à deriva em direção do sul, mais ou menos. E você?" McQueen dá de ombros e fala: "Só à deriva.")

Bem, quem disse que a WH Smith estava *à deriva*? Quem disse que vender música e material de escritório é sair do rumo? Por que pensar que não havia um objetivo? Ela não entrou no mercado editorial. Não tentou vender comida fresca ou bebidas alcoólicas. A WH Smith não acrescentou produtos que precisassem de explicações de um vendedor, como equipamentos eletrônicos, ou produtos envolvessem devolução. Tudo que fez foi acrescentar alguns produtos de consumo massivo. Apenas expandiu a variedade nas prateleiras, nada mais. Isso não era exatamente o que a WH Smith deveria fazer — identificar áreas adjacentes que aproveitam capacidades existentes e que têm um apelo para seus clientes principais? Na verdade, o dilema soa como um problema clássico de expansão de formato: à medida que lojas maiores e supermercados expandiram seus formatos para incluir alguns produtos da WH Smith, ela teve que decidir se ficava parada e sofria as consequências ou se reagia e expandia seu formato. Dadas as circunstâncias, talvez acrescentar música e materiais de escritório fosse a melhor decisão a ser tomada. Talvez a WH Smith fosse incapaz de executar o novo formato por alguma razão — má administração de estoques ou uma logística ruim — ou talvez não conseguisse alcançar o poder de compra do Walmart e Safeway. Mas tudo isso é muito diferente de dizer que a WH Smith ficou *à deriva*.

Vamos avançar e ver se conseguimos identificar uma boa estratégia enquanto ela está acontecendo. A Nokia era a líder em celulares desde meados de 1990, combinando excelência em tecnologia, design elegante e um *branding* inteligente para desenvolver a maior participação no mercado do mundo. Mas a partir de 2004, a empresa finlandesa começou a sentir a pressão de um mercado mais competitivo, grande parte vinda dos rivais asiáticos de baixo custo. Celulares, aqueles produtos compactos e inteligentes que agora incluíam câmeras, calendário, calculadoras e rádios, corriam risco de se tornar uma mercadoria comum — e as margens da Nokia estavam sob pressão. Então o que ela deveria fazer? Redobrar o foco na sua essência e aumentar seus investimentos nos celulares? De jeito nenhum. De acordo com a revista *Business Week*, a Nokia tinha a intenção de "expandir seus negócios para jogos, fotos, música em celular e até sistemas complexos sem fio para grandes empresas[9]". Essas novas áreas eram atraentes por seu crescimento e promessa de margens maiores, mas estavam distantes da essência da Nokia de design e produção de celulares. Mais do que os materiais de papelaria estavam da essência da WH Smith, ou do que os brinquedos de Harry Potter, da essência da Lego. Então por que a *Business Week* não disse que a Nokia estava se *afastando* ou *à deriva*? Por que estava apenas se expandindo? Porque na época ninguém sabia se a Nokia teria êxito ou falharia, então a *Business Week* escolheu um bom verbo neutro: *expandir*. Além disso, de muitas maneiras, a estratégia da Nokia fazia sentido — mudar de um negócio difícil, de margem baixa, para novas áreas que prometiam margens mais altas. Se conseguisse fazer essa mudança, a estratégia ágil e a administração inteligente da Nokia seriam celebradas. Mas, claro, se a Nokia fracassasse, repórteres diriam que errou ao entrar em áreas que não entendia, teria se *afastado* ou ficado *à deriva*. O CEO (ou seu substituto, caso tivesse tido o mesmo destino de Poul Plougmann) poderia decidir se voltaria ao produto básico e insistir no que já conhecia, os celulares. No entanto, se a Nokia tivesse decidido continuar firme mesmo com a queda de sua participação no mercado e a implosão de suas margens, provavelmente ainda leríamos que foi complacente, conservadora e que só olhou para dentro. Diriam: *Não é surpresa que a Nokia fracassou. Não reagiu à mudança do mercado. Não mudou com o tempo.*

A Mãe de Todas as Perguntas de Negócios

Esses relatos sobre a Lego, WH Smith e Nokia são todos variantes da pergunta mais básica no mundo dos negócios: *O que leva a um alto desempenho?* Esta é a mãe de todas as perguntas de negócios, o Santo Graal de Wall Street. Por que algumas empresas alcançam grande sucesso, tornando seus acionistas milionários, enquanto outras apenas sobrevivem ganhando um lucro modesto, sem nunca decolar, ou ainda pior, fracassando totalmente? A realidade é que costuma ser difícil saber exatamente por que algumas empresas dão certo e outras não. Será que a Lego cometeu um erro quando se valeu do merchandising associado? Na época, a decisão parecia fazer sentido. Foi apenas mais tarde, depois que os resultados chegaram, que as iniciativas da Lego foram descritas como equivocadas e irrefletidas. Mas isso em retrospecto. A aposta da Lego não deu certo, mas não necessariamente foi um erro. Muitos outros fatores, desde as mudanças de moeda até ações dos concorrentes ou as mudanças repentinas no gosto do consumidor, podem ter ajudado a enterrar a Lego. E tem mais, não está claro que quaisquer outras alternativas teriam sido mais bem-sucedidas. No entanto, quando lemos uma palavra como *se afastar*, é difícil escapar da conclusão de que a Legou errou — já que a própria palavra implica um julgamento desfavorável. Se tivéssemos uma ideia melhor sobre o destino dos novos rumos da Nokia, usaríamos um termo mais preciso do que *expandir* — teríamos descrito essa situação com mais confiança como *imprudente* ou *brilhante*. Mas não temos.

Vejamos um pequeno varejista de descontos, fundado em uma pequena cidade do Arkansas, em 1962. Como o Walmart cresceu e se tornou a maior empresa do mundo, contabilizando US$1 bilhão por dia nos caixas de suas lojas, tão grande que é responsável por 30% das vendas da Procter & Gamble, que vende 25% de todas as fraldas descartáveis e 20% de todas as revistas nos Estados Unidos, tão poderosa que pode censurar revistas e CDs ameaçando não os vender[10]? Como o Walmart se tornou tão bem-sucedido? Não faltam teorias: talvez tenha sido sua estratégia de "preços baixos todos os dias", ou uma obsessão implacável por detalhes, ou a cultura que faz com que pessoas comuns deem seu melhor, ou o uso sofisticado da tecnologia da informação na administração da cadeia de suprimentos, ou talvez uma abordagem agressiva de pagar pouco aos fornecedores. Será que *algumas* dessas explicações estão certas? Ou *todas* estão? Quais são as mais importantes? Algumas só funcionam combinadas com outras? Algumas explicações, como o uso da grande escala do Walmart para conseguir os menores custos de insumos, ajudam a explicar o alto desempenho hoje, mas não nos informam como a empresa se tornou tão grande. Essas perguntas são importantes porque, se quisermos aprender com o Walmart, se quisermos algum sucesso como o dela para as nossas empresas, quais lições deveríamos aprender? A verdade é que é difícil ter certeza. Como Frank Sinatra, o chefão, costumava cantar: "Quão pouco sabemos, e quanto há para descobrir."

Claro, não queremos admitir quão pouco sabemos. O psicólogo social Eliot Aronson observou que as pessoas são mais seres *racionalizantes*[11] do que seres racionais. Nós queremos explicações. Queremos que o mundo ao nosso redor faça sentido. Talvez não saibamos exatamente por que a Lego deu de cara contra a parede, ou por que a WH Smith enfrentou tempos difíceis, ou por que o Walmart tem ido tão bem, mas queremos sentir que sabemos. Queremos o conforto de uma explicação plausível, então dizemos que uma empresa se *afastou* [de sua essência] ou está *à deriva*. Vejamos a Bolsa de Valores, cuja flutuação diária, um dia em alta, e no outro mais baixa, mais parece um movimento browniano, o movimento agitado das partículas de pólen na água ou das moléculas de gás soltando-se uma das outras. Não é muito agradável dizer que hoje a movimentação da Bolsa de Valores é explicada por forças aleatórias. Sintonize no canal CNBC e ouça os especialistas enquanto eles observam as cotações da bolsa, e você os ouvirá explicando o seguinte: "O Dow Jones está ligeiramente em alta já que os investidores ganharam confiança no aumento dos pedidos das fábricas" ou "O Dow Jones está caindo alguns pontos percentuais por que os investidores estão realizando lucros" ou "O Dow está um pouco mais alto já que os investidores estão despreocupados com a próxima fixação das taxas de juros pelo Banco Central". Eles precisam dizer *alguma* coisa. A repórter Maria Bartiromo não pode olhar para as câmeras e dizer que o Dow Jones está caindo 0,5% hoje por causa do movimento browniano aleatório.

Ciência e Estudo dos Negócios

Mas tudo isso leva a uma pergunta mais importante. Se temos dificuldades em identificar o que determina o desempenho de uma empresa, por que isso acontece? Certamente não é por falta de tentativas. Milhares de pessoas esforçadas e muito inteligentes nas escolas de negócios, em centros de pesquisas e firmas de consultoria passam uma grande parte do tempo se esforçando para conseguir respostas. Há muita coisa em jogo. Então, por que as explicações sobre desempenho de empresas costumam estar repletas de clichês ou frases simplistas?

Em outras áreas, desde a medicina e a química até a engenharia aeronáutica, o conhecimento parece marchar à frente implacavelmente. O que essas áreas têm em comum? Em uma palavra, elas progridem graças a uma forma de pesquisa que chamamos de *ciência*. Richard Feynman definiu ciência como "um método de tentar responder às perguntas que podem ser colocadas da seguinte forma[12]: *Se eu fizer isso, o que acontecerá?*" A ciência não trata de beleza, verdade, justiça, sabedoria ou ética. Ela é eminentemente prática. A ciência pergunta: Se eu faço algo aqui, o que acontecerá lá? Se eu aplicar muita força nisso, ou muito calor, ou se eu misturar essas substâncias químicas, o que acontecerá? Por essa definição, *O que leva ao crescimento lucrativo sustentável?* é uma pergunta científica. Ela questiona: Se uma empresa fizer isso ou aquilo, o que acontecerá com suas receitas, lucros ou preços de ações?

Como nós respondemos a uma pergunta científica? Feynman explicou: "A técnica disso, fundamentalmente, é: experimente e veja. E então você reúne uma grande quantidade de informações a partir dessas experiências." Ou seja, você conduz experimentos e reúne informações de maneira sistemática para deduzir regras que governam os fenômenos e que possam levar a previsões precisas. A melhor coisa sobre ciências como a física e a química é que podemos fazer experimentos — testar e ver — em um ambiente de laboratório cuidadosamente construído que nos deixa controlar a situação, ajustar os dados e observar os resultados. Depois experimentar com algumas variáveis, alterar alguns dados e tentar novamente. O progresso científico deve muito ao refinamento cuidadoso e gradual dos experimentos[13].

Mas e o mundo dos negócios, que não acontece em laboratórios, mas no mundo complexo e confuso que nos rodeia? As questões sobre negócios merecem uma investigação científica? Podemos criar hipóteses alternativas e testá-las com experimentos cuidadosamente planejados que sustentarão algumas explicações e rejeitarão outras? Em muitos casos, a resposta é *sim*. Muitas das questões de negócios se prestam à experimentação científica. Imagine que você queira saber onde colocar um item no supermercado, ou qual o efeito que uma mudança de preço terá na quantidade vendida de um produto, ou que efeito terá uma promoção especial. O que você faz nesses casos? Simples, pode fazer testes em lojas diferentes e comparar as respostas. Pode descobrir o que funciona em determinado ambiente. *Se eu fizer isso, o que acontecerá?* Na verdade, quase qualquer situação com uma abundância de transações similares fornece um ambiente natural para experimentos. Uma explicação para o sucesso do Walmart é que ele estava entre os primeiros varejistas a aplicar rigor científico ao merchandising, estudando os padrões de consumo e entendendo as características do comportamento dos seus clientes, e então aplicando essas descobertas em tudo, desde a administração logística até o layout das lojas. De forma semelhante, algumas das melhores empresas da internet, como a Amazon.com e o eBay, usam técnicas altamente sofisticadas para rastrear os cliques dos clientes e entender suas escolhas. Outro exemplo é a

Harrah's Entertainment[14], uma das empresas líderes em apostas nos EUA — a palavra educada é jogos — com centenas de milhares de consumidores visitando seus casinos todos os dias. Quando Gary Loveman se tornou diretor de operações em 1998, não viu apenas fileiras de máquinas caça-níqueis, mesas de cartas e roletas — ele viu um fabuloso laboratório para realizar experimentos. Gary observou que o programa de fidelidade da Harrah's, *Total Gold*, reunia grandes quantidades de dados sobre milhares de consumidores e suas preferências. Usando esses dados, a Harrah's poderia realizar experimentos e analisar os resultados, e então fazer ajustes para melhorar a satisfação e a retenção do cliente. Por exemplo, a Harrah's poderia arranjar os andares do cassino com uma mistura certa de máquinas caça-níqueis para beneficiar o cliente e a empresa. Os experimentos de Loveman seguiram os padrões da ciência? Pode apostar que sim. E os resultados foram impressionantes: tanto a renda quanto os lucros subiram em termos absolutos e relativos aos concorrentes da Harrah's. O pensamento científico — *experimente e veja* — ajudou a Harrah's a melhorar seu desempenho.

Mas outras perguntas em negócios não se prestam facilmente a esse tipo de experimentação. Vejamos como exemplo uma grande iniciativa estratégica, como o lançamento de um novo produto. A Coca-Cola não teve duas chances para lançar a New Coke em 1985 — fez uma tentativa e saiu tudo errado. A Daimler teve apenas uma oportunidade para adquirir a Chrysler, e erros seriam difíceis ou mesmo impossíveis de serem desfeitos. O mesmo aconteceu com a AOL e a Time Warner — uma fusão complexa entre duas culturas de empresas inteiramente diferentes em um setor que muda constantemente. Steve Case e Gerald Levin não tinham como realizar experimentos. Não há meios simples de trazer o rigor dessas experimentações a perguntas como essas. Quer saber a melhor maneira de administrar uma aquisição? Não podemos comprar cem empresas, administrar cada metade de um jeito e depois comparar os resultados. Não podemos realizar esse tipo de experimento.

Ciência, Pseudociência e Fones de Ouvidos de Cocos

Nossa falta de capacidade em captar a complexidade total do mundo dos negócios através de experimentos científicos tem fornecido um material estimulante para alguns críticos das escolas de negócios. Os gurus da administração Warren Bennis e James O'Toole, em um artigo de 2005 da *Harvard Business Review*, criticaram as escolas de negócios por sua confiança nos métodos científicos. Eles escreveram: "Esse modelo científico é baseado na hipótese falha de que os negócios são uma disciplina acadêmica como a química ou a geologia, quando, na verdade, os negócios são uma profissão, e as escolas de negócio são escolas profissionais[15] — ou deveriam ser." Parece que se acredita que já que os negócios nunca serão compreendidos com a precisão das ciências naturais, é melhor entendê-los como um tipo de ciência humana, um mundo no qual a lógica da pesquisa científica não se aplica. Bem, sim e não. Pode ser verdade que os negócios não podem ser estudados com o rigor da química ou da geologia, mas não significa que tudo o que temos seja sexto sentido e intuição. Não há necessidade de mudar de um extremo a outro. Afinal de contas, há muito espaço entre as ciências naturais e a humanas. Podemos não ser capazes de adquirir cem empresas e realizar um experimento, mas *podemos* estudar as aquisições que já aconteceram e procurar padrões. *Podemos* examinar algumas variáveis fundamentais como o tamanho da empresa, o setor e o processo de integração, e então ver qual leva aos melhores ou piores resultados. Essa abordagem — chamada de *quase experimentação* — é básica na ciência social. Talvez ela nunca alcance o ideal das ciências naturais, mas se aproxima muito de aplicar o espírito da pesquisa científica a algumas decisões fundamentais nos negócios.

Na verdade, há uma grande quantidade de pesquisas de ciência social de qualidade sobre o desempenho das empresas, e eu vou examiná-las nos próximos capítulos. Mas muitas dessas pesquisas, precisamente por serem feitas cuidadosamente e serem prudentes nos resultados, tendem a não oferecer diretrizes claras e definitivas de ação. Não é muito interessante ler que determinada ação tem um impacto mensurável, mas pequeno no sucesso de uma empresa. Normalmente, os gestores não querem analisar discussões sobre validade de dados, metodologia, modelos estatísticos e probabilidades. Preferimos explicações que sejam definitivas e ofereçam implicações claras para a ação. Queremos explicar a sorte da Lego, de maneira rápida, simples e com uma lógica atraente. Nós gostamos de histórias.

É útil saber a diferença entre notícias e histórias. Uma *notícia* é, acima de tudo, responsável por oferecer fatos, sem manipulação ou interpretação. Se os casos sobre a Lego e a WH Smith pretendem ser notícias — o que possivelmente são, já que foram escritos por *repórteres* —, então as palavras *afastamento* e *à deriva* são problemáticas. Histórias, por outro lado, são meios que as pessoas usam para dar sentido às suas vidas e às suas experiências no mundo. O desafio de uma boa história não é sua responsabilidade com os fatos, e sim a sua capacidade de oferecer uma explicação satisfatória dos acontecimentos. Como *histórias*, os relatos sobre a Lego e sobre a WH Smith funcionam bem. Em poucos parágrafos, o leitor aprende sobre o problema (queda de vendas e lucros), obtém uma explicação plausível (a empresa perdeu seu rumo) e aprende uma lição (não se afaste, foque a essência). Há um final perfeito com uma solução clara. Tudo bem amarrado. Os leitores saem satisfeitos.

Veja, não há nada errado com as histórias, desde que entendamos que é isso que temos diante de nós. No entanto, mas traiçoeiras são as histórias disfarçadas para se parecerem ciência. Elas tomam a aparência de ciência e dizem ter autoridade de ciência, mas carecem do rigor real e da lógica da ciência. Elas são mais bem descritas como pseudociência[16]. Richard Feynman tem uma frase ainda mais memorável para isso: ciência de culto à carga[17]. Feynman a descreve da seguinte forma:

> Nos Mares do Sul, existem povos de culto à carga. Durante a guerra, eles viram aviões aterrissarem levando um monte de produtos, e agora querem que a mesma coisa volte a acontecer. Então eles passam a criar imitações de coisas, como pistas (de aeroportos), colocar fogo ao longo das pistas, construir uma cabine de madeira e pôr um homem para se sentar nela, com dois pedaços de madeira em sua cabeça como fones de ouvido, e barras de bambu saindo como antenas — ele é o controlador — e eles esperam que os aviões aterrissem. Eles estão fazendo tudo certo. A forma é perfeita. Mas não funciona. Nenhum avião aterrissa. Chamo essas coisas de ciência de culto à carga porque elas seguem todos os preceitos e as formas aparentes da investigação científica, mas não veem que falta algo essencial, pois os aviões não aterrissam.

Isso não quer dizer que a ciência de culto à carga não tenha algum benefício. As pessoas que esperam pacientemente nas pistas de aterrissagem em suas ilhas tropicais, vestidas como controladores de voo e usando um par de fones de ouvido de cocos, podem obter algum contentamento com todo esse processo — elas podem viver na esperança de um futuro melhor, podem gostar de ter algo em que acreditar e podem se sentir mais próximas dos poderes sobrenaturais. Mas é apenas isso, uma história. Não é um bom indicador do que vai acontecer depois.

O mundo dos negócios está cheio de ciência de culto à carga, livros e artigos que se dizem ser pesquisas científicas rigorosas, mas funcionam sobretudo no âmbito de uma narração de história. Nos capítulos a seguir, vamos olhar algumas dessas pesquisas — algumas que atendem ao padrão da ciência, mas não satisfazem como história, e outras que nos oferecem histórias maravilhosas, mas são duvidosas como ciência. Veremos que alguns dos livros de negócios de maior sucesso dos últimos anos, que se mantêm no topo das listas de best-sellers por meses a fio, cobrem-se com o manto da ciência, mas não têm muito mais poder de previsão do que um par de fones de ouvido de cocos em uma ilha tropical.

CAPÍTULO DOIS
A História da Cisco

Aqueles que reescrevem a história provavelmente acreditam, pelo menos, em parte de suas mentes, que estão incorporando fatos ao passado. Eles acham que a versão deles aconteceu efetivamente aos olhos de Deus, justificando o rearranjo dos registros nesse sentido.

George Orwell
Notes on Nationalism, 1945

Os exemplos que vimos até agora, Lego, WH Smith e Nokia, foram extraídos de artigos da imprensa de negócios, escritos por repórteres com um prazo apertado, talvez baseados em um press release. Então, é fácil imaginar por que muitos recorrem a clichês e a frases feitas. Mas e quanto a estudos extensos sobre uma única empresa? Talvez examinar uma empresa durante um tempo ofereça uma melhor compreensão de sua performance.

A forma mais básica de medir o desempenho da empresa é o valor para o acionista, e por esse indicador, a Cisco Systems é uma das que tem o maior desempenho de todos os tempos. Alcançou um valor de mercado de US$100 bilhões mais rápido do que qualquer outra na história, e então, por um curto tempo, teve sua glória — na verdade, duas semanas em março de 2000 —, ficou no topo, ultrapassando a Microsoft como empresa mais valiosa do mundo, valendo espantosos US$555 bilhões. Nos cinco anos depois de ter se tornado CEO da Cisco, John Chambers a presidiu sobre um crescimento acima dos US$450 bilhões em valor para o acionista, um ritmo de mais de US$90 bilhões por ano — o que representava US$1 bilhão a cada quatro dias, ou US$250 milhões todos os dias do ano, incluindo domingos e feriados, por cinco anos consecutivos. Alta performance, claro.

Isto tudo foi apenas uma bolha? Sim, o preço das ações da Cisco caiu drasticamente no final do ano 2000 e ainda mais em 2001, e então permaneceu bem abaixo do pico nos próximos dois anos. Mas quando a economia começou a se reanimar, a capitalização de mercado da Cisco se recuperou, e em 2005 se manteve em US$116 bilhões, tornando-se a 17ª empresa mais valiosa dos EUA. Ela ficou à frente de lendas duradouras como Coca-Cola, Chevron Texaco e Disney, valendo mais que a 3M e American Express juntas. Não é bem isso que se esperaria de uma empresa superficial e transitória.

Uma outra maneira de medir um desempenho sólido é deixar de lado a Wall Street e observar a habilidade da empresa para gerar lucro de forma sustentada. Se adotarmos essa abordagem, a Cisco *ainda* merece notas muito elevadas graças ao crescimento de suas vendas, batendo US$24 bilhões em 2005, ao mesmo tempo em que também gerava margens de lucro muito altas. De onde quer que olhemos, a Cisco Systems tem tido um excelente desempenho. Se quisermos explicar um desempenho sólido, o óbvio é procurar uma empresa com um dos melhores desempenhos — porque, se não conseguirmos explicar o sucesso da Cisco, como você acha que poderemos explicar casos mais modestos? Felizmente, a Cisco tem sido o assunto de vários artigos de revistas, estudos de casos e de alguns livros. Agora vamos dar uma olhada em como repórteres, gestores e professores explicaram o sucesso dessa empresa.

Era uma Vez no Vale do Silício

Desde o começo, a história da Cisco tem um quê de conto de fadas. No livro *John Chambers and the Cisco Way* [*John Chambers e o Jeito Cisco*, em tradução livre], John K. Waters começa a história desta forma:

> A lenda da fundação da Cisco Systems é um clássico no Vale do Silício. Sandra K. Lerner e Leonard Bosack se conheceram na faculdade, apaixonaram-se e se casaram. Depois de se formarem, começaram a administrar redes de computadores em diferentes locais do campus de 41km da Stanford. Eles ansiavam por trocar

e-mails românticos, mas suas redes eram incompatíveis. Sandy supervisionava os computadores da escola de negócios, enquanto Bosack trabalhava a 450m, no laboratório de ciência da computação[2].

A solução para a incompatibilidade de rede era algo chamado roteador multiprotocolo, que permitia a troca de dados. Então, Lerner e Bosack inventaram o roteador, fundaram a empresa e o resto já se sabe. Bem, essa é a lenda — a história que lemos várias vezes. E está mais ou menos certa, até onde sei, vinte anos depois e mais de centenas de quilômetros de distância.

Assim como muitas startups, a Cisco começou em um porão e vendia suas mercadorias para amigos e profissionais que eles conheciam. Quando a receita se aproximou de US$1 milhão, Lerner e Bosack buscaram capital de risco. A pessoa que finalmente disse *sim* foi Donald Valentine, do Sequoia Capital, o capitalista de número 77 que eles abordaram e que investiu US$2,5 milhões em troca de um terço das ações e controle gerencial. Valentine começou profissionalizando a gestão da Cisco, levando para o cargo de CEO um veterano do setor, John Morgridge. As vendas cresceram rapidamente, de US$1,5 milhão, em 1987, para US$28 milhões, em 1989, e em fevereiro de 1990, a Cisco abriu o capital. No final do primeiro dia das negociações a sua capitalização de mercado atingiu US$222 milhões. Nos próximos anos, Morgridge e Valentine continuaram promovendo o crescimento da empresa, e em um padrão repetido com frequência no Vale do Silício, os fundadores logo foram pressionados a sair, o tempo deles concluído[1].

Em 1991, quando a Cisco ainda era relativamente pequena e especulativa, como várias no Vale do Silício, Valentine e Morgridge convidaram o executivo de vendas John Chambers. A maioria dos perfis sobre Chambers o descreve da mesma forma: humilde, mas determinado; carismático, mas discreto; um super-homem de vendas contido. Cresceu na cultura de traje social da IBM e então foi para a Wang Labs, duas grandes empresas de computadores que sofreram duros revezes. Agora Chambers estava pronto para levar seu talento para uma empresa menor, que poderia moldar.

O ponto de virada veio em 1993. Embora as vendas de seus produtos básicos, roteadores, continuassem fortes, Chambers planejou uma nova estratégia. Com o CEO Morgridge e com Ed Kozel, chefe de tecnologia, decidiu que a Cisco agregaria uma linha de produtos mais ampla e se tornaria um balcão único para o mundo conectado, dominando a infraestrutura da internet. Havia apenas um obstáculo. O mercado estava crescendo muito rápido, e as novas tecnologias eram tão imprevisíveis que a Cisco não poderia querer crescer sozinha. Desenhando uma tabela que mostrava a linha completa de produtos, Chambers sugeriu que a Cisco preenchesse as lacunas comprando empresas menores. Nas semanas seguintes, sondou startups, identificando tecnologias novas e engenheiros talentosos. Logo fez a primeira aquisição comprando a Crescendo Communications, uma empresa de comutação de rede local, por US$97 milhões. E isso foi só um aperitivo — durante os próximos três anos, a Cisco compraria 24 empresas.

Em 1995, John Morgridge se aposentou, e John Chambers se tornou o CEO. Sob sua liderança, a Cisco virou uma potência da Nova Economia. Comprou mais 13 empresas em 1996, a maioria pequena, e um "peixe grande", a StrataCom, fabricante de dispositivos e comutadores de retransmissão de quadros com 1.200 funcionários e receita de US$400 milhões. Com a economia da internet explodindo, e apoiada pelas várias aquisições, a receita da Cisco alcançou US$4 bilhões em 1997. Então chamou a atenção da imprensa. Um artigo de março de 1997 da *Wired* a descreveu com elogios, repleta de "pessoas brilhantes e felizes" que trabalham várias horas, mas "amam cada minuto". Foi explicado que: "Os funcionários fazem um trabalho difícil, que leva horas, e pode ser frustrante e tortuoso. São basicamente muitos, mas muito bons mecânicos, peculiares à nossa era: constroem o sistema hidráulico da internet." No entanto, havia algo incomum: "*Todos* se divertem demais indo trabalhar", comentou a *Wired*. "E tudo o que mais fazem é sorrir[3]." Um mês depois, a *Business Week* publicou um artigo sobre a história da Cisco, chamando-a de "mago da alta tecnologia". Era "o rei de equipamentos de redes e faz parte da triarquia que define o setor: a Cisco é para as redes de informação o que a Microsoft Corp é para os softwares e a Intel[4], para os chips". E o motivo para tanto sucesso? A *Business Week* explicou que era mais do que pessoas brilhantes e felizes: "Graças à gestão impecável de Chambers, a arte de vender de maneira ágil e às aquisições agressivas, a Cisco saiu da obscuridade para o topo da indústria." Duas semanas mais tarde, em maio de 1997, a *Fortune* publicou um artigo consagrando a Cisco como "A nova superpotência da computação". Nas palavras da *Fortune*, a Cisco havia "surfado no tsunami da internet com mais segurança do que talvez qualquer outra empresa, habilmente manobrando em novas áreas de tecnologia de redes com aquisições rápidas como um raio[5]". Preste atenção nas palavras: A Cisco não estava *se afastando da sua essência* nem *se perdendo*, em vez disso *estava habilmente manobrando em novas áreas*.

A Cisco surfou na onda de 1998 da internet. Suas receitas alcançaram US$8 bilhões, cinco vezes o valor de 1995. Tinha 40% de participação nos US$20 bilhões do setor de equipamentos de redes de dados — roteadores, hubs e na dita rede hidráulica da internet — e 80% no mercado de roteadores de alto nível[6]. Mas a Cisco não estava só aumentando as receitas. Também lucrava. Mesmo na época em que as startups mais admiradas da internet, como a Amazon, perdiam dinheiro, a Cisco contabilizou uma margem operacional de 60%. Não era uma empresa pontocom com um plano de negócios, surgida do nada, com executivos sorridentes de sapatos reluzentes[7]. Não garimpava ouro na internet, era ela que vendia as picaretas e pás para os mineiros que se enfileiravam para comprá-las. E Wall Street adorava. A Cisco era o "Grande C", uma força irrefreável que ultrapassou as expectativas de Wall Street trimestre após trimestre. Em julho de 1998, o *Wall Street Journal* divulgou: "De todas as recentes altas da bolsa, poucas foram tão impressionantes como a da Cisco Systems na última sexta-feira. A criadora dos equipamentos para redes de computadores viu sua capitalização de mercado ultrapassar US$100 bilhões[8]." A Cisco tinha alcançado uma marca mágica em tempo recorde, após apenas 12 anos. A Microsoft, a campeã anterior, levou 20 anos. Em setembro de 1998, a *Fortune* coroou a Cisco como "Rei da Internet". E escreveu que Chambers "agradara plenamente os investidores, tornando as ações da Cisco no que há de mais próximo de uma aposta certeira nos negócios de tecnologia[9]". Até então, a Cisco havia comprado 29 empresas. A disposição de Chambers de comprar, em vez de reinventar, a tecnologia de que precisava era incomum no Vale do Silício. Enquanto muitas empresas do tipo viam a aquisição de novas tecnologias como fraqueza, Chambers pensava o oposto — na verdade, entendia a recusa em olhar para fora como o limitador que prejudicou a IBM.

O ano de 1999 foi de grande sucesso. E quanto maior ficava, mais depressa crescia — e vice-versa. E para onde a Cisco iria? Além dos roteadores e comutadores, para uma categoria muito maior — o mercado de equipamentos de telecomunicações de US$250 bilhões por ano, do qual tinha apenas uma pequena fatia até então. O espaço para crescimento era imenso! Claro, expandir para esse segmento a tornaria concorrente direta de alguns pesos-pesados: Lucent, Nortel e Alcatel. Por acaso, os analistas estavam preocupados com um afastamento da essência? De jeito nenhum. Enquanto entregasse bons resultados, a diversificação fazia sentido. A JP Morgan comentou: "Chambers tem diversificado a linha de produtos e motivado seus gestores a ficarem completamente focados nos clientes. A Cisco já é dinâmica por si só, e ao lhe dar vantagem, é quase impossível alcançá-la." A SG Cowen Securities acrescentou: "Eles estão apenas começando" com empresas de telefonia[10]. A MCI WorldCom, Sprint, Swisscom, e outras grandes empresas de telecomunicação planejavam comprar produtos da Cisco.

Explicando o Sucesso da Cisco

De 1997 até 2000, a Cisco aparecia em muitos artigos de muitas páginas das revistas líderes de negócios dos EUA. E qual era a questão implícita neles? Por que essa empresa — ela, e não qualquer outra — ia tão bem? Poucas explicações apareceram. Em quase todas, o crédito era dado a John Chambers, o CEO. Muitos perfis tocaram nos mesmos pontos: que Chambers era filho de um casal de médicos de Charleston, do oeste da Virgínia. Como tinha superado a dislexia para cursar direito, e depois aceitou um emprego na IBM. Como tinha visto a IBM e a Wang caírem por não reagirem a importantes mudanças na tecnologia. Chambers refletia: "Aprendi com as duas empresas que se você não está à frente das tendências, elas destruirão tudo o que construiu e tragicamente abalarão as vidas dos seus funcionários. E não quero passar por isso de novo[11]." Era uma história inspiradora. E com Chambers na direção, a Cisco nunca repetiria aqueles erros — e permaneceria enxuta, humilde e ágil. Ela pegaria os melhores pontos da IBM combinados com a paixão, determinação e visão da Nova Economia.

Um segundo elemento frequentemente mencionado era a incrível habilidade da Cisco em adquirir empresas. A *Fortune* escreveu: "Pense na Cisco como uma locomotiva de aquisições, tão inteligentemente projetada e ajustada quanto os roteadores gigantescos que desenvolveu para lidar com a sobrecarga do tráfego da internet[12]." O que a tornou tão boa em aquisições? Parte da explicação foi a habilidade em selecionar as melhores empresas para comprar. Não havia falta de candidatos, de pequenas startups a grandes empresas estabelecidas. Identificar as empresas certas era trabalho do prodígio de 33 anos Michelangelo (Mike) Volpi, conhecido por esse dom. Um estudo de caso da Escola de Negócios de Harvard focou a estratégia da Cisco em crescer com aquisições[13]. E concordou que era altamente disciplinada, buscando empresas menores com produtos que teriam lugar em suas ofertas e evitando aquisições especulativas e irrelevantes. Ela não comprava empresas grandes, distantes da sua base na Califórnia, ou com uma cultura corporativa muito diferente. E por quê? Porque a Cisco queria pegar empresas pequenas e similares, fáceis de absorver. Antes de qualquer aquisição, fazia uma diligência meticulosa usando uma equipe multifuncional com representantes dos setores de marketing, engenharia e produção. Isso porque ela se preocupava com a adequação cultural e com a tecnológica.

Encontrar as empresas certas era uma parte da história. A Cisco não só fazia negócio, mas as integrava e obtinha grandes resultados. A *Fortune* observou que ela se destacava por digerir as aquisições suavemente. Quais eram as chaves de seu sucesso? Primeiro, uma equipe dedicada exclusivamente a "replantar" startups na empresa maior[14]. O estudo de caso da Harvard informou que, após um negócio fechado, a Cisco seguia um processo de integração sistemático com objetivos específicos para 90 e 180 dias. "O sucesso da integração se dava em grande parte por causa da abordagem organizada e metódica à gestão da experiência dos funcionários adquiridos[15]." Afirmava-se que a Cisco também abordava a dimensão humana. Afinal, as pequenas empresas não levavam apenas patrimônio e clientes — eram atrativas principalmente por causa de seus empregados. Uma integração tranquila era decisiva para manter os talentos a bordo, e nesse aspecto a Cisco realizava um ótimo trabalho. Ela se importava em proporcionar uma integração suave, em abarcar os novos funcionários, fazendo com que se sentissem parte da equipe — distribuindo bonés personalizados, por exemplo, para ajudar na construção da identidade corporativa. A *Fortune* escreveu: "Quando a Cisco incorpora uma empresa, compromete-se a não fazer demissões, sua taxa de *turnover* nas fusões é de apenas 2,1%[16], contra uma média do mercado de 20%." Finalmente, sua abordagem atinge o equilíbrio perfeito entre flexibilidade e disciplina. Embora cada aquisição fosse única e pedisse adaptações, havia passos obrigatórios, como a fusão dos sistemas de informação e a adoção de métodos de produção[17]. Enquanto outras empresas faziam aquisições ocasionais e lutavam a cada vez, a Cisco fez uma ciência das aquisições. Em 1999, foi classificada como número 1 pela consultoria Best Practice da cidade de Chapel Hill, na Carolina do Norte, após uma pesquisa com clientes sobre boas políticas de fusões e aquisições[18].

Quando a sorte da Cisco disparou, no final dos anos 1990, dois professores da Escola de Negócios da Universidade de Stanford, Charles O'Reilly III e Jeffrey Pfeffer, estavam escrevendo o livro *Hidden Value: How Great Companies Achieve Extraordinary Results with Ordinary People* [*Valor Oculto: Como Grandes Empresas Alcançam Resultados Incomuns com Pessoas Comuns*, em tradução livre], no qual incluíram um capítulo sobre a Cisco, que na visão deles é um modelo para gerir pessoas. Os autores recontaram a história da Cisco, discutiram sua estratégia e apresentaram um perfil padrão de John Chambers, o humilde super-homem das vendas com o jeito arrastado de falar característico do oeste da Virgínia. Eles se referiram à administração das aquisições e observaram a habilidade de reter talentos. Mas nada disso explicava seu sucesso fenomenal. "Então permanece a pergunta", escreveram O'Reilly e Pfeffer. "O que explica a vantagem competitiva da Cisco?" E a resposta? "Use a dedução", sugeriram. Se a Cisco era mais bem-sucedida do que outras empresas, deveria significar que "era mais competente em fornecer a tecnologia e os equipamentos que os clientes queriam." E isso queria dizer duas coisas: A Cisco tinha "a forte crença de que não era a dona da verdade em termos de tecnologia e ouvia atentamente os clientes." De acordo com O'Reilly e Pfeffer, era isso que a Cisco fazia muito bem — não tinha uma tecnologia só dela e ouvia os clientes. Ela observava para onde o mercado estava indo, e então adquiria a tecnologia necessária e conservava as pessoas que a haviam desenvolvido. Em última análise, seu sucesso tinha a ver com sua habilidade de aproveitar o talento e a energia da sua força de trabalho[19].

A Cisco na Maré Alta

A NASDAQ subiu no último mês de 1999, e depois de uma curta pausa após o Ano-novo, seu crescimento ultrapassou 4000 e atingiu 5000. Em 27 março de 2000, a Cisco alcançou uma capitalização de mercado de US$555 bilhões e ofuscou a Microsoft como empresa mais valiosa do mundo. Em abril, a NASDAQ oscilou, e em maio as ações da Cisco caíram 20% do pico de US$80. Hoje, vemos que isso foi a primeira estremecida antes de o castelo de cartas desabar, mas na época muitos observadores viram essa diminuição como uma correção necessária, uma pausa antes de subirem ainda mais. Alguns até acreditavam que as ações da Cisco estavam mais atrativas do que nunca. Em maio de 2000, a *Fortune* publicou um artigo de capa sobre a Cisco e seu CEO. "John Chambers é o melhor CEO do mundo? É tarde demais para comprar suas ações?" Na revista, havia um artigo de seis páginas com fotos e gráficos, fundamentado em extensas entrevistas e visitas in loco (incluindo uma visita obsequiosa ao vinhedo de uma dupla de altos executivos). A *Fortune* escreveu: "A Cisco, com o CEO John Chambers na direção, poderia ser considerada uma das empresas excepcionais dos EUA, na mesma categoria de Intel, Walmart e, sim, GE." Era uma história mais positiva do que qualquer um poderia imaginar, o suprassumo do hype.[20]

Quais as razões que a *Fortune* deu para o incrível sucesso da Cisco? Os mesmos tópicos básicos foram destacados. A Cisco recebia o crédito pelo "extremo foco no cliente". "Em suma", escreveu a *Fortune*, "nenhuma empresa de rede teve o foco tão intenso e direto nos clientes como a Cisco desde o primeiro dia". Citou um capitalista de risco, John Doerr, que concordou: "É o foco no cliente. John Chambers é a pessoa que mais foca o cliente." E o próprio Chambers comentou: "Fazemos o que é necessário para conquistar os clientes." O segundo tópico era a integração das aquisições. E a *Fortune* escreveu que a Cisco estava "fazendo uma ciência das aquisições", observando que sua "habilidade de integrar empresas adquiridas era lendária". O terceiro tópico era a cultura corporativa, que mesclava autonomia pessoal com disciplina. "Você tem que entender", disse um executivo concorrente do Vale do Silício, "os gestores são capacitados lá de uma maneira que não são na Oracle, Sun, HP ou na Intel". No entanto a Cisco também era reconhecida por sua cultura de disciplina e obsessão por custos: "John e [o diretor financeiro] Larry Carter eram muito rigorosos, é inacreditável", disse um gestor. Os escritórios da Cisco eram simples. Todo mundo voava de classe econômica. Ninguém, muito menos os gestores, desfrutava de privilégios ostentosos. O quarto tópico, porém não menos importante, era John Chambers. Muito do crédito se devia a ele. Jeff Bezos, da Amazon, pode ter estado na *Time* como personalidade do ano em 1999, mas de acordo com a *Fortune*, o melhor CEO da era da informação era John Chambers.

Quanto às ações da Cisco, a *Fortune* apontou que seu crescimento foi duas vezes a taxa anual de 15% da GE. Se você quisesse ter ações em apenas uma delas, escreveu em maio de 2000, teria que ser da Cisco. E por um tempo, esse conselho parecia justificável. A NASDAQ se estabilizou no verão de 2000, e em outubro, quando a *Fortune* anunciou sua pesquisa de opinião anual sobre as empresas mais admiradas, a Cisco foi a número dois, logo atrás da GE[21] — a empresa diversificada de mais sucesso do mundo, dirigida pelo lendário Jack Welch. Era isso. A Cisco estava no topo, um sucesso imenso, orientada para os clientes, com uma cultura incrível e uma aptidão em aquisições sem igual. Mas a única pergunta, que a própria *Fortune* fez em maio de 2000, era se seria tarde demais para comprar ações da Cisco.

E a resposta acabou sendo *sim*.

A Reversão da *Fortune*

As ações de tecnologia começaram a baixar em setembro, e a cair rapidamente em outubro. Em novembro, as ações da Cisco estavam sendo negociadas por apenas US$50 em meio a uma queda generalizada. E as implicações não passaram despercebidas pelos repórteres mais astutos. Scott Thurm, do *Wall Street Journal*, observou: "Estão em jogo bilhões de dólares do valor de mercado da Cisco, que agora é de US$393 bilhões. E como a Cisco conta com suas ações para contratar e manter funcionários, como para adquirir tecnologia promissora, ações enfraquecidas complicam seus negócios. Como as ações se estagnaram nos últimos meses, a taxa de rotatividade de pessoal aumentou, já que alguns funcionários foram procurar oportunidades mais lucrativas[22]." No final do ano 2000, as ações da Cisco caíram para US$38, menos da metade do valor do seu recorde. No entanto, John Chambers continuava obstinado, anunciando que a queda era uma oportunidade de expandir a participação no mercado, e continuou solicitando mais estoque. Mas agora as coisas eram diferentes. Os pedidos haviam caído, a lista de espera, despencado, e em abril de 2001, a Cisco amortizou US$2,2 bilhões em estoque, reconhecendo que interpretara mal a demanda dos clientes. Então Chambers foi forçado a fazer o que mais temia: demissão em massa. Em abril de 2001, um ano depois do pico de US$80, as ações chegaram ao seu valor mais baixo, US$14. Mais de US$400 bilhões de capitalização de mercado desapareceram em 12 meses. As aquisições não só estavam fora de cogitação, seriam inúteis.

Em maio de 2001, exatamente um ano após seu melhor momento, a *Fortune* contava uma história bem diferente. O título era: "A Cisco Destrói o Seu Próprio Conto de Fadas.²³" E então escreveu:

> A caminho de alcançar o valor de meio trilhão de dólares no mercado de ações, tudo na Cisco parecia perfeito. Tinha o CEO perfeito. Fechava sua contabilidade em dia e fazia previsões financeiras perfeitas. Era uma máquina de aquisições, absorvendo empresas e suas tecnologias com segurança. Era a líder da nova economia, vendendo equipamentos para as empresas de telecomunicações do novo mundo que os usariam para suplantar as operadoras de telefonia do velho e tornar os fornecedores do velho mundo irrelevantes.
>
> Durante o último ano, cada uma dessas características provou ser falsa.

De acordo com a *Fortune*, a destreza da Cisco não apenas tinha sido exagerada, tinha sido falsa. E os seus problemas não eram apenas externos — um estouro da bolha e pedidos que caiam mais depressa do que qualquer um teria previsto. Então, a *Fortune* concluiu, baseada em "várias conversas com clientes, com executivos do presente e do passado, e revelações dos fornecedores e concorrentes, que foi a Cisco que se colocou naquela situação".

Mas e o foco radical da Cisco no consumidor? Bom, agora a *Fortune* divulgava que a Cisco "tinha exibido uma atitude indiferente para com clientes em potencial". As técnicas de vendas da Cisco tinham sido "incômodas" e "alienado" os concorrentes. E sobre a sua legendária habilidade de fazer prognósticos? Desculpe-me, mas a Cisco "tinha assinado contratos de longo prazo com fornecedores na hora errada." E as habilidades inovadoras? Agora descobriu-se que "alguns de seus produtos não eram muito bons," E nada era poupado: "As aquisições, as previsões, a tecnologia e, sim, os diretores executivos — todos haviam falhado com a Cisco no último ano." E o que teria levado a tantos erros? No centro desses problemas havia uma arrogância trazida pelo sucesso. A *Fortune* observou que a Cisco tinha "se regozijado com a cultura da confiança," que o seu empreendimento arriscado em produtos de telecomunicação era a evidência da "arrogância" da Cisco, que "se mostrou orgulhosa demais", e que sua "certeza beirava a inocência". O orgulho antes da queda, um assunto tão antigo quanto os Gregos. Claro que outras empresas tinham fracassado, mas "o fracasso da Cisco era fascinante porque Chambers promoveu a empresa como uma nova espécie de colosso — mais rápido, esperto, e muito melhor do que os concorrentes." Claro que tudo isso era ainda mais intrigante porque não foi Chambers que fez esse tipo de afirmação, mas os jornalistas da *Fortune*.

A *Business Week* não ficou muito atrás em mudar a história da Cisco. Em agosto de 2001, escreveu no artigo "Lições de Gestão do Fracasso":

> Apenas um ano atrás, a Cisco Systems Inc. era abertamente aclamada como um exemplo brilhante da Nova Economia. Os gurus da administração viam a Cisco como um protótipo de empresa do século 21, onde a tecnologia da informação ligava fornecedores e clientes de maneiras que permitiam que a empresa respondesse com habilidade a cada nuance do mercado.
>
> A Cisco achatou a pirâmide corporativa, terceirizou a produção intensiva de capital, e forjou alianças estratégicas com os fornecedores que deveriam eliminar o estoque quase inteiramente. Sistemas de informação sofisticados davam aos seus gestores dados em tempo real, permitindo que eles detectassem a mínima mudança nas condições do mercado atual e fizessem previsões com precisão. Se alguém tinha "a visão" necessária para a nova era digital, essa pessoa seria o CEO da Cisco, John T. Chambers.
>
> Opa! A rapidez e a severidade surpreendente do declínio da Cisco — marcado pela amortização chocante de US$2,2 bilhões do estoque em abril, mostraram que ela era vulnerável ao desaquecimento da economia como qualquer outra empresa.[24]

As mesmas revistas que costumavam aplaudir a Cisco apenas um ano antes — *O Rei da Internet, O Melhor CEO do Mundo, comparável à General Electric e Microsoft* — agora se acotovelam para despejar críticas. Em janeiro de 2002, a *Business Week* publicou outra revelação, e essa se chamou "A Cisco por trás do Hype." E dizia:

> Sempre se criaram muitos mitos ao redor da Cisco. No auge do frenesi da internet, ela era a materialização da época. Quando se tratava da Cisco, tudo parecia mais rápido, maior e melhor. Suas vendas e lucros superavam os de todos. Vendia mais equipamentos sofisticados pela internet do que qualquer outro, já que corria para preencher a demanda que parecia inextinguível. Podia fechar a sua contabilidade em um dia, graças ao seu poderoso sistema de informação. Por 43 semestres seguidos, a Cisco satisfez ou superou as expectativas famintas de Wall Street por lucros cada vez maiores. Por um breve momento inebriante, ela se tornou a empresa mais valiosa do planeta[25].

Todos os principais aspectos eram comentados: o foco nos clientes, sua cultura, sua habilidade de administrar suas aquisições e sua liderança. Mas agora a empresa tinha falhas em todos os departamentos. Claro que é possível que a Cisco tenha mudado. O sucesso *pode* causar complacência. O rápido crescimento *pode* levar a dificuldades em manter o controle. Algumas empresas *subestimam* seus clientes. E assim por diante. Mas *não* era isso que estava sendo dito. Ninguém havia dito que a Cisco havia mudado entre os anos 2000 e 2001. Só agora, em retrospectiva, a Cisco estava sendo descrita através de lentes diferentes — a de seu desempenho em queda.

A Primavera da Cisco

Mas a história da Cisco não acabou assim. Primeiro uma tese, depois uma antítese e a seguir uma síntese. Depois do verão, um inverno rigoroso, e depois do inverno, os sinais da primavera.

Nos próximos dois anos, de 2001 até 2003, enquanto o setor de tecnologia continuava em dificuldades, John Chambers e seus colegas perseveraram, insistindo que a Cisco emergiria da recessão mais forte do que nunca. A recuperação aconteceu lentamente, mas em 2003 havia sinais claros de um crescimento no setor de alta tecnologia e a Cisco começou a acumular resultados mais sólidos. Em novembro de 2003, com as vendas agora recuperadas, a *Business Week* voltou a colocar Chambers na capa, desta vez com o título "A volta da Cisco." A narrativa agora era fascinante, não muito pelo que falava sobre o que a Cisco estava fazendo de certo em 2003, mas por seu relato de todas as coisas que a Cisco teria feito de *errado* no ano 2000.

Antes, a Cisco tinha sido elogiada por sua excelência organizacional, por sua *disciplina* e *coordenação*. Agora, a *Business Week* informava que, na verdade, a Cisco tinha perdido o controle. Tinha uma "cultura de faroeste" e agia "como um grupo de tribos tecnológicas independentes em que cada unidade podia escolher seus próprios fornecedores e produtores". A Cisco era "conhecida por sua cultura de *carpe diem* — com poucos planos de coordenação". "Os engenheiros seguiam seus *geeks* inspiradores para onde eles os levassem". A empresa era caracterizada pelo "caos que veio com o crescimento a qualquer custo" e "as equipes estavam muito ocupadas recebendo pedidos e lucrando com as opções de ações para se preocuparem com eficiência, corte de custos e trabalho em equipe". Os esforços dos seus engenheiros "eram amontoados de projetos conflitantes." Esse retrato de uma empresa caótica e desorganizada não era nada parecido com aquele que lemos em 2000, mas tudo bem, porque todos esses problemas estavam no passado e agora em 2003, a Cisco estava "mais disciplinada e coesa." Nós deveríamos ficar aliviados com as melhorias da Cisco — até o momento em que lembramos que disciplina e coesão foram os tipos de palavras usadas para descrever essa mesma Cisco no período entre 1997 até 2000!

E a questão dos *clientes*? Os professores O'Reilly e Pfeffer, da Stanford, tinham observado que ouvir atentamente o cliente era a razão principal para o sucesso da Cisco, e a revista *Fortune* também tinha descrito que o foco no cliente era um dos primeiros pontos positivos da Cisco. Mas agora a *Business Week* escrevia que mesmo no auge do sucesso da Cisco, em 2000, ela tinha negligenciado seus clientes. O próprio Chambers disse que talvez a Cisco tivesse esquecido uma das suas regras essenciais: escutar os seus clientes. Mas então, e as aquisições que foram citadas várias vezes como sendo a razão fundamental do sucesso da Cisco? Desculpe, disse a *Business Week*, a Cisco não era realmente boa com as aquisições, afinal: "A Cisco tinha sido uma compradora compulsiva — até mesmo de startups não lucrativas." Em vez de seguir uma estratégia clara, eles diziam que a Cisco havia embarcado em uma "compulsão de compras de 73 empresas entre 1993 e 2000 adquirindo qualquer empresa de rede com alguma chance de sucesso." A Cisco teve um "surto de aquisições" caracterizado por práticas de investimento "fortuitas" e "desregradas". E as explicações não poupavam nada. Onde a Cisco tinha sido descrita como empresa focada e disciplinada, fazendo ciência com as integrações de fusões, agora era lembrada como uma compradora compulsiva. Por comprar "startups sem lucros comprovados" — bem, na época essa tinha sido a ideia central, encontrar empresas jovens com pessoas inteligentes e grandes ideias. Mas agora, em retrospectiva, era motivo de culpa.

Lidos no contexto da época em que foram escritos, cada um desses artigos parece plausível. Eles oferecem explicações razoáveis para o que acontecia. Mas olhe para eles no decorrer de alguns anos, e temos que questionar se os repórteres entenderam a história de forma correta — ou se as suas descrições foram deturpadas pelas histórias que queriam contar. Os fatos foram reunidos e moldados para contar a história do momento, seja sobre um grande desempenho ou um desempenho em colapso ou sobre renascimento e recuperação. Reunindo esses relatos, a impressão que temos é a de uma história no estilo de George Orwell — uma reescrita da história que lança os fatos no passado, reorganizando os registros para contar uma história mais coerente. É um exemplo de reinterpretação do passado para se adaptar às necessidades do presente.

Intrigado com esses relatos nitidamente diferentes, contatei o autor de um dos artigos mais efusivos, o texto elogioso da revista *Fortune* de maio. E perguntei para Andy Serwer, editor geral da *Fortune*, se ele podia me explicar a adulação no ano 2000 e as críticas tão extremas mais tarde? Serwer me respondeu com toda a franqueza: "Acho que existe um efeito pêndulo, e que possivelmente todos nós fomos pegos por ele e, assim, talvez tenhamos exagerado o que estava acontecendo.[26]" Também entrei em contato com Peter Burrows, da *Business Week*, autor do artigo de novembro de 2003 "A volta da Cisco", que tinha retratado a Cisco, três anos antes em 2000, como cheia de problemas[27]. Burrows é um jornalista inteligente e experiente do Vale do Silício que escreveu extensivamente sobre a Cisco, Hewlett-Packard, e outras empresas da região. *O que aconteceu?*, perguntei. Burrows explicou que na sua visão, a Cisco nunca tinha sido uma empresa preocupada com os custos, mas focada nos clientes. Ele então acrescentou: "De um modo geral, eu acho que há uma tendência em exagerar os pontos positivos de uma empresa durante períodos de economia em alta — e principalmente durante a maior alta de todas, que foi no final dos anos 1990.[28]"

Sem dúvida, Serwer e Burrows estão corretos. Existe uma tendência natural, até mesmo em publicações importantes como a *Fortune* e *Business Week*, de exagerar os altos e baixos, e de recorrer a frases simples para explicar o desempenho de uma empresa. Fazem isso para ter uma história melhor, ainda que nos leve a um caminho perigoso. Costuma-se dizer que o jornalismo é o primeiro rascunho da história, e esses relatos jornalísticos se tornam as fontes primárias para estudos posteriores. Por exemplo, o estudo de caso da Harvard mencionado anteriormente, foi baseado nesses mesmos artigos de revistas e jornais, e o capítulo sobre a Cisco no livro de O'Reilly e Pfeffer, *Hidden Value*, também citou esses mesmos artigos da Fortune mencionados anteriormente. Esses estudos de caso e capítulos de livros são tão bons quantos as fontes em que foram baseados.

Mas há um problema ainda mais profundo. A história da Cisco talvez seja menos um exemplo de hipérbole jornalística intencional do que de algo mais básico: a dificuldade que temos em entender o desempenho de empresas, mesmo quando acontece diante de nós. Mesmo com toda a atenção que a Cisco recebeu, com todo o destaque na imprensa durante muitos anos, jornalistas experientes e acadêmicos respeitados tiveram dificuldades em identificar, com algum nível de precisão, as razões de seu sucesso extraordinário ou as de seu declínio atordoante. Falava-se repetidamente sobre orientação ao cliente, liderança e eficiência organizacional, mas essas coisas são difíceis de medir objetivamente, então tendemos a fazer referências sobre elas fundamentados em que temos certeza: receitas, lucros e preço das ações. Talvez não saibamos *realmente* o que leva ao alto desempenho, de modo que procuramos frases simples para entender o que aconteceu.

CAPÍTULO TRÊS

Altos e Baixos com a ABB[1]

Milo ficou pálido de novo. "Ele fez o quê?"

"Esmagou vários sabonetes e misturou com o purê de batata-doce só para mostrar que o pessoal é ignorante e não sabe a diferença entre o bom e o ruim. Todos os homens do esquadrão adoeceram. As missões foram canceladas."

"Bem!", exclamou Milo, os lábios apertados, em desaprovação. "Ele certamente descobriu que *estava* errado, não é mesmo?"

"Pelo contrário", corrigiu Yossarian. "Ele descobriu que estava certo. Raspamos os pratos e pedimos mais. Sabíamos que estávamos doentes, mas não tínhamos ideia de que havíamos sido envenenados."

Joseph Heller
Ardil-22, 1961

Não é surpresa o forte efeito manada na história da Cisco. O mundo dos negócios ficou aéreo durante a bolha do setor de alta tecnologia, no final dos anos 1990. Talvez possamos perdoar alguns jornalistas por terem perdido a perspectiva. Mas a mesma coisa acontece em empresas que não são novas, nem de alta tecnologia nem norte-americanas.

Consideremos a ABB, a empresa industrial sueco-suíça. Ela foi criada em 1988 através da fusão de duas empresas de engenharia líderes, a ASEA, da Suécia, e a Brown Boveri, da Suíça. A fusão foi uma ideia do CEO da ASEA, Percy Barnevik, que viu que os mercados de energia nacionais passavam por dificuldades e ponderou que uma empresa que operasse além das fronteiras teria uma grande vantagem competitiva. A empresa recém-criada era líder em geração, transmissão e distribuição de energia, assim como alguns outros negócios, incluindo automação de processos, robótica e plásticos.

Barnevik logo uniu as duas empresas. A velocidade da integração era de tirar o fôlego, a redução de custos, sem precedentes. Várias fábricas foram fechadas na Europa, empregos foram cortados, e despesas gerais, mitigadas. Ao mesmo tempo, a ABB expandia sua posição global com uma série de aquisições. Em 1989, ganhou as manchetes por pagar US$700 milhões pelos negócios de distribuição e transmissão de energia da norte-americana Westinghouse Electric, e depois comprou a Combustion Engineering, sediada nos EUA, por US$1,6 bilhão. Em seguida, expandiu-se para a Europa Central e Oriental, tirando vantagem da liberalização e privatização depois da queda do comunismo. Também ingressou no mercado asiático, onde a demanda por energia e engenharia crescia. Em 1994, o perfil da ABB era outro, com a redução de funcionários na Europa Ocidental, consolidação na América do Norte e expansão para mercados emergentes. Enquanto isso, as vendas e os lucros aumentavam. Entre 1988 e 1996, sua receita tinha quase dobrado para US$34,7 bilhões, e o lucro, triplicado para US$1,2 bilhão. A cotação das ações aumentou, e a capitalização ultrapassou US$40 bilhões.

Explicando o Sucesso da ABB

Por quase uma década, do final dos anos 1980 até o final dos anos 1990, a imprensa de negócios ficou repleta de histórias sobre a ABB. Mas o que explicava seu sucesso espetacular? A maioria das explicações começava pelo CEO. Alto, magro, com um olhar penetrante e um cavanhaque impecavelmente aparado, Percy Barnevik era uma figura impressionante. Era diferente dos líderes empresariais europeus — um escandinavo que combinava costumes e retórica do velho mundo com o pragmatismo e a proatividade dos norte-americanos. Era uma composição inesquecível. A imprensa norte-americana estava impressionada com o MBA de Barnevik, em Stanford, e com seu domínio das gírias norte-americanas. Logo, artigos de destaque começaram a aparecer em revistas importantes. Um perfil de 1991 da *Harvard Business Review* o descreveu como um "pioneiro corporativo" que construía "o novo modelo de empreendimento competitivo".[2] Diziam que ele acreditava em tomadas de decisão rápidas, na comunicação implacável, e estava comprometido em desenvolver valores que manteria sua vasta empresa unida. Em 1992, a *Long Range Planning* descreveu a ABB como uma "fusão modelo para uma nova Europa" e foi direta em elogiar seu líder: "Por todos os padrões, Barnevik é um dos CEOs de nível internacional da Europa. Conhecê-lo... é conhecer uma abordagem incisiva e original de gestão, na qual a capacidade de tomar decisões ágeis e confiantes[3] é da maior importância." A *Fortune* se empolgou: "Se as palavras enxuto e econômico pudessem ser personificadas, Percy Barnevik o faria... Barnevik é o maior executor da Europa. Também é o criador do que agora é a maior fusão transnacional desde que a Royal Dutch se associou com a Shell, em 1907[4]."

Mais elogios se seguiram. Em 1993, a *Business Week* publicou o artigo "A Cruzada Global de Percy Barnevik", que começava assim: "Chamem de planeta Barnevik. O executivo ambicioso da ABB[5] viu o futuro, e nele não há fronteiras." Nas próximas páginas, a revista rasgou a seda. "Apesar da carreira rápida e da motivação frenética, Barnevik é — para um gestor europeu — acessível e despretensioso." Barnevik "se reúne com todos os níveis da gerência da ABB, de diretores engravatados na sede de Zurique a supervisores de camiseta em uma fábrica de turbinas na Polônia — chamado a maioria pelo primeiro nome." Ele era um *workaholic* conhecido por "levar trabalho até para o box". Barnevik era também "famoso por sua habilidade de ler muito rápido e sua capacidade analítica aguçada" e "nunca se dar ao trabalho de preparar discursos de antemão, preferindo falar de improviso, mesmo sobre assuntos tão densos como ajustes econômicos internacionais". Para completar o quadro, longe do trabalho, diz-se que Barnevik escala montanhas e "gosta de maratonas de até dez horas, parando apenas por breves intervalos". Um ano depois, a *Forbes* escreveu que "Barnevik gosta de combater o excesso burocrático". Ele era "uma figura dominante com uma lenta fala de barítono. Mas de forma alguma é o CEO de estilo europeu majestoso. É despretensioso e sincero, soca o ar com seus punhos, anima a conversa com um ocasional palavrão norte-americano[6]". A *Industry Week* escreveu que Barnevik tinha "um estoque prodigioso de energia, um domínio ilimitado das operações comerciais, e a clara determinação de aprimorar a marca competitiva da empresa no setor". Ele era "extraordinariamente atualizado, dinâmico e envolvente[7]".

Os acadêmicos se juntaram ao coro de elogios. Um dos professores de administração mais conhecidos da Europa, Manfred Kets de Vries, da INSEAD, endossou que Barnevik era um homem com pressa, "mas o que também era notável era a sua humildade. Ele minimizava sua contribuição para o sucesso da ABB[8]". Durante os anos seguintes, a reputação de Barnevik só cresceu. Em 1996, a *Director* repetiu histórias sobre as qualidades prodigiosas de Barnevik: "Famoso *workaholic* e sempre em movimento, ele às vezes brincava que passava dois dias por semana no escritório — sábado e domingo... Os colegas falam admirados de sua habilidade de se aprofundar nos detalhes de um negócio sem se perder, sendo capaz de trabalhar vinte horas em diferentes fusos, cochilando às vezes, e de manter contato por telefone e fax quando está velejando nas férias. Já foi visto até levando trabalho para o banheiro[9]." Não ficou claro se esses hábitos eram observados diretamente ou se a observação de um repórter em 1993 foi reciclada por outro três anos depois, mas isso é irrelevante. Barnevik ganhou o status de lenda. Por quatro anos consecutivos, em meados dos anos de 1990, foi eleito o "CEO/presidente da empresa mais respeitada da Europa[10]". Era chamado de o Jack Welch da Europa. Sua reputação falava por si: em 1996, a Associação Coreana de Administração o nomeou[11] "o alto gestor mais homenageado do mundo". Barnevik passou a receber prêmios por receber prêmios!

O CEO da ABB não era a única explicação para o sucesso da empresa. Associado a Barnevik havia um segundo tema: a cultura corporativa dinâmica. A ABB não tinha a cultura sueca sisuda, enfatizando participação e consenso, nem a cultura suíça conservadora, mas era descrita como um fenômeno confiante de velocidade e ação. A sua própria criação foi um lance ousado: uma empresa de nível internacional a partir de duas respeitáveis empresas europeias. Logo depois da fusão, em um discurso para os altos executivos em Cannes, Barnevik descreveu o *modus operandi* da ABB em três princípios: tomar a iniciativa (e arriscar-se) e fazer as coisas certas é o melhor comportamento; tomar a iniciativa e fazer as coisas erradas é o próximo melhor comportamento (dentro do razoável e um número limitado de vezes); não tomar a iniciativa (e perder oportunidades) é o único comportamento inaceitável[12]. Em uma entrevista ao *Financial Times*, ele explicou melhor: "Se você faz 50 coisas, é suficiente se 35 forem na direção correta. Uma regra básica é: 'Tome a iniciativa e faça as coisas certas.' A próxima mensagem é: 'Tome a iniciativa mesmo que depois ela leve às coisas erradas.' A única coisa que não podemos aceitar são pessoas que não fazem nada[13]." Dizia-se que esse conjunto de valores — ação, iniciativa, aceitar riscos — era característica da cultura da ABB, frequentemente mencionado como uma das principais razões do crescimento e do sucesso da empresa.

Um terceiro ponto era seu formato complexo. Todas as multinacionais tiram vantagem de sua escala global, enquanto concorrem nos mercados locais. Para a ABB, o desafio era captar benefícios da eficiência global em um setor no qual muitos clientes eram estatais de energia, e não globais. Barnevik descreveu esse paradoxo: a ABB tinha uma necessidade simultânea de ser "global e local, grande e pequena, e radicalmente descentralizada com controle e relatórios centrais[14]". Tudo isso exigiu uma nova maneira de organizar e administrar. Barnevik nunca se referiu à ABB como uma empresa "global", preferindo descrevê-la como uma "federação de empresas nacionais". O objetivo era encontrar as melhores soluções para os problemas dos clientes e espalhá-las pelo mundo. Era liberar a energia de empreendedores locais "derrubando a burocracia para que os executivos de Atlanta lançassem novos produtos sem a interferência das matrizes, e para que os técnicos de energia da Suécia fizessem mudanças nos projetos que possibilitassem às fábricas na Índia alterarem os métodos de produção por conta própria[15]."

Para alcançar os dois objetivos, global e local, a ABB criou uma estrutura de matriz com sete setores principais divididos em áreas de negócio em um eixo e em dezenas de países no outro eixo. Enquanto as outras multinacionais se distanciavam da complexidade de administração de matrizes, a ABB a abraçava explicitamente. A matriz da ABB tinha 51 áreas de negócios e 41 gestores de países, que se entrecruzavam em 1.300 empresas separadas. Essas empresas eram divididas em 5 mil centros de lucro, cada um responsável por entregar lucros e com autonomia para atingir alto desempenho. Uma organização tão complexa — 5 mil centros de lucros *independentes*! — suscitava dúvidas. A *Industry Week* teorizou que "descobrir quem tem a responsabilidade pelo que pareceria impedir a comunicação interpessoal e dificultar o foco no cliente[16]". Mas quando repórteres falaram com os gestores da ABB, suas preocupações desapareceram. Os gestores pareciam satisfeitos e, claro, os resultados falavam por si — então a empresa *devia* estar indo bem. A *Business Week* contou a história de um gestor de uma fábrica na Suíça que lembrou seus dias na Brown Boveri, onde não tinha autonomia nem muita responsabilidade. A nova organização da ABB o deixou responsável por um centro de lucro, uma mudança motivadora que levou a melhorias substanciais conforme adotava ideias de uma fábrica da ABB similar na Suécia. As otimizações não demoraram a aparecer, e os lucros decolaram[17].

A organização sofisticada da ABB era elogiada pelos jornalistas, acadêmicos e gurus de administração. Tom Peters, talvez o guru mais conhecido do mundo no começo dos anos 1990 a chamou de "organização *bucky*", referindo-se ao domo geodésico de Buckminster Fuller. De acordo com Peters, Percy Barnevik era o inimigo mais obstinado da burocracia. Ele escreveu que "o ódio persistente de Barnevik pela burocracia é fundamental para fazer a ABB funcionar[18]". Christopher Bartlett[19], da Escola de Negócios de Harvard, elaborou um estudo de caso que descreveu não apenas a estrutura da ABB, mas também explicou os processos sofisticados e a filosofia de gestão que a fizeram funcionar tão bem. Manfred Kets de Vries considera a organização da ABB um modelo a ser copiado[20]. Apesar do tamanho e alcance gigantes, diziam que a ABB tinha a agilidade e flexibilidade de uma empresa pequena, De acordo com Kets de Vries, a ABB inventou uma nova forma organizacional. Ela exemplificava a "organização pós-industrial prototípica".

ABB no Monte Olimpo

Em meados dos anos 1990, a ABB estava no topo, entre as empresas mais admiradas e bem geridas do planeta. Em 1996, foi nomeada *A Empresa Europeia Mais Respeitada* pelo terceiro ano consecutivo pelo *Financial Times*. O artigo que acompanhava explicava:

> Além de ser a vencedora geral, a [ABB] tem uma classificação excepcionalmente alta pelo desempenho nos negócios, estratégia corporativa e maximização do potencial dos funcionários. Também é citada frequentemente como referência para as outras empresas medirem o seu desempenho.
>
> Aliás, a admiração pelas conquistas da ABB é ofuscada apenas pela estima pelo Sr. Percy Barnevik, seu presidente. Nomeado como o líder de negócios mais respeitado da Europa, conquistou mais votos do que a sua empresa no ranking geral, e foi particularmente elogiado por seu olhar estratégico e foco[21].

Até mesmo observadores mais céticos aplaudiram a ABB e seu líder. Em 1996, John Micklethwait e Adrian Wooldridge, da *Economist*, escreveram um livro pungente, *Os Bruxos da Administração*, que tinha como tema os gurus da administração. No entanto, eles deixaram de lado o seu ceticismo em relação a ABB. Micklethwait e Wooldridge comentaram:

> A Europa produziu poucos superastros da gestão. Mas um homem que preenche essa lacuna é Percy Barnevik. Um sueco alto de fala rápida, com os modos inquietos de um homem cheio de energia, ganhou quase todas as honras que sua profissão podia conceder, desde "CEO de mercados emergentes do ano" até (duas vezes) chefe da mais respeitada empresa europeia[22].

A admiração por Barnevik foi excessiva? De jeito nenhum, disseram Micklethwait e Wooldridge. "Dessa vez", continuaram, "a hipérbole é amplamente justificada". Eles continuaram a elogiar Barnevik por sua presença dominante, sua visão estratégica ousada, seu estilo sensato e a organização ágil da ABB, repetindo os temas amplos dos vários anos anteriores.

Em janeiro de 1997, após mais de 12 anos no comando da ASEA e então da ABB, Percy Barnevik transferiu sua responsabilidade de CEO para Goran Lindahl, vice-presidente executivo de transmissão de energia, mas continuou como presidente não executivo. A transição foi tranquila, e o desempenho da ABB foi mantido. Ela foi destaque na série do *Financial Times* Mastering Management, escrita por dois pesquisadores do Ashridge Management Centre, na Inglaterra, Kevin Barham e Claudia Heimer. Percebendo que a ABB desfrutava de um sucesso financeiro espetacular, os autores a elogiaram como uma "nova forma de organização global". Atribuíram seu sucesso a "cinco guias[23]": foco no cliente, conectividade, comunicação, coleguismo e convergência. No ano seguinte, 1998, Barham e Heimer publicaram *ABB: The Dancing Giant* [*ABB: O Gigante Dançante*, em tradução livre]. Com base em dezenas de artigos e estudos de casos, assim como em entrevistas com os gestores da ABB, o livro de 382 páginas foi o auge de uma década de elogios. Barham e Heimer chamaram Barnevik de "gestor mais influente do mundo". Descreveram a estrutura da ABB e admiraram o alto nível de empoderamento dos funcionários. Compararam os gestores a "uma nova espécie de super-humanos". Concluíram que a ABB ocupava uma posição no "Monte

Olimpo das Corporações" junto com a General Electric e a Microsoft. Não havia nenhum traço de ironia em suas palavras — e por que haveria de ter? Na época, a ABB acumulava uma década sólida de resultados financeiros consistentes. O seu sucesso parecia claro para todo mundo.

Saindo dos Trilhos: A ABB Depois de 1997

Mas quando o livro de Barham e Heimer chegou às livrarias, a sorte da ABB começava a mudar. Lindahl e Barnevik começaram a afastar a ABB de sua dependência da produção e engenharia pesada, rumo a um novo mix de atividades incluindo serviços. Em uma época em que o pensamento gerencial era moldado por conceitos como "capital intelectual" e "ativos intangíveis", os líderes da ABB queriam que ela se tornasse uma empresa "baseada no conhecimento". Barnevik explicou que a "ABB está mudando seu portfólio, expandindo para negócios de valor mais alto fundamentados em capital intelectual, focados em software, produtos inteligentes e soluções completas de serviço. É uma estratégia com vantagens significativas". Ele descreveu a "transformação da ABB para uma empresa de conhecimento" que envolvia "aumentar a cadeia de valor, entregando com efeito maior competitividade, em vez de produtos e serviços. A ABB também reduzirá sua exposição a algumas oscilações cíclicas às quais estava vulnerável no passado[24]".

Portanto, a ABB retomou as aquisições, mas desta vez entrando em novas áreas, incluindo serviços financeiros. Também começou a se desfazer de algumas atividades que eram anteriormente essenciais. A ABB vendeu seus 50% de participação na *joint venture* da Adtranz com a Daimler Chrysler por US$472 milhões, saindo totalmente dos negócios de bondes e trens. A ABB vendeu o seu negócio de combustível nuclear e combinou o seu negócio de geração de energia com a Alsthom, da França, para criar uma *joint venture* em partes iguais, ABB Alsthom Power. Como o público reagiu a essa mudança radical? Alguém se preocupou se a ABB estava se *afastando da sua essência*? De jeito nenhum. A nova direção da ABB foi vista como positiva. Para começar, a reputação da ABB era tão sólida que poucos observadores duvidaram abertamente sobre o que a empresa obteria. Além do mais, a sua estratégia se assemelhava com a migração anterior da General Electric, que tinha mudado do setor de fabricação para serviços financeiros com êxito. Enquanto isso, o preço das ações da ABB continuava a subir — nada igual à Cisco, claro, mas com uma taxa saudável, com muitas outras empresas naqueles anos de mercado superaquecido. Porém a reputação da ABB não era baseada somente no preço de suas ações — ela era conhecida como uma empresa ousada que havia transformado duas empresas industriais conservadoras em um dínamo da Nova Era. A admiração dos pares continuou, e o brilho da ABB agora se refletia no seu novo CEO. Em novembro de 1999, Goran Lindahl foi nomeado o CEO do Ano pela publicação norte-americana *Industry Week*, tornando-se o primeiro europeu a receber esse prêmio, juntando-se a vencedores anteriores como Jack Welch, Lou Gerstner, Michael Dell, e Bill Gates. A *Industry Week* citou Lindahl por sua liderança estratégica, observando com aprovação as aquisições da ABB em novos mercados e as vendas de empresas maduras.

Os primeiros indícios pareciam confirmar a sabedoria da estratégia da ABB. As receitas continuaram subindo, e em meados dos anos 2000, o preço das ações alcançou uma alta histórica de US$31. Um estudo de caso de uma escola de negócios falou sobre a transformação da ABB como um sucesso: "Os resultados dessas iniciativas estavam visíveis já que a ABB entrou no novo milênio. No começo de 2000, registrou um aumento de 24% em lucro líquido para US$1,6 bilhão, e um aumento de 4% na receita para US$24,7 bilhões em 1999. Analistas foram unânimes em considerar as perspectivas da empresa como excelentes. 'A ABB não é mais uma história sobre custo. É uma história sobre crescimento', observou um desses analistas[25]."

No livro, *ABB: The Dancing Giant*, Barham e Heimer previram que os anos seguintes a 1996 seriam para "fazer a colheita". A ABB havia plantado as sementes, e agora colheria os frutos. Transbordando de otimismo sobre o sucesso futuro da empresa, o livro terminava com uma declaração: "Não vemos a hora de descobrir a próxima grande surpresa que virá de Zurique!"

Os próximos anos foram realmente cheios de surpresas, mas não aquelas esperadas. Sinais de problemas começaram a surgir em 2000, com a desaceleração do crescimento da receita. Em novembro de 2000, Goran Lindahl pediu demissão, surpreendendo quase todo mundo. A razão: passar as rédeas para alguém com recursos de TI mais fortes, essencial dadas as mudanças da ABB para negócios intensivos de conhecimento. Lindahl foi substituído em janeiro de 2001 por Jürgen Centerman, que anunciou uma mudança na famosa estrutura organizacional da

ABB. A partir desse momento, a ABB seria moldada por setores e grupos de clientes, não produtos. Centerman explicou que a velha estrutura tinha até dez entidades lidando com o mesmo cliente, causando superposição e confusão. O novo formato seria mais simples[26] e ajudaria a aprofundar os relacionamentos com clientes-chave.

Com ou sem novo formato, o desempenho da ABB continuava a cair. Em abril de 2001, ela registrou um declínio de 6% nas receitas anuais conforme a demanda do mercado diminuía. Repórteres agora especulavam que a piora dos resultados teria sido a razão real para Lindahl sair de repente[27]. Então surpresas desagradáveis começaram a aparecer de aquisições passadas. Em resposta aos requisitos de documentação da Securities & Exchange Commission, a ABB revelou algumas notícias preocupantes: a Combustion Engineering, empresa norte-americana que adquiriu em 1989, era alvo de litígios confusos sobre amianto, forçando a ABB reservar US470 milhões em provisões para pedidos de indenização. Essas provisões prejudicaram a avaliação de risco de crédito da ABB e agravaram as suas preocupações com dívidas. O desempenho continuou a cair durante o verão, e no outono de 2001, o preço das ações da ABB tinha caído 70% em relação ao seu pico no ano anterior. Agora o *Wall Street Journal* informava que "a visão da ABB de se afastar da indústria pesada em direção a campos de alta tecnologia orientados por conhecimento pareceu dar errado enquanto os lucros caíam[28]."

Sob pressão crescente da diretoria, Barnevik pediu demissão do cargo em novembro de 2001, e foi substituído por Jürgen Dormann, um membro da diretoria e ex-CEO do grupo químico alemão Hoechst. Contudo, o desempenho da ABB caiu ainda mais rápido no ano seguinte, e Centerman foi substituído como CEO em setembro de 2002. Jürgen Dormann assumiu o cargo de CEO e presidente, e começou a revisar a ampla gama de negócios da ABB[29]. Sentindo a extensão dos problemas, Dormann rapidamente reverteu o rumo da empresa. Ele se desfez da divisão petroquímica da ABB, vendeu a divisão financeira estruturada para a GE, e garantiu um empréstimo de US$1,5 bilhão para que ABB pudesse evitar uma crise de liquidez. Com a venda desses ativos "não essenciais" a ABB estreitou o seu foco e agora definia a si mesma em termos de tecnologias de automação e energia.

Em meio ao declínio rápido da ABB veio um outro choque. No começo de 2002, surgiram notícias de que Barnevik e Lindahl tinham garantido um acordo secreto de pensões no valor de US$150 milhões. O acordo tinha sido feito em

1992 com Peter Wallenberg, copresidente da ABB e membro da família mais poderosa da Suécia, porém isso não tinha sido revelado a outros membros da diretoria, muito menos aos gestores da empresa. O tamanho do acordo era imenso já que estava associado aos resultados da ABB, que foram excelentes no decorrer dos anos 1990. No entanto, na época em que Barnevik e Lindahl se demitiram, a ABB não tinha mais um alto desempenho, e o valor da pensão — inédito para padrões europeus — despertou grande indignação. Dentro e fora da empresa, na Suécia e pela Europa, as pessoas estavam chocadas pelo que eles consideraram ser um exemplo de ganância executiva. Sob extrema pressão, Barnevik concordou em devolver 90 milhões dos 148 milhões de franco-suíços, e Lindahl devolveu 47 milhões de 85 milhões de franco-suíços, mas suas reputações foram prejudicadas.

Em 2002, a ABB perdeu US$600 milhões em valor de receitas. A dívida disparou, e alguns analistas especularam que a empresa estava perto da falência[30]. A capitalização de mercado agora era inferior a US$4 bilhões, quase um décimo do pico de US$40 bilhões. No começo de 2003, a ABB procurou reestruturar suas atividades, cortando empregos e vendendo ativos, e ainda enfrentava altas despesas com processos ligados ao amianto. Durante o ano seguinte, liderada por Dormann e por uma nova equipe executiva, trabalhou para restaurar a lucratividade. No verão de 2004, as receitas começaram a subir de novo, e a lucratividade foi restaurada pela primeira vez após o prejuízo líquido do ano anterior. Um novo CEO, Fred Kindle, assumiu o cargo, e no outono de 2005, a ABB estava próxima de um acerto final relacionado às indenizações em relação ao amianto e levou suas dívidas para um nível administrável. Os lucros operacionais eram modestos, e a demanda continuava incerta, mas, pelo menos, a ABB parou de dar prejuízo.

A ABB Através do Espelho

Não faltaram histórias enquanto a ABB estava subindo, e a tinta também não secou quando estava em queda livre. Quando os tempos eram bons, sua cultura era celebrada como ousada e corajosa. Em vez de longas análises, a empresa preferia a ação — tal disposição era o motivo de seu sucesso. Mas uma vez que o crescimento parou, e os pedidos de indenização devido ao amianto aumentaram, sua ambiciosa estratégia de crescimento foi percebida de outro jeito. Agora a ABB era descrita como impulsiva e tola. Em 2003, o presidente da ABB Jürgen Dormann, lembrou: "Faltou foco quando Percy iniciou a onda de aquisições. A empresa não foi disciplinada o suficiente."

E sobre a organização da Nova Era da ABB? Enquanto estava indo bem, a organização de matriz complexa era descrita como o segredo para o sucesso da ABB, uma mistura ultramoderna de global e local, uma *bucky* flexível. Mas agora uma nova visão surgia. Conforme o desempenho da ABB se revelava, um repórter escreveu: "A estrutura de gerenciamento descentralizada que o Sr. Barnevik criou para as vastas unidades da empresa acabou causando conflitos e problemas de comunicação entre os departamentos." Os gestores da ABB, que antes eram muito elogiados pelo formato ágil da empresa, agora lembravam uma organização dominada pelo caos e por conflitos. Tantas divisões, tantos países, e tantos centros de lucro resultaram em uma "vasta duplicação de esforços[32]." Permitir decisões locais tinha gerado uma administração fragmentada com 576 sistemas de planejamentos de recursos empresariais, 60 sistemas diferentes de folha de pagamentos e mais de 600 programas de software de planilhas usados na empresa. O compartilhamento de dados se tornou um pesadelo[31]. Os gestores também se lembravam da falta de coordenação entre os países e uma concorrência disfuncional — como a falta compartilhamento de planos por medo de que gestores em outros países roubassem aquela ideia. Esse não é exatamente o modelo de gestão pós-industrial sobre o qual lemos apenas alguns anos antes! E, interessantemente, nenhum desses artigos recentes sugeriu que a organização da ABB tinha *mudado* de alguma maneira — sempre foi o mesmo tipo de organização, mas agora a ênfase era dada as suas falhas.

Talvez a reavaliação mais dolorosa tenha sido guardada para Percy Barnevik. Quando a ABB registrava desempenho recorde, Barnevik era o foco de um dito culto à personalidade, retratado com poderes de super-homem. Era descrito como carismático, ousado e visionário. Mas uma vez que o desempenho caiu, foi lembrado como arrogante, imperialista e resistente a críticas. Dizia-se que tinha "construído muros ao seu redor". Tinha sido "autoritário ao lidar com a diretoria". Tinha monopolizado o fluxo das informações", bem diferente do espírito de abertura que ele dizia adotar. Barnevik agora era acusado de ter sido "viciado em aquisições" e foi apelidado de "Percyfal" em homenagem ao cavaleiro que procurava em vão o Santo Graal. Outros diziam que Barnevik sofria de uma fixação doentia por Jack Welch e tinha sido obcecado em igualar o sucesso e o tamanho da GE.

Será que o Barnevik mudou? Talvez. Manfred Kets de Vries, da INSEAD, explicou que alguns executivos de sucesso "começam a acreditar em suas próprias declarações, iniciando um círculo vicioso de narcisismo[33]". No entanto, nenhum deles deu indícios do suposto "narcisismo". Ninguém tinha dito que Barnevik se olhava com admiração no reflexo da sua banheira, ou que dedicava muito tempo à sua aparência, que decorava as paredes do seu escritório com seus muitos prêmios, ou que negligenciava os negócios da ABB. Ninguém mostrou como o "narcisismo" levou a erros específicos, estratégicos ou organizacionais. (Tampouco alguém declarou que grande parte da cobertura favorável da imprensa que supostamente levou ao narcisismo tinha vindo do próprio Professor Kets de Vries.) Na verdade, analisando quinze anos de artigos, Barnevik foi retratado sempre como o mesmo homem — ousado, direto e muito seguro de si. Ninguém apresentou indícios de que ele tinha mudado — tudo foi deduzido a partir do desempenho da empresa. Vencedores são confiantes, perdedores, arrogantes. A *Fortune* observou: "A sua reputação destruída, o ex-presidente da ABB encara outro golpe duro: seus sucessores estão questionando o seu legado empresarial[34]."

Naturalmente, Percy Barnevik não estava totalmente satisfeito com a visão revisionista dos seus anos na ABB. O *Wall Street Journal* escreveu que Barnevik "irrita-se com as acusações de que ele ajudou a destruir a empresa", citando suas palavras: "Eu me recuso a aceitar que éramos beligerantes." Ser feito de bode expiatório "não tem sido muito divertido". Considerando as indenizações referentes ao amianto da Combustion Engineering, Barnevik sustentou que foi um risco aceitável na época. "É um inferno dizerem que você deveria ter visto há treze anos riscos que ninguém mais via[35]." No entanto, é difícil resistir à tendência de atribuir o sucesso da empresa a uma pessoa específica. Na verdade, uma das razões principais de amarmos histórias é que elas não informam fatos desconectados, mas fazem conexões sobre causa e efeito, com frequência dando crédito ou culpando pessoas. Nossas histórias mais fascinantes muitas vezes colocam as pessoas no centro dos acontecimentos. Quando os tempos são bons, distribuímos elogios e criamos heróis. Mas quando as coisas vão mal, encontramos culpados e criamos vilões. Essas histórias oferecem uma forma de se estabelecer o certo e o errado, um meio de atribuir responsabilidade moral. Dos muitos artigos sobre a ABB, apenas poucos tentaram resistir a esta tendência e manter um senso de perspectiva. No artigo de 2002 da revista *Fortune*, Richard Tomlinson e Paola Hjelt escreveram:

"Barnevik nunca foi tão bom quanto as avaliações entusiásticas que ele recebeu na década de 1990, nem metade tão ruim como as recentes coberturas desfavoráveis da imprensa poderiam sugerir. O que faltou desde que a temporada de caça a Barnevik foi aberta, é um senso de proporção sobre quanto da culpa ele deveria carregar[36]." Uma avaliação sábia, mas também muito rara entre os inúmeros artigos e estudos de casos sobre a ABB. A maioria dos autores optou pela história mais simples. Antes muito reverenciado, Percy Barnevik agora era um exemplo de arrogância, ganância e má liderança. Um último pós-escrito da saga da ABB veio no final de 2005, quando a promotoria de Zurique arquivou o processo contra Barnevik e Goran Lindahl relacionado com o acordo de pensão[37]. Considerando os dois gestores inocentes, o promotor observou que o acordo foi aceito em 1998, quando a ABB era uma empresa altamente rentável, e foi totalmente correto dadas as regras de transparência. No entanto, na época o dano já tinha sido feito, e a percepção negativa já havia se consolidado. E era, como Barnevik disse, um inferno.

CAPÍTULO QUATRO
Halos ao Nosso Redor

A diferença entre uma dama e uma vendedora de flores não é a forma como se comporta, mas como é tratada.

George Bernard Shaw
Pigmaleão, 1916

Durante a Primeira Guerra Mundial, o psicólogo norte-americano Edward Thorndike fez uma pesquisa sobre a forma como os superiores classificavam seus subordinados. No estudo, pediu para que os oficiais do exército avaliassem os soldados em diversos aspectos: inteligência, físico, liderança, caráter etc. Ele ficou impressionando com os resultados. Alguns homens eram considerados "soldados superiores" e tinham uma avaliação alta em quase tudo, enquanto outros ficavam abaixo do padrão em todos os quesitos. Era como se os oficiais julgassem que um soldado bonito, com boa postura, também fosse capaz de atirar bem, polir bem as botas e tocar gaita. Thorndike chamou isso de efeito halo[1].

Há alguns tipos de efeito halo[2]. Um deles é o que Thorndike observou, a tendência de inferir características específicas com base em uma impressão geral. É difícil para a maioria das pessoas avaliar características isoladas. A tendência comum é misturá-las. O efeito halo é uma maneira de a mente criar e manter uma imagem coerente e consistente para reduzir a dissonância cognitiva. Um exemplo recente: no outono de 2001, após os ataques do 11 de Setembro, o índice geral de aprovação de George W. Bush aumentou exponencialmente.[3] Nenhuma surpresa, já que o povo norte-americano apoiava seu presidente. Mas o número de norte-americanos que aprovava a forma como ele *conduzia a economia* também aumentou — de 47% para 60%. Independentemente de você concordar com a política econômica de Bush, não havia como sua maneira de lidar com ela ter ficado subitamente melhor logo após o 11 de Setembro. Mas é difícil separar essas coisas: a aprovação geral do presidente é transferida para uma política específica. O povo norte-americano lhe concedeu um halo e, assim, atribuições favoráveis em geral. Afinal de contas, é desconfortável para muitas pessoas acreditar que seu presidente pode ser bom com problemas de segurança nacional, mas ineficaz na economia — é muito mais fácil pensar que é bom em ambos. E tudo que sobe também pode descer. Em outubro de 2005, com o apoio público à guerra do Iraque se enfraquecendo, após a devastação causada pelo furacão Katrina, o índice de aprovação de Bush caiu para 37%, em comparação com os 41% de agosto do mesmo ano. Curiosamente, os norte-americanos também lhe deram notas mais baixas em todas as perguntas da pesquisa: pela política econômica, Bush recebeu 32% de aprovação em outubro, contra 37% em agosto; em relação ao Iraque, 32% contra 38%; e o combate ao terrorismo, 46% contra 54%. Sobre seu tino para liderança, recebeu 45%, contra os 54% de agosto. Cada um dos indicadores se movia em consonância com os outros, sugerindo que não eram independentes, mas baseados em uma única avaliação geral — um halo[4].

Esse tipo de efeito halo aparece em muitas situações. A central de atendimento ao cliente de uma das empresas com que trabalho recebe milhares de ligações todos os dias. Às vezes, os problemas são solucionados de imediato, mas com frequência o atendente precisa analisá-los e ligar depois. Quando a empresa fez uma pesquisa para avaliar o nível de satisfação com a central de atendimento, os clientes cujo problema fora resolvido de imediato avaliaram o atendente como mais experiente, em comparação com aqueles cujo problema não fora resolvido. Não surpreende, já que é razoável inferir que uma solução rápida venha de um atendente exímio. Mas veja o que é mais intrigante: 58% dos clientes cujo problema fora resolvido no ato lembraram que suas ligações foram atendidas "imediatamente" ou "muito rápido", enquanto apenas 4% disseram ter ficado esperando "muito tempo". Enquanto isso, entre aqueles cujo problema *não* fora resolvido no ato, apenas 36% lembraram que sua ligação foi atendida "imediatamente" ou "muito rápido", enquanto 18%

disseram que esperaram "muito tempo". Na verdade, a empresa tinha um sistema de atendimento automatizado, e não havia diferença no tempo de espera. Mas uma impressão geral sobre o atendimento criou um poderoso efeito halo que moldou as percepções sobre ele.

Contudo, o efeito halo não é apenas uma maneira de reduzir a dissonância cognitiva. É também uma heurística, um tipo de regra prática que as pessoas usam para fazer suposições sobre aquilo que é difícil de avaliar diretamente. Tendemos a compreender informações que aparentam ser relevantes, tangíveis e objetivas, e então deduzir outras características, mais vagas ou ambíguas. Por exemplo, podemos não saber se um novo produto é bom, mas se for de uma empresa conhecida, com uma excelente reputação, inferimos que é de boa qualidade. A construção de uma marca consiste nisto: criar halos para aumentar a tendência dos consumidores de pensarem de modo favorável sobre um produto ou serviço. Uma conhecida situação propícia ao efeito halo: entrevista de emprego. Quais as primeiras informações mais relevantes e tangíveis sobre um candidato? Provavelmente, a universidade em que se formou, a média de notas e os prêmios recebidos. Com essas informações — relevantes, tangíveis e objetivas —, os entrevistadores negligenciam pontos menos tangíveis, como a postura do candidato ou a qualidade de suas respostas às perguntas em geral. Um bom currículo de uma excelente universidade? O candidato aparenta ser mais brilhante, e ter respostas mais inteligentes e mais potencial para o sucesso. Um currículo modesto de uma universidade local desconhecida? As mesmas respostas soam menos inteligentes; a mesma aparência, menos impressionante. Foi exatamente o que Thorndike descobriu em seu estudo sobre os oficiais do exército e seus soldados há muitos anos.

Agora, considere as empresas. Qual é a informação mais relevante e tangível que geralmente temos sobre elas? Seu desempenho financeiro, claro. Se a empresa é lucrativa, se as vendas estão crescendo, se os preços de suas ações estão em alta. O desempenho financeiro aparenta ser preciso e objetivo. Gostamos de dizer que os números não mentem — e é por isso que Enron, Tyco e outros escândalos recentes abalam tão profundamente nossa confiança. Confiamos em estatísticas de desempenho financeiro, e é natural que com base nelas as pessoas depreendam uma boa impressão a outros aspectos, menos tangíveis e objetivos. Tudo isso explica o que vimos acontecer com a Cisco e com a ABB. Enquanto a Cisco crescia, lucrava e batia recordes com os preços de suas ações, gestores, jornalistas e acadêmicos deduziam que a empresa tinha uma capacidade maravilhosa de ouvir os clientes, uma cultura corporativa coesa e uma estratégia brilhante. Quando a bolha estourou, os observadores foram rápidos em tachá-la do contrário. Tudo fazia sentido. Contou-se uma história coerente. O mesmo aconteceu com a ABB, quando o aumento de vendas e os lucros levaram a avaliações favoráveis da estrutura organizacional, da cultura de assumir riscos e, especificamente, do homem que a comandava — e quando seu desempenho caiu, as avaliações tornaram-se desfavoráveis. Sensacionalismo? Claro, até certo ponto. Porém, mais importante é a tendência humana de fazer atribuições com base em pistas consideradas confiáveis.

Os Halos no Mundo dos Negócios

As informações financeiras estão longe de ser os únicos dados que as pessoas consideram para fazer julgamentos. Barry Staw, então da Universidade de Illinois, e mais tarde da Universidade da Califórnia, realizou um experimento no qual os participantes deveriam estimar as vendas futuras de uma empresa e lucro por ação, com base em alguns dados financeiros. Depois, disse para alguns grupos que suas estimativas estavam corretas, e para outros, que seu desempenho tinha sido baixo — mas Staw fez isso de forma completamente *aleatória*. Na realidade, os grupos "de alto desempenho" e os "de baixo desempenho" foram igualmente bem em seus cálculos financeiros, a única diferença foi o que Staw *lhes disse* sobre o resultado. Em seguida, pediu que os participantes avaliassem seu julgamento com uma série de questões. Os resultados? Os que ouviram ter tido um bom desempenho descreveram seus grupos como altamente coesos, com uma boa comunicação, receptividade a mudança e motivação acima da média. Os que ouviram ter tido um mau desempenho se lembraram de haver falta de coesão, comunicação ruim e baixa motivação. Staw concluiu que as pessoas atribuem certas características aos grupos que acreditam ser eficazes, e outras, bem diferentes, aos que acreditam ser ineficazes. Isso é o efeito halo em ação.

Naturalmente, essas descobertas não significam que a coesão e a comunicação eficazes de um grupo não são importantes para seu desempenho, mas apenas que não se pode avaliar coesão, comunicação ou motivação quando as pessoas já têm uma noção do resultado. Uma vez que elas — tanto observadoras quanto participantes — acreditem que o resultado é bom, tendem a fazer atribuições positivas sobre o processo de decisão, e quando acreditam que é ruim, tendem a fazer atribuições negativas. Por quê? Porque é difícil saber em termos objetivos exatamente o que constitui uma boa comunicação, coesão ideal ou clareza de papéis, então as pessoas tendem a fazer atribuições com base em outros dados, que acreditam ser confiáveis. O desempenho é a pista que leva à atribuição de características a grupos e empresas.[5]

Algumas pessoas questionaram as descobertas de Staw. Duvidavam de que um experimento que reunira estranhos por apenas trinta minutos captasse precisamente as percepções de grupos de trabalho. Assim, uma equipe conduzida por H. Kirk Downey, da Universidade de Oklahoma, replicou o estudo de Staw, usando exatamente o mesmo arsenal de problemas financeiros, mas com pessoas que tinham um histórico de trabalho em conjunto, e com muito mais tempo para fazerem cálculos. E, de novo, os grupos foram avisados — *de forma aleatória* — que tinham tido um bom ou um mau desempenho. Os resultados foram praticamente os mesmos do experimento de Staw. Novamente, as equipes "de alto desempenho" disseram que seus grupos tinham sido mais coesos, que seus colegas eram altamente habilidosos, que gostavam de trabalhar juntos, que a comunicação tinha sido de alta qualidade, que estavam abertas a novas ideias e que, no geral, estavam satisfeitas com o que fizeram. Tudo isso por causa da descrição aleatoriamente atribuída a seu desempenho — nada mais. Assim como Staw, Downey e seus colegas perceberam uma forte tendência em fazer atribuições fundamentadas no desempenho[6].

Surpreende? Não deveria. Imagine um grupo em que as pessoas expressam opiniões fortes e apaixonadas, chegando ao ponto de discutir. Se a equipe tiver um bom desempenho, é razoável que os participantes olhem para trás e digam que as opiniões expressas de forma aberta e sincera foram a chave para o sucesso. Eles dirão: *Fomos honestos, não hesitamos — por isso que nos saímos tão bem! Fizemos um bom trabalho!* Mas e se o desempenho for ruim? As pessoas podem se lembrar dos fatos de outra forma. *Discutimos e brigamos. Fomos disfuncionais. Da próxima vez, precisaremos seguir um processo mais respeitoso e disciplinado.* Porém, agora imagine uma equipe em que as pessoas são calmas, educadas e respeitam umas às outras. Falam em voz baixa, uma de cada vez. Se o grupo se sair bem, os participantes podem olhar para trás e atribuir esse bom desempenho à sua natureza cooperativa e educada. *Respeitamos uns aos outros. Não brigamos, fizemos um bom trabalho!* Mas se o desempenho da mesma equipe for ruim, as pessoas poderão dizer: *Fomos muito educados. Controlamos nosso comportamento. Da próxima vez, deveremos ser mais diretos e abertos, e não ficar tão preocupados com os sentimentos uns dos outros.* A verdade é que uma ampla variedade de comportamentos leva a boas decisões. Não há uma maneira precisa de planejar uma discussão "ideal". Claro que podemos evitar os extremos, mas entre eles há uma imensa variedade de comportamentos que levam ao sucesso. E por não sabermos o que de fato produz um processo decisório ideal, fazemos atribuições com base em outros fatores, que nos parecem relevantes e objetivos — ou seja, o que nos dizem sobre os resultados do desempenho.

Os Halos nas Pessoas e para as Pessoas

O efeito halo molda até as qualidades atribuídas aos colaboradores de uma empresa. Acredita-se amplamente que empresas que gerenciam bem seus recursos humanos têm um desempenho melhor do que as que não o fazem. Essa foi, afinal, a ideia que baseou o livro de O'Reilly e Pfeffer, *Hidden Value: How Great Companies Achieve Extraordinary Results with Ordinary People* [*Valor Oculto: Como as Grandes Empresas Alcançam Resultados Extraordinários com Pessoas Comuns*, em tradução livre]. E faz muito sentido. Uma empresa que sabe atrair pessoas, proporcionar um ambiente no qual se sintam produtivas e criativas, e motivá-las a trabalhar arduamente para o bem comum, deveria se sair bem. Como poderia ser diferente? Mas cuidado com o efeito halo. Se não formos cautelosos, qualquer empresa de sucesso atribuiria seus bons resultados a seu pessoal.

Vejamos agora um exemplo memorável. Em 1983, a *Fortune* publicou sua primeira pesquisa *Empresas Norte-americanas Mais Admiradas*. A vencedora foi a IBM. No ano seguinte, em 1984, ela estava no topo da lista novamente. Quando pediram que descrevesse os pontos positivos da IBM, o CEO John Opel deu o crédito aos colaboradores: "O fundamental é que as pessoas que trabalham aqui tornam a IBM uma boa empresa. Esse é o verdadeiro segredo: as pessoas. Temos a sorte de ter pessoas de alto nível que trabalham arduamente e se apoiam. Elas se alinham com as nossas crenças — o padrão que esperamos uns dos outros — e as seguem quando interagem entre elas e com as pessoas de fora da empresa. Sei que isso soa sentimental, mas é a verdade, não há nada além disso." E quais tipos de pessoas que a IBM procurava? Opel explicou: "Somos pessoas positivas, gostamos de estimular nossa criatividade. Acredito que prazer gera prazer. Você procura pessoas com as mesmas qualidades daquelas que estão construindo a empresa." O pessoal da IBM não era apenas excelente, como também evitava o egocentrismo. Opel concluiu: "Se algum um de nós demonstrar uma presunção ou arrogância, nossa imagem pode ser severamente manchada. O herói de hoje pode se tornar o pária de amanhã."[7]

Era desse jeito em 1984 e, naturalmente, parecia ser razoável. Todos os dias, John Opel ia trabalhar e se via rodeado de pessoas inteligentes, criativas e trabalhadoras. Era óbvio pensar que as grandes pessoas da IBM eram responsáveis pelo seu sucesso. Mas ainda naquela época, ela falhou e não viu a comoditização crescente de suas principais linhas de negócios — sistemas para computadores de grande porte e minicomputadores. No final dos anos 1980, a IBM estava em declínio, e em 1992, entrou no vermelho. O sucessor de Opel, John Akers, foi substituído. Como os observadores explicaram esse mau desempenho? Apontando o dedo para o pessoal e para a cultura da empresa, claro. No livro *Big Blues: A Derrocada da IBM*, o repórter Paul Carroll, do *Wall Street Journal*, criticou a "cultura convencional" da empresa, sua "burocracia inflexível" e seus "executivos complacentes"[8]. As mesmas pessoas que foram elogiadas em 1984 agora eram culpadas pelo declínio de uma grande empresa industrial. Será que elas mudaram de comportamento repentinamente? Provavelmente, não. O CEO era cego em relação a seu pessoal — eles sempre foram *complacentes* e *inflexíveis*? Creio que não. Provavelmente John Opel foi honesto quando sentiu que estava rodeado por pessoas trabalhadoras e excelentes. E elas eram adequadas para a IBM das décadas de 1960 e 1970. Mas quando o setor mudou, e a IBM perdeu o rumo, o pessoal recebeu uma atribuição bem diferente. Nossas avaliações dependem do que achamos que vemos: uma dama ou uma vendedora de flores.

Os Halos em Nossos Líderes

Talvez nada se preste mais ao efeito halo do que a liderança. Dizem que bons líderes possuem várias qualidades importantes: visão clara, habilidades eficazes de comunicação, autoconfiança, carisma etc. A maioria das pessoas concordaria que esses são elementos cruciais para uma boa liderança. Mas defini-los é diferente, já que muitos deles estão nos olhos de quem os vê — e são afetados pelo desempenho da empresa. Foi exatamente isso que vimos na ABB. Enquanto a empresa era bem-sucedida, diziam que Percy Barnevik tinha uma visão clara, excelentes habilidades de comunicação, uma autoconfiança impressionante e um grande carisma[9]. Mas quando a sorte da ABB mudou, o mesmo homem foi demonizado como arrogante, controlador e rude. Claro que é possível que, à medida que a sorte da ABB mudava, Barnevik tenha ficado cada vez mais estressado e ansioso, caso em que a causalidade vai na direção oposta — do desempenho da empresa para o comportamento individual. No entanto, esse argumento por mais razoável que seja, não frutificou, já que ninguém disse que Barnevik havia mudado.

Bill George, ex-CEO da Medtronic, defendeu valores semelhantes em seu livro de 2003, *Liderança Autêntica: Resgate os Valores Fundamentais e Construa Organizações Duradouras*. Escreveu que líderes extraordinários compartilham muitas qualidades, como coragem inabalável, visão clara, integridade e um caráter extraordinário. São *líderes autênticos*. Sem surpresa, todos os exemplos eram de empresas de sucesso. George também mencionou algumas empresas fracassadas, e seus líderes eram sempre *inautênticos*. Bem, *sempre* há elogios para líderes de empresas de sucesso, e sempre há críticas àqueles das que fracassaram. Um leitor crítico deve se perguntar se alguma empresa de sucesso tem *líderes inautênticos*, e se alguma malsucedida é gerida por *líderes autênticos*, porque, do contrário, estamos apenas projetando halos. Previsivelmente — pelo menos, para um livro escrito em 2003 —, entre os *líderes inautênticos* estava ninguém menos que Percy Barnevik. George contou a história do pagamento da pensão secreta de Barnevik e Lindahl, descreveu a resultante indignação pública e então observou: "Atualmente, a ABB opera com prejuízo, perdendo dinheiro, e sua capitalização de US$40 bilhões despencou para US$4 bilhões[10]." A inferência era clara: Barnevik era um *inautêntico* — a pensão secreta era a prova concreta e definitiva —, fato que explicava por que a ABB tivera um desempenho tão ruim. Porém, ninguém sugeriu que Barnevik era inautêntico quando a ABB ia bem.

George ainda explicou que "uma paixão ardente por missões" e "um foco preciso em superar barreiras" são características de *líderes autênticos*. Um exemplo proeminente? Bill Gates, da Microsoft, que "acreditava com tamanha paixão na missão de unificar a computação com um conjunto integrado de software, que se dispôs a lutar contra o governo norte-americano, com todas as suas forças, para não a ver desintegrada"[11]. Era fácil aplaudir a persistência de Gates em 2003, quando um desmembramento da Microsoft era impensável. Porém, dois anos antes, em 2001, a situação era bem diferente. A Microsoft foi acusada de um comportamento predatório — algo dificilmente relacionado com uma *liderança autêntica* — e recebeu ordens do juiz Thomas Penfield Jackson de ser dividida. Gates foi criticado por todos por ter levado a empresa a um confronto destrutivo e desnecessário com o governo norte-americano, o que poderia ser evitado com um pouco de visão e diplomacia. Em 2001, David Yoffie, da Escola de Negócios de Harvard, comparou o estilo de liderança de Gates com o do então CEO da Intel, Andy Grove, cuja empresa também tinha sido foco da investigação do Departamento de Justiça, mas adotou uma abordagem diferente. Grove lidou com a situação da Intel com cautela, negou atos ilícitos, porém mostrou mais cooperação com o Departamento de Justiça, evitando um julgamento implacável. Enquanto isso, Gates não cedia, e o resultado foi um caos. Yoffie escreveu: "Há muitos anos, a Microsoft está na mira dos tribunais, enfrentando acusações de conduta predatória pelo Departamento de Justiça dos EUA e por procuradores-gerais de mais de dez estados. Ela tem visto seu nome e suas práticas de negócios serem arrastadas na lama; seus altos executivos, perturbados e envergonhados; e seu próprio futuro, como o de uma empresa questionável. Não importa como o litígio será decidido, a Microsoft terá sofrido danos significativos nos negócios e na reputação."[12] Provocar um conflito com o governo não é indício de uma boa liderança, Yoffie observou: "Mesmo que uma empresa receba um veredito favorável, ainda pode sofrer grandes perdas, como desperdício de recursos, gestão confusa e imagem manchada[13]. Veja Bill Gates." E isso não foi tudo. Poucos meses depois que Bill George aplaudiu o comportamento de Gates, em 2004, o testemunho em uma nova ação coletiva contra a Microsoft mostrou que a empresa era "belicosa e rude", usando *bullying* e outras "táticas desleais para concorrer em mercados nos quais sua tecnologia era inferior"[14].

Então, o Sr. Gates era *autêntico* ou imprudente? Observei Gates durante muito tempo (meu primeiro estudo de caso se baseou nele e na Microsoft, em 1991, quando passei uma semana no campus de Redmond entrevistando Gates, Steve Ballmer e alguns outros executivos da empresa[15]), e exceto pelo compromisso filantrópico de melhorar a saúde do mundo, ele parece ter mudado muito pouco no decorrer dos anos. Como CEO da Microsoft, Bill Gates era um concorrente altamente ambicioso, durão, inflexível e atrevido. Isso o fez digno de elogios como *líder autêntico*, visionário e brilhante? Quando a Microsoft estava indo bem, esse tipo de descrição parecia justificável. Bill Gates era inflexível e obstinado, às vezes petulante, e vez ou outra colocava a sua empresa em riscos desnecessários? Quando os tempos eram difíceis, esse tipo de crítica também parecia razoável. As atribuições que fazemos dependem da sorte da empresa.

Nada disso surpreende. Um grande acadêmico da área de liderança, o falecido James Meindl[16], da SUNY Buffalo, concluiu após uma série de estudos criteriosos que não temos uma teoria satisfatória sobre liderança eficaz independente do desempenho. Achamos que sabemos o que constitui uma boa liderança — clareza de visão, habilidades de comunicação, bom julgamento etc. —, mas na verdade uma ampla gama de comportamentos se adéqua a esses critérios. Mostre-me uma empresa que entrega um alto desempenho, e encontrarei algo positivo para falar da pessoa que está no comando — sobre a clareza de sua visão, sobre suas habilidades de comunicação, julgamento sensato e integridade. Mostre-me uma enfrentando tempos difíceis, e encontrarei alguma razão para explicar por que o líder fracassou. Isso me lembra um caso de 1964 da Suprema Corte sobre liberdade de expressão e pornografia, no qual o juiz Potter Stewart[17] memoravelmente escreveu que, embora tivesse uma boa definição de pornografia *hardcore*, "a reconheço quando a vejo". Como é difícil identificar uma boa liderança sem dados sobre desempenho, parece que é ainda *mais* difícil reconhecê-la do que pornografia *hardcore* — que, pelo menos, o juiz Stewart o fazia quando a via. Apesar de todos os livros escritos sobre liderança, a maioria das pessoas não reconhece uma boa liderança quando a vê, a menos que também tenha pistas sobre o desempenho da empresa vindas de outros fatores que podem ser avaliados mais claramente — ou seja, o desempenho financeiro. E uma vez que haja indícios de que uma empresa está com um bom desempenho, as pessoas julgam, com confiança, sua liderança, assim como sua cultura, seu foco no cliente e seu pessoal.

Os Halos em Nossas Pesquisas

O efeito halo molda o que as pessoas pensam sobre os processos decisórios, os colaboradores e a liderança de uma empresa — e não desaparece nas pesquisas de larga escala. Pelo contrário. Se não formos cuidadosos, as pesquisas são pouco mais que uma grande coleção de halos, como vimos nas avaliações do presidente Bush. Considere o ranking anual da revista *Fortune* das *Empresas Mais Admiradas do Mundo*[18], aquele que classificou a IBM em primeiro em 1983 e 1984. A cada ano, a *Fortune* pede para que milhares de executivos e analistas setoriais avaliem centenas de empresas em oito categorias: qualidade de gestão; qualidade de produtos e serviços; valor como investimento de longo prazo; inovação; saúde da situação financeira; habilidade de atrair, desenvolver e reter pessoas talentosas; responsabilidade com o meio ambiente e a comunidade; e uso sábio dos ativos corporativos. Misture todas as respostas e você terá em cada uma dessas categorias a *Empresa Mais Admirada do Mundo* — e também a vencedora geral. É um esforço impressionante, e produz uma matéria de capa que chama a atenção todos os anos. Por anos, a *Fortune* nomeou, além da IBM, empresas de destaque como GE, Walmart e Dell — um grupo impressionante.

Porém, quando alguns pesquisadores fizeram uma análise mais atenta, descobriram que o ranking das *Mais Admiradas da Fortune* fora altamente influenciado pelo efeito halo. Os resultados dos oito diferentes aspectos se mostraram altamente relacionados — muito mais do que deveriam, dada a variação dentro de cada categoria. Além do mais, muitas pontuações foram motivadas pelo desempenho financeiro da empresa, exatamente o que se espera ao considerar a natureza notável e tangível dele[19]. Dois estudos mostraram que o desempenho financeiro de uma empresa explicava entre 42% e 53% da variação da classificação geral[20]. Ou seja, quando uma empresa publica altos lucros e o preço de suas ações sobe, os respondentes da *Fortune* inferem que seus produtos e serviços são de alta qualidade, que ela é inovadora e bem administrada, que é boa na retenção de pessoas etc. A Cisco é um bom exemplo. Em 1997, no ano em que a Cisco foi capa de importantes revistas de negócios, fez também sua primeira aparição na lista das *Mais Admiradas*, da *Fortune*[21], em 14°. Então disparou como um foguete, alcançando o 4° em 1999, e o 3° em 2000. Não é surpresa que a Cisco tenha tido uma classificação alta no valor de investimento — afinal, suas ações tinham um valor estratosférico. Mas ela também teve uma classificação alta em muitos outros aspectos: qualidade de gestão, inovação, qualidade de pessoal, e outros. Quando a bolha da tecnologia explodiu, e o preço das ações da Cisco despencou, em 2001, sua classificação no valor de investimento, naturalmente, caiu. Mas com o halo do desempenho financeiro manchado, *sua classificação geral caiu*. Agora a Cisco era *menos admirada* por inovação, pessoal e pela íntegra de suas operações. Sua classificação geral despencou de 15° em 2001, para 22° em 2002 e para 28° em 2003. A pesquisa da *Fortune* não foi a única afetada pelo efeito halo. Você se lembra da pesquisa do *Financial Times* sobre as *Empresas Mais Respeitadas?* Em 1996, quando a ABB estava no auge, teve uma classificação alta em todos os quesitos, por desempenho de negócios, estratégia corporativa e maximização do potencial dos funcionários, e seu líder foi aplaudido pela visão estratégica e foco. Novamente, o padrão retrata o efeito halo.

E tem mais. Em 1984, uma organização chamada Great Places, do Work Institute, fez um grande barulho com um livro chamado *The 100 Best Companies to Work for in America* [*As 100 Melhores Empresas para Se Trabalhar Nos Estados Unidos*, em tradução livre]. Todo ano desde então, ela compilava as *Melhores Empresas para Se Trabalhar*. Com base nesses resultados, a *International Herald Tribune*[22] afirmou que ser um *Ótimo Lugar para Trabalhar* leva a um alto desempenho, observando que as empresas da lista de 1998 tiveram um retorno total de mercado (preço das ações mais dividendos reinvestidos) nos 5 anos seguintes de 9,56%, comparado com um retorno de 3,81% de todas as empresas do índice S&P 500. A inferência estava clara: empresas que criam um ótimo lugar para se trabalhar atraem ótimas pessoas e as ajudam a ser mais produtivas, levando-as a um desempenho superior. Tudo faz sentido. Porém, como o instituto determinou o que é um ótimo lugar para se trabalhar? Simples, perguntando aos colaboradores. Foi pedido que eles avaliassem suas empresas em dois aspectos: confiança e cultura. O índice de confiança tinha cinco elementos: credibilidade, respeito, justiça, orgulho e camaradagem[23]. A credibilidade era medida por reações a afirmações como esta: *A administração me mantém informado sobre mudanças e problemas importantes. As pessoas aqui transmitem responsabilidade.* Uma concordância alta significava alta credibilidade, que por sua vez significava um *Ótimo Lugar para Se Trabalhar.* O respeito era medido pedindo as respostas para perguntas como esta: *Os gestores envolvem as pessoas em decisões que afetam seu trabalho ou seu ambiente de trabalho? A empresa oferece treinamento e viabiliza meu desenvolvimento para eu melhorar profissionalmente?* De novo, alta concordância significava respeito, que estava associado a um *Ótimo Lugar para Se Trabalhar.* O site também reunia comentários como este, supostamente de um colaborador de uma das empresas da pesquisa: "Há um alto nível de confiança e capacitação aqui. Não somos presos a nenhuma regra e podemos fazer o que quisermos. Somos encorajados e motivados por nossos líderes. Temos eventos e programas de bem-estar que nos permitem equilibrar nossas vidas pessoais e profissionais."

À primeira vista, tudo isso parece plausível, mas é deturpado pelo efeito halo. Empresas lucrativas, prósperas e que crescem rápido são tidas como lugares desejáveis para se trabalhar. De novo, veja a Cisco[24]. Estreou nas classificações em 1998 em 25°, então subiu para 23° em 1999. No ano 2000, quando a Cisco era a empresa mais valiosa do mundo, saltou para o 3° lugar, no qual ficou por 2 anos. Quando as demissões se iniciaram e o preço de suas ações caiu, como a Cisco se classificaria com um *Ótimo Lugar para Se trabalhar?* Ela caiu para 15° em 2002, e então para 24° e, finalmente, 28° em 2004 — não exatamente um acompanhamento do desempenho, mas quase. A Cisco se tornou um lugar *ruim* para se trabalhar depois de 2000? Sim, se pensarmos em termos de motivação dos funcionários e de chances de enriquecer. Mas isso é um *reflexo* do desempenho, não sua *causa.* Se você *não* acredita que as listas da *Fortune* e da *Best Places* são obscurecidas pelo efeito halo, acredita que as pessoas que responderam as pesquisas *não* são afetadas pela mesma tendência vista nos participantes do experimento de Barry ou nos jornalistas da *Business Week, Fortune* e de outras publicações, o que é improvável.

Delírio Um: *O Efeito Halo*

No Capítulo 1, perguntamos por que sabemos tão pouco sobre o desempenho das empresas. Apesar de toda atenção dedicada a essa pergunta, por que é tão difícil entender por que algumas empresas são bem-sucedidas e outras fracassam? Na verdade, nosso pensamento sobre negócios é moldado por vários delírios, e o primeiro é o efeito halo. Muitos fatores que nós — gestores, jornalistas, acadêmicos e consultores — geralmente pensamos *contribuir* para o desempenho de uma empresa são, com frequência, atribuições *com base no* desempenho. E mesmo quando tentamos reunir amostras de dados em larga escala, como a pesquisa da *Fortune* ou o estudo da *Great Place to Work*, fazemos pouco mais do que multiplicar o efeito halo.

O efeito halo não é a único delírio que distorce nosso pensamento sobre negócios. Nos próximos capítulos, vamos nos deparar com muitos outros. Mas, de muitas maneiras, o efeito halo é o delírio mais básico. É um equívoco — às vezes, reforçado por outros enganos — que acontece repetidamente, enfraquecendo a qualidade dos dados e mitigando nossa habilidade de pensar claramente sobre os fatores que estruturam o desempenho de uma empresa.

CAPÍTULO CINCO
Pesquisa para o Resgate?

> Certa vez, um famoso estatístico mostrou uma correlação precisa entre prisões por embriaguez pública e o número de pregadores batistas nos EUA do século XIX. A correlação é real e intensa, mas podemos presumir que os dois aumentos não têm relação causal, e que ambos surgem em consequência de um fator específico: um grande aumento geral na população norte-americana.
>
> Stephen Jay Gould
> *Lance De Dados — A Ideia da Evolução de Platão a Darwin*, 1996

O efeito halo molda nossa abordagem a muitos aspectos dos negócios, de processos de decisão até pessoal, liderança etc. Aparece nas nossas conversas diárias e em artigos de revistas e jornais. Influencia estudos de caso e pesquisas de grandes amostras. Não resulta de uma distorção consciente, é uma tendência humana natural de fazer julgamentos sobre coisas abstratas e ambíguas com base em outras, aparentemente marcantes e objetivas. O efeito halo é forte demais, o desejo de contar histórias coerentes é intenso e a tendência de ser popular, muito atraente.

De fato, o efeito halo molda grande parte da maneira como pensamos nos negócios, mas não inteiramente. Ele não é fatídico. Se estivermos cientes da tendência de criar halos, podemos nos corrigir. Por exemplo, sabemos que uma das maneiras mais precisas para avaliar um candidato a uma vaga de emprego é negligenciar seu currículo — usar testes padronizados ou entrevistas às cegas. Igualmente, podemos esperar que pesquisas cuidadosas realizadas por acadêmicos sérios treinados em métodos científicos evitem o efeito halo. Talvez assim encontremos uma resposta satisfatória para a pergunta mais fundamental nos negócios: *O que leva ao alto desempenho?*

Felizmente, existem muitas pessoas nas escolas de negócios e nas empresas de consultoria que realizam pesquisas muito boas sobre o desempenho das empresas. Elas podem não ser capazes de realizar os experimentos com o rigor das ciências naturais, mas realizam pesquisas confiáveis usando formatos quase experimentais. Esse tipo de estudo isola o impacto que algumas variáveis, chamadas de variáveis *independentes*, exercem sobre um dado resultado, a variável *dependente*. Reunindo dados cuidadosamente e então testando hipóteses com testes estatísticos precisos, isolando o efeito das variáveis independentes sobre as dependentes, esses pesquisadores esperam extrair o que determina o desempenho de uma empresa.

Para começar, são necessários dados de qualidade sobre as variáveis dependentes — ou seja, o desempenho da empresa. Por sorte, isso geralmente não é um problema. Toda empresa de capital aberto publica suas receitas e lucros. Há muitas informações bem compiladas em bases de dados como Compustat ou DataStream, que disponibilizam indicadores contábeis de desempenho (lucratividade ou retorno sobre ativos) e de mercado (retorno cumulativo das ações, ou o Q de Tobin, a razão do custo de reposição de ativos e o valor de mercado da empresa). Quanto aos fatores de desempenho, os dados de que precisamos dependem do que se pretende testar. Para algumas hipóteses — digamos, diversificação, gastos em pesquisa e desenvolvimento (P&D) ou estratégias de aquisição —, as mesmas bases de dados são relativamente completas e não são afetadas por halos. Mais complicados são os estudos sobre o que acontece dentro de uma empresa, como qualidade da gestão, níveis de orientação ao cliente ou a cultura da empresa. Nesse aspecto, o Compustat e a DataStream não ajudam muito. E a Bloomberg não preparou um banco de dados online poderoso para informar quais empresas são bem administradas, inovadoras, éticas e têm responsabilidade ambiental. Esses dados devem ser reunidos pelo pesquisador.

Já que reunir dados é complexo, é natural primeiro analisar estudos cujos dados sirvam. Mas tenha cuidado: se esses estudos estiverem contaminados por halos, não são de grande utilidade. Deseja verificar se empresas fortes em responsabilidade social corporativa superam as demais em desempenho? É tentador checar a lista das *Mais Admiradas da Fortune*, procurar "responsabilidade com a comunidade e o ambiente" e checar se esse item se relaciona ao desempenho. (Resposta: *Está*.) Quer saber se empresas mais inovadoras superam as demais em desempenho? Dê uma olhada na lista da *Fortune* e procure por inovação, e veja se está relacionada ao desempenho. (Mesma resposta: *Está*.) *Claro que está*. Mas tudo o que realmente medimos é a força do halo. E se evitássemos esses substitutos e coletássemos os dados diretamente? Essa é a direção correta, mas, mesmo assim, poderemos ter problemas com halos — tudo depende de como os dados são reunidos.

Halos da Orientação para o Cliente

Suponhamos que se concentrar no cliente leve ao alto desempenho. Pelo que vimos na Cisco, ficamos cautelosos com o efeito halo. Quando as vendas e os lucros estavam crescendo, a Cisco era um exemplo de foco excelente no cliente. Foi descrita, antes do pico anterior à bolha de 2000, como tendo "extremo foco no cliente", e John Chambers era "a pessoa mais focada no cliente". Um ano mais tarde, quando o desempenho piorou, foi dito que a Cisco exibia "uma atitude indiferente com potenciais clientes", e suas táticas de vendas eram "inoportunas". A menos que acreditemos que a Cisco realmente *piorou* — e ninguém sugeriu isso — tudo o que temos são julgamentos mutáveis sobre o foco no cliente, baseados no desempenho financeiro. Portanto, sabemos que não podemos confiar em matérias de revistas e jornais, e devemos coletar os dados de outra forma.

Um estudo feito por John Narver, da Universidade de Washington, e por Stanley Slater[1], da Universidade do Colorado, dispôs-se a examinar o vínculo entre foco no cliente e desempenho. Eles definiram *desempenho* como lucratividade da unidade de negócios. Nenhum problema até aí. Mas para captar o foco no cliente, pediram que os gestores avaliassem suas empresas em seis critérios: comprometimento total com o cliente, criação de valor para ele, entendimento de suas necessidades, definição de objetivos para a satisfação do cliente, avaliação dessa satisfação e prestação de serviços pós-venda. Quando fizeram os testes estatísticos, descobriram que, sem dúvidas, havia uma correlação significativa entre desempenho e foco no cliente. Isso não surpreende — é exatamente o que esperamos, devido ao efeito halo. Para testar se o foco no cliente leva ao alto desempenho, a *última pergunta* que devemos fazer aos gestores é: "Até que ponto esta empresa foca o cliente?" Provavelmente, ouviremos um julgamento com base no desempenho. Para ter validade, precisamos apostar em indicadores *independentes* do desempenho. A propósito, nada disso sugere que o foco no cliente *não* leve a um desempenho melhor — suspeito que, cuidadosamente avaliado, pelo menos, até certo ponto, sim. Porém, não devemos fazer pesquisas em que as respostas possam ser obscurecidas pelo efeito halo.

Halos na Cultura Corporativa

A cultura corporativa é outro aspecto que se acredita influenciar o desempenho. Novamente, há muitas histórias sobre a importância da cultura de uma empresa. Vimos isso na Cisco e na ABB, é claro, e também as encontraremos em outras. Em 1982, durante a crise do Tylenol, em que sete pessoas morreram após ingerir cápsulas do medicamento envenenadas com cianeto, a Johnson & Johnson tomou a decisão sem precedentes de remover todos os frascos de Tylenol de todas as prateleiras dos EUA, apesar de as mortes terem acontecido apenas na área de Chicago. O recall custou US$100 milhões, mas fez a Johnson & Johnson conquistar um grande respeito e admiração. Como a empresa pôde agir tão rápida e decisivamente? O então CEO, James E. Burke, disse: "Essa é a nossa cultura. Foi o que nos uniu quando a tragédia do Tylenol nos atingiu. Sem ela, nunca teríamos sido capazes de gerir a crise de forma eficaz como fizemos."[2] De acordo com Burke, a Johnson & Johnson superou essa crise por causa da forte cultura corporativa. As ações rápidas e coordenadas só foram possíveis porque os colaboradores compartilhavam valores em comum sobre saúde do cliente, fazer a coisa certa e integridade[3].

O caso do Tylenol, da Johnson & Johnson, gerou uma história memorável, mas uma história bem contada endossa qualquer situação. Se queremos mostrar que a cultura corporativa exerce um impacto maior no desempenho dos negócios, temos que reunir dados em empresas e procurar padrões. É exatamente isso que John Kotter e James Heskett, da Escola de Negócios de Harvard fizeram. Suas descobertas foram publicadas no livro de 1992 chamado, sem surpresas, de *A Cultura Corporativa e o Desempenho Empresarial*. Kotter e Heskett definiram como cultura corporativa forte aquela em que "os gestores compartilham valores e métodos relativamente padronizados de fazer negócios"[4]. Pensava-se que essas empresas tinham um "estilo, uma maneira de agir com coesão interna, forte comprometimento com um objetivo comum, alta motivação e um comportamento coerente sem regras formais e disfunção burocrática sufocantes". Esse era o segredo — empresas com cultura forte não precisam de muitas regras e formalidades, porque todos compartilham valores e maneiras básicas de agir. Até aí, tudo bem.

Primeiro, Kotter e Heskett testaram se uma "cultura forte" estava associada ao alto desempenho. Mas como mediram a "força da cultura?" Encontraram uma maneira de captar a cultura corporativa que fosse livre do efeito halo? Não, de jeito nenhum. Simplesmente pediram que gestores avaliassem a força da cultura de sua empresa em uma escala de 1 a 5. Sem muita surpresa, descobriram uma correlação positiva entre força da cultura e desempenho — o que era esperado devido ao efeito halo[5]. Mas não parou por aí. Mesmo uma cultura forte, ponderaram, pode não levar ao alto desempenho se não "se ajustar" ao ambiente competitivo; então Kotter e Heskett testaram uma segunda hipótese: que a cultura da empresa deveria "se ajustar" ao ambiente. Como testaram esse "ajuste"? Novamente, pedindo que entrevistados avaliassem sua empresa, dessa vez em uma escala de 1 ("ajuste péssimo") a 7 ("ajuste excepcional"). E, mais uma vez, as análises mostraram que as empresas com alto desempenho tinham culturas que se ajustavam ao ambiente, com uma média de 6,1/7, enquanto empresas de baixo desempenho tinham média de 3,7/7[6]. Claro que esses resultados são exatamente o esperado de uma autoavaliação. É inteiramente previsível que, quando o desempenho é alto, os gestores entendam que sua cultura "se ajusta" ao ambiente, e quando a empresa está em dificuldades, sintam um desequilíbrio. Seria surpreendente se descobríssemos o contrário.

Então Kotter e Heskett foram além. Se uma cultura forte é boa, e a cultura que se ajusta ao ambiente é melhor, talvez aquela que se adapte com o tempo seja a melhor de todas. Mas como medir a capacidade de adaptação de uma cultura? O ideal seria estudar a cultura de uma empresa por muitos anos e observar sua evolução, usando medidas que não estejam sujeitas ao efeito halo. Mas isso leva muito tempo. Em vez disso, Kotter e Heskett presumiram que a capacidade de adaptação da cultura está associada a dois fatores. O primeiro é a "liderança" — alegavam que empresas com forte liderança teriam maior probabilidade de se adaptarem a novas circunstâncias. Perguntaram aos entrevistados: "Quanto a cultura da [nome da empresa] valoriza uma excelente liderança dos gestores?", a escala de resposta era de 7 pontos. Empresas de alto desempenho receberam uma média de 6/7, enquanto as de baixo, menor que 4/7, exatamente o esperado —

entrevistados tendem a atribuir boa liderança a empresas bem-sucedidas. E qual foi o segundo fator? O foco no cliente! Segundo eles, as empresas que focam os clientes se adaptariam mais rápido e teriam um desempenho melhor. Isso parece razoável, mas, como vimos, pedir que gestores avaliem suas empresas não capta muito mais do que um halo. Os resultados mostraram que empresas com alto desempenho marcaram 6/7, enquanto as de baixo, apenas 4,6/7. Mas como não havia medida independente do foco no cliente, realmente não sabemos se esse fator gera adaptação cultural, o que por sua vez afeta o desempenho dos negócios, ou se colaboradores de empresas de alto desempenho tendem a inferir que suas empresas são boas em focar o cliente. Pelo que sabemos sobre o efeito halo, ambas as opções são plausíveis.

Apesar dessas falhas básicas na lógica e na validade dos dados, Kotter e Heskett foram enfáticos em demonstrar que a cultura corporativa tem um *efeito causal* no desempenho. Eles resumiram seu trabalho assim:

> A cultura corporativa exerce um impacto substancial no desempenho econômico de longo prazo de uma empresa. Descobrimos que empresas com culturas que enfatizam todos os agentes principais (clientes, acionistas e colaboradores) e a liderança de gestores em todos os níveis superam em muito o desempenho de empresas que não têm essas características culturais. Durante um período de 11 anos, as primeiras aumentaram as receitas em uma média de 682% *versus* 166% das últimas, expandiram a mão de obra em 282% *versus* 36%, aumentaram o valor de suas ações em 901% *versus* 74%, e melhoraram o lucro líquido em 756% *versus* 1%.
>
> Considere novamente essa constatação final: As empresas que deram igual atenção para clientes, acionistas e colaboradores tiveram um desempenho 756% melhor do que aquelas que não tiveram crescimento do lucro líquido durante o período de 11 anos. Preocupar-se em oferecer mais do que lucro para os acionistas pode proporcionar uma grande recompensa.[7]

Observe as palavras "exerce um impacto substancial". Esta é uma afirmação científica: *Se você fizer isso, veja o que acontecerá*. A narrativa é atraente, e as descobertas podem até mesmo estar corretas, mas por causa das falhas nas pesquisas, não temos como ter certeza. A abordagem adotada por Kotter e Heskett não nos faz concluir muito sobre cultura corporativa e seu impacto no desempenho de uma empresa.

Só para esclarecer, acho provável que um forte foco no cliente leve a um melhor desempenho. Empresas que ouvem os clientes, que projetam produtos e serviços para atender a suas necessidades e que trabalham duro para satisfazê-las deveriam superar o desempenho das que não o fazem[8]. Porém, você não descobre isso perguntando: *Você é focado no cliente?* Isso só gera o relato de um halo induzido pelo desempenho da empresa. Se quiser medir o foco no cliente, terá que optar por medidas independentes do desempenho. O mesmo vale para a cultura corporativa. É lógico que quando colaboradores compartilham valores comuns e não precisam que lhes digam o que fazer, as decisões são tomadas mais rapidamente e as pessoas colaboram com maior facilidade. Porém não se mede a força, o ajuste ou a capacidade de adaptação de uma cultura apenas interrogando pessoas que já têm uma noção do desempenho da empresa. Em vez disso, é preciso procurar ações, políticas ou comportamentos específicos que não sejam moldados por essas percepções.

Delírio Dois: *O Delírio da Correlação e da Causalidade*

Caso desejemos responder à mãe de todas as perguntas de negócios — *O que leva ao alto desempenho?* —, uma coisa já está clara: temos que evitar o efeito halo. Temos que coletar dados de maneiras que não sejam afetados pelo desempenho, para que variáveis independentes sejam medidas separadamente dos fatos que queremos explicar. Felizmente, há muitas pessoas inteligentes que analisam com seriedade os problemas de dados independentes e trabalham muito para conduzir pesquisas disciplinadas e cuidadosas. No entanto, mesmo que os pesquisadores evitem o efeito halo, talvez ainda não possam esclarecer os fatores que levam ao alto desempenho. Por quê? O exemplo de Stephen Jay Gould, no começo deste capítulo, dá a ideia geral: prisões por embriaguez pública e o número de pregadores da igreja batista nos EUA do século XIX talvez estivessem intimamente relacionados, mas não podemos afirmar se um *causou* o outro. Será que o nível de embriaguez chamou mais atenção para a moralidade na sociedade, consequentemente provocando uma demanda por pregadores? Ou será que a grande quantidade de pregadores levou os norte-americanos a beber? Ou foram ambos o resultado de algo diferente — ou seja, o aumento da população como um todo? Se de fato temos uma correlação, realmente não sabemos.

Inferir a causalidade das correlações derruba muitos estudos sobre negócios. Por exemplo, tome algo tão básico quanto a relação entre a satisfação dos colaboradores e o desempenho da empresa. É lógico pensar que ter funcionários satisfeitos acarreta um alto desempenho. Afinal, funcionários satisfeitos se dispõem a trabalhar mais arduamente e por mais tempo, e se preocupam mais em manter seus clientes felizes. *Parece* óbvio. Contudo, sabemos que não devemos medir a satisfação dos funcionários simplesmente perguntando: "Você está satisfeito?", já que as respostas serão deturpadas pelo efeito halo. Mas suponha que usemos uma medida imparcial — a taxa de rotatividade dos funcionários — e encontraremos uma alta correlação com o desempenho. Agora, o desafio é entender a relação de causa e efeito. A baixa taxa de rotatividade leva a um alto desempenho da empresa? Talvez, já que uma empresa com uma mão de obra estável pode ser capaz de oferecer um serviço mais confiável ao cliente, gastando menos na contratação e no treinamento etc. Ou é o alto desempenho que leva à baixa rotatividade? Isso também pode ser verdade, já que uma empresa lucrativa e próspera pode oferecer um ambiente mais estimulante e gratificante, assim como maiores oportunidades de promoção. Saber o que causa o que é crucial se os gestores quiserem saber o que fazer — quanto investir em maiores níveis de satisfação, em comparação a outros objetivos.

Suponha, como alternativa, que queiramos captar o impacto da educação executiva no desempenho. Como primeiro passo, temos que evitar o efeito halo, avaliando a educação executiva de modo que não seja moldada por percepções de desempenho, como total investido na educação, dias de treinamento de funcionários, leque de oportunidades educacionais etc. Digamos que descobrimos que empresas que investem mais em educação executiva também tendem a ter um alto desempenho. Como interpretamos os resultados? Podemos dizer que investir em educação executiva leva a um alto desempenho? Não, porque é possível que empresas lucrativas tenham condições de investir mais em educação. Se coletarmos dados em um ponto no tempo — *um estudo transversal* — não saberemos. O psicólogo Edwin Locke defendeu esta ideia de forma enfática: "Embora o método da correlação seja útil para o propósito de sugerir hipóteses causais, não tem comprovação científica. Uma correlação, por si só, não explica nada."[9]

É de se supor que empresas de consultoria façam um trabalho melhor em diferenciar correlação e causalidade, certo? Pois bem. Em 2006, a proeminente empresa de consultoria Bain & Company anunciou em seu site que "os clientes da Bain superaram o mercado de ações a uma taxa de 4 contra 1"[10]. Um gráfico mostrou que de 1980 até 2004, enquanto o índice S&P 500 subiu cerca 15 vezes, as ações dos clientes da Bain cresceram em um fator de quase 60 — quatro vezes a taxa do mercado. A implicação? Que seguir um conselho da Bain leva a um desempenho mais alto, na verdade, muito mais alto. Mas há duas grandes falhas nessa afirmação. Primeira, como o porta-voz da Bain me explicou, os dados mostram o desempenho trimestral dos então clientes da Bain em relação ao índice S&P naquele período. Uma defasagem de 400% em 25 anos, ou 100 trimestres, resulta em uma defasagem média um pouco maior que 1% por trimestre — 1,4% para ser exato —, o que é relevante, mas seria preciso desfrutar dessa diferença *a cada trimestre por 25 anos* a fim de superar seus rivais por uma margem de 4 contra 1. A maioria dos contratos de consultoria dura poucos anos, não 2 décadas e meia, o que significa que a defasagem do desempenho para um cliente típico é muito menor. Porém, a segunda falha, e a mais importante para a nossa discussão, é que a Bain, na melhor das hipóteses, mostrou uma correlação, não uma causalidade. Mesmo que os clientes da Bain superassem o desempenho da média do mercado por pouco mais que 1% a cada trimestre, isso significa que trabalhar com ela leva a um melhor desempenho? É o que se sugere, e pode ser verdade. Ou será que apenas empresas lucrativas podem pagar pelos serviços da Bain? Isso também poderia ser verdade, e, nesse caso, trabalhar com a Bain não leva a lucros mais altos. Na verdade, poderia ser o inverso — somente empresas com lucros altos podem pagar a Bain. De novo, uma simples correlação nos informa muito pouco.

Uma forma de explicar melhor a causalidade é reunir dados de diferentes momentos para que o impacto de variáveis em resultados subsequentes seja isolado com mais clareza. Essa abordagem, chamada de *estudo longitudinal*, consome mais tempo e é mais cara, mas tem mais chances de evitar conclusões equivocadas provenientes da correlação simples.[11] Dessa maneira, poderíamos, por exemplo, dizer se o conselho dado por uma empresa de consultoria em um período de tempo levou a um desempenho melhor nos períodos subsequentes. Um estudo recente de Benjamin Schneider e colegas da Universidade de Maryland usou o *estudo longi-*

tudinal para examinar a satisfação dos funcionários e o desempenho da empresa, na tentativa de descobrir uma relação de causa e efeito entre ambos. Coletaram dados durante anos e constataram mudanças na satisfação e no desempenho. A conclusão? O desempenho financeiro, medido através do retorno sobre ativos e do lucro por ação, tem um efeito mais poderoso na satisfação do funcionário do que o contrário[12]. Parece que fazer parte de uma equipe vencedora é um motivo de satisfação mais forte; funcionários satisfeitos não exercem grande efeito no desempenho das empresas. Como Schneider e seus colegas conseguiram romper esse impasse e responder à questão sobre a causalidade? Reunindo dados ao longo do tempo. Claro que é muito mais fácil contar com dados de um único momento no tempo e fazer suposições sobre a direção da causalidade. É aí que mora o delírio.

Delírio Três: *O Delírio das Explicações Únicas*

Qualquer pessoa com um treinamento sólido em métodos de pesquisas deveria saber evitar fontes de dados deturpadas pelo efeito halo. O mesmo é válido para correlação e causalidade: os perigos de inferir causalidade de dados de corte transversal são bem conhecidos. Mas mesmo que evitemos esses dois problemas, às vezes, as pesquisas sobre desempenho de empresas enfrentam uma questão complicada diferente, a das explicações únicas.

Voltemos ao foco no cliente. Sabemos que não é possível medi-lo perguntando: "Sua empresa foca o cliente?", porque tudo o que captaremos é o brilho do halo. Mas existe uma forma melhor. Um estudo realizado por Bernard Jaworski, da Universidade do Arizona, e por Ajay Kohli, da Universidade Texas-Austin, investigou a relação entre foco no mercado e desempenho. Eles segmentaram o foco no mercado em três elementos — geração de inteligência de mercado, disseminação de inteligência de mercado e reação das unidades de negócios à inteligência de mercado — e pediram que os entrevistados avaliassem 32 afirmações. A maioria delas não abordava percepções, mas fatos objetivos. Esse foi um grande passo. Por exemplo, perguntaram se os entrevistados consultavam os usuários finais, pelo menos, uma vez ao ano para avaliar a qualidade dos produtos e serviços. Supostamente, esse é um fator que pode ser medido objetivamente e cuja resposta não varia em função do desempenho. Também perguntaram aos entrevistados se "os dados de satisfação do cliente eram disseminados em todos os níveis regularmente nas unidades de negócios". Esse fato acontece ou não, e a avaliação não deveria ser suscetível ao efeito halo.

Jaworski e Kohli coletaram dados a partir de uma amostra ampla de empresas em três ambientes competitivos diferentes — turbulência de mercado, intensidade competitiva e turbulência tecnológica. Dessa forma, poderiam comparar resultados entre diferentes ambientes e dizer se qualquer relação entre foco no mercado e desempenho era explicada por fatores como turbulência de mercado ou intensidade competitiva. Ao fazerem os cálculos, constataram que o foco no mercado estava fortemente associado ao alto desempenho. O efeito foi, em termos estatísticos, altamente significativo, indicando que não se tratava de apenas uma ocorrência aleatória — algo *real* estava acontecendo. O modelo tinha um r^2 de 0,25, ou seja, explica aproximadamente 25% da variação no desempenho de uma empresa. Esses são resultados substanciais! Os autores estavam confiantes: "As descobertas deste estudo sugerem que o foco no mercado *é um determinante forte do desempenho*, independentemente da turbulência de mercado, da intensidade competitiva ou da turbulência tecnológica do ambiente em que atua." (Grifo meu.) De acordo com Jaworski e Kohli, um foco maior no mercado leva a uma melhora no desempenho. Eles não afirmam que ele é tudo, mas apontam que seu modelo explica 25% da diferença do desempenho geral, o que é expressivo. E falam claramente aos gestores o que isso significa: "Assim, se quiserem que suas empresas alcancem um desempenho superior, devem se esforçar para melhorar seu foco no mercado[14]."

Guarde isso na mente, enquanto falamos de outro tema de interesse atual: responsabilidade social corporativa (RSC). As empresas devem fazer mais do que apenas buscar lucros, porém devem considerar mais amplamente as preocupações dos stakeholders — a comunidade, o ambiente, os funcionários e a sociedade como um todo. Isso parece plausível, mas há evidências de que um RSC leva a um melhor desempenho? Sabemos que não devemos confiar em correlações simples, porque mesmo se constatarmos que empresas com fortes posicionamentos em responsabilidade social também tendem a ter bom desempenho, não temos como saber qual é a relação de causa e efeito. Pode ser que um bom histórico de proteção ambiental, elevada segurança de produtos e investimento comunitário de fato melhorem o desempenho, porém o contrário também pode ser verdadeiro, já que empresas bem-sucedidas podem ter mais recursos para investir em responsabilidade social[15]. Bernadette Ruf, da Universidade de Delaware, e quatro colegas começaram a testar o impacto do RSC nos desempenhos das empresas coletando dados de 488 empresas — uma amostra ampla e robusta. Eles não perguntaram aos gestores: "Vocês são bons em RSC?", mas usaram um conjunto de dados independentes para avaliar o RSC em oito dimensões — uma boa maneira de minimizar o efeito halo. Para ter certeza de não confundir correlação com causalidade, Ruf e seus colegas reuniram três anos de dados. Dessa forma, poderiam ver se avanços no RSC em um ano levaram a um desempenho melhor nos anos seguintes. Também incluíram variáveis de controle para o setor e tamanho da empresa. Até aqui, nenhum problema — esse estudo parecia ser rigoroso e cuidadoso. Ao aplicar seu modelo, Ruf e seus colegas descobriram que melhorar o RSC aumentou as vendas no segundo ano e os lucros no terceiro. Novamente, o efeito era estatisticamente significante, e o r^2 era de 0,415 para o retorno de capital, e 0,425 para o de vendas. Essa é uma descoberta extraordinária — mais de 40% da mudança do desempenho financeiro da empresa estava relacionada à responsabilidade social corporativa! Os autores afirmaram com confiança: "Os resultados do estudo atual sugerem que melhorias no (RSC) têm impactos financeiros imediatos e prolongados[16]."

Mas espere. Se o foco no mercado explica 25% do desempenho de uma empresa, e a responsabilidade social corporativa, 40%, isso significa que juntos eles explicam 65%? Eles são efeitos *separados* e então se *somam*? Ou será que empresas com alto foco no mercado também tendem a ser boas cidadãs corporativas? Isso é de extrema importância, porque se esses efeitos se sobrepõem, não podemos afirmar que a melhora observada por Jaworski e Kohli se deveu somente ao foco no mercado ou que o aumento do desempenho encontrado por Ruf e seus colegas se deveu somente à RSC. Talvez eles estejam explicando a mesma coisa, caso em que as descobertas de cada um foram exageradas. (E realmente, em uma pesquisa de 2005, o *The Economist* sugeriu que muitas iniciativas de RSC eram pouco mais que exemplos de "boa administração"[17]. Quase *qualquer* empresa bem administrada tende a fazer muitas das coisas que chamamos de responsabilidade social corporativa — ficaríamos surpreendidos se não fizessem.)

Agora vamos adicionar outro estudo ao mix. Mark Huselid, da Universidade Rutgers, em colaboração com Susan Jackson e Randall Schuler, da Universidade de Nova York, testaram o impacto da administração de recursos humanos (ARH) sobre o desempenho das empresas. Pediram que os gestores descrevessem suas empresas em mais de quarenta itens de ARH separados. Fizeram perguntas visando minimizar o efeito halo, e também conduziram seus estudos ao longo do tempo para evitar problemas de correlação e causalidade[18]. Além do mais, incluíram variáveis de controle para tamanho da empresa, intensidade de capital, cobertura sindical, aumento de vendas e intensidade do P&D. Descobriram que a ARH estava associada ao desempenho da empresa, e que melhorar sua eficácia através de um desvio-padrão levava a um aumento de 5% nas vendas, a uma melhora do fluxo de caixa de 16% e a um aumento de 6% no valor de mercado das ações. Os autores foram enfáticos: "Como um todo, essas estimativas ilustram o impacto de uma administração de recursos humanos eficaz em três indicadores amplamente seguidos do desempenho da empresa."[19] E continuaram: "Nossos resultados apoiam o tradicional argumento de que investimentos em recursos humanos são uma fonte potencial de vantagem competitiva."[20]

Mas esse desempenho melhorou somente por causa do ARH, e não teve nenhuma relação com fatores como foco no mercado e RSC? Em caso positivo, uma empresa que já melhorou o desempenho com maior foco no mercado e adoção de fortes políticas de RSC desfruta desse incentivo adicional melhorando sua gestão dos recursos humanos? Ou esses efeitos se sobrepõem, até mesmo em alto grau? A última explicação parece mais provável. De fato, é inteiramente lógico que uma empresa que cuida dos clientes e da comunidade em geral também cuide dos funcionários. Afinal de contas, funcionários são um dos principais stakeholders que Ruf e seus colegas incluíram nos indicadores de RSC. Orientação para o mercado, RSC e gestão de RH muito provavelmente se sobrepõem em um alto grau.

Para mostrar o quanto esse problema é difundido, vou lhe dar mais um exemplo, desta vez sobre liderança.[21] Diz-se, com frequência, que a pessoa no comando — o CEO — faz uma grande diferença no desempenho de uma empresa. Naturalmente, isso faz sentido. É possível que todos tenhamos exemplos em que um novo líder tomou ações que impulsionaram o desempenho ou em que, infelizmente, levou a empresa na direção errada. Um estudo tentou isolar o efeito do desempenho do CEO monitorando a mudança no desempenho da empresa imediatamente antes e depois da troca da liderança. Os dados sobre desempenho da empresa e sobre a posse do CEO são questões de registro público, então não havia perigo de histórias pessoais criarem o efeito halo ou de percepções serem deturpadas pelo desempenho. Os autores descobriram que 15% da variação total do desempenho de uma empresa era explicada pela mudança do CEO. "Ou seja", um dos autores concluiu, "a escolha de um CEO é crucial".[22]

Certo, mas esses 15% são *somados* ao que poderia ser explicado melhorando o foco no cliente, RSC e ARH? Ou o efeito de liderança se sobrepõe aos outros? Aparentemente, o novo CEO faz mais do que substituir a placa da porta e sentar-se atrás de uma grande mesa na melhor sala. O novo CEO *tem relevância* — estabelecendo novos objetivos, promovendo um foco melhor no mercado, o que talvez ajude a melhorar a cultura corporativa, ou a reformular a abordagem da gestão de recursos humanos, e assim por diante. A melhora do desempenho que atribuímos ao CEO quase certamente se sobrepõe a uma ou mais explicações para o sucesso de uma empresa.

O que nos traz de volta ao cerne do problema: todos esses estudos examinam uma única explicação para o desempenho e excluem as demais. Estaria tudo bem se não houvesse correlação, mas o senso comum diz que é provável que muitos desses fatores sejam encontrados na mesma empresa. Será que não deveríamos esperar que uma empresa eficiente em um desses fatores *também* seja boa em muitos outros? De vez em quando, um pesquisador admite isso. O autor do estudo de ARH citado, Mark Huselid, da Universidade Rutgers, escrevendo com Brian Becker, da SUNY Buffalo, observou que apesar dos melhores esforços para medir o impacto dos sistemas de ARH no desempenho, havia "características não observáveis no nível da empresa, como a qualidade das estratégias de marketing e produção, que distorciam a relação estimada entre desempenho e estratégia de RH". Eles explicaram: "A típica preocupação nessas publicações é que efeitos não medidos da empresa estão correlacionados com a estratégia de RH por causa da adoção de tais práticas, sejam dependentes do sucesso da empresa ou simplesmente um reflexo de uma melhor gestão geral."[23] Exatamente. E concluíram: "Há indícios consideráveis na imprensa de negócios de que as reputações das empresas em uma grande variedade de práticas gerenciais estão altamente correlacionadas."

Não admira que seja tão difícil saber o que impulsiona o desempenho de uma empresa. Mesmo se evitarmos o efeito halo e realizarmos estudos longitudinais, *ainda* teremos o problema das explicações alternativas. Tantos fatores contribuem para o desempenho que é complicado saber exatamente quanto se deve a um aspecto em particular ou a outro. Mesmo se tentarmos controlar muitos fatores de *fora* da empresa, como turbulência ambiental, intensidade competitiva e o tamanho de setor e do negócio, não poderemos controlar todos os eventos que acontecem *dentro* da empresa.

Raramente se dedica algum esforço para desenredar alternativas antagônicas. O artigo de Huselid e Becker é excepcional. A maioria dos artigos toca no assunto rapidamente, em uma pequena seção no final, quando discute as limitações de suas pesquisas, ou o ignora completamente. Por quê? Chamar a atenção para as limitações das descobertas reduz o poder de uma história desejada — demonstrar a importância de uma determinada variável no desempenho da empresa. Muitos acadêmicos querem mostrar conclusões sólidas sobre causa e efeito. Querem demonstrar que liderança é crucial, que a gestão de RH tem um forte impacto no sucesso de uma empresa, e que o forte foco no cliente aumenta muito o desempenho. Os leitores preferem histórias claras. Não queremos ouvir falar de causalidade parcial, efeitos graduais ou ameaça à validade. E há um problema adicional complicando tudo. Como o psicólogo de Harvard, Stephen Pinker, observou, departamentos de universidades nem sempre representam setores significativos do conhecimento.[24] Algumas das perguntas mais importantes aparecem no cruzamento entre os campos, como o estudo da tomada de decisão, que repousa na convergência da psicologia cognitiva, da sociologia e da economia. O mesmo vale para o desempenho das empresas, que é moldado por muitos fatores. No entanto, os pesquisadores se associam a um departamento. Se você é docente de marketing, ressalta o foco no mercado e no cliente, o que transparece a tendência natural de demonstrar a importância da sua especialidade. O mesmo acontece com professores de gestão de RH ou de ética de negócios. Não há um incentivo real para explorar correlações com outros fatores — melhor deixá-los em segurança, longe da vista. Quanto às revistas que publicam esses artigos, muitas usam o processo de avaliação "duplo-cego", no qual os pareceristas não conhecem os autores, e vice-versa, em nome da imparcialidade. Mas quase todo mundo que revisa um artigo para o *Journal of Human Resource Management* acredita na importância do ARH — é sua a área de atuação, departamento e especialidade. É natural que encarem de maneira favorável artigos que mostrem a importância da gestão de RH. Idem para o *Journal of Business Ethics* — pesquisas que mostram como investimentos em ARH estimulam o desempenho são bem-vindas, uma validação maravilhosa da sua área. E quem poderá culpar o *Journal of Marketing* por publicar estudos que demonstram a importância do foco no mercado para o desempenho?[13] Seria necessária uma boa dose de autodisciplina para mostrar que o foco no mercado está relacionado com tantos outros fatores que seu impacto é pequeno. Claro, a tendência para o exagero não é só encontrada em artigos acadêmicos — também está nos artigos da imprensa de negócios, como o que nos informa como os *Ótimos Lugares para Se Trabalhar* contribuem para o desempenho das empresas. Quanto mais forte a alegação, maior é a manchete — e maior ainda a tentação de ignorar as explicações concorrentes.

Para observar outro ponto de vista, falarei de um último estudo. Anita McGahan, da Universidade de Boston, e Michael Porter, da Escola de Negócios de Harvard, dispuseram-se a determinar quanto dos lucros de uma unidade de negócios é explicado pelo setor em que concorre, pela corporação a que pertence e pela maneira como é administrada. Esta última categoria, que chamaram de "efeitos específicos do segmento"[25], cobre quase tudo o que falamos neste capítulo: o foco da empresa no cliente, sua cultura, seu sistema de recursos humanos, a responsabilidade social etc. Usando dados de milhares de empresas norte-americanas, de 1981 até 1994, McGahan e Porter descobriram que "efeitos específicos de segmento" explicam aproximadamente 32% do desempenho da unidade de negócios. Apenas 32%. O restante se deve a efeitos no setor, efeitos corporativos ou é simplesmente inexplicável. Então, talvez todos os estudos que vimos até agora façam sentido, afinal! Como suspeitávamos, seus efeitos se sobrepõem — todos explicam os mesmos 32%. Cada estudo afirma ter isolado um importante motivador de desempenho, mas apenas por causa do *Delírio das Explicações Únicas*.

CAPÍTULO SEIS
Procurando Estrelas, Encontrando Halos

A gente tinha o céu lá em cima, todo pontilhado de estrelas, e costumava deitar de costas e olhar pra elas, e discutir se foram feitas ou se só apareceram — Jim ele achava que foram feitas, mas eu achava que elas aconteceram; calculava que ia levar muito tempo *fazer* tantas estrelas. Jim dizia que a lua podia ter *posto* elas; bem, isso parecia razoável, então eu não disse nada contra, porque tinha visto um sapo pôr quase tantos ovos, por isso é claro que podia ser feito. A gente também via as estrelas cadentes e observava os riscos que deixavam no céu. Jim achava que elas tinham ficado mimadas e eram empurradas pra fora do ninho.

Mark Twain
Aventuras de Huckleberry Finn, 1885[1]

O primeiro megassucesso dos negócios, o livro que mudou tudo, foi *Vencendo a Crise: Como o Bom Senso Empresarial Pode Superá-la*, de Tom Peters e Bob Waterman da McKinsey & Co. O livro foi amplamente lido e discutido por inúmeras pessoas, mas merece um novo olhar no contexto do efeito halo e dos outros delírios que enganam os gestores. Apesar de todas as imperfeições, *Vencendo a Crise* se saiu bem. Na verdade, é encantador em sua simplicidade, pelo menos, quando comparado a estudos subsequentes, que se tornaram mais complexos e com alegações cada vez mais grandiosas. Veremos mais sobre esses estudos daqui a pouco.

A história de *Vencendo a Crise* começou em 1977, quando a McKinsey & Co, talvez a empresa de consultoria mais prestigiosa dos EUA, iniciou um estudo sobre estrutura organizacional que se transformou em um estudo maior sobre sistemas e habilidades gerenciais, que acabou levando a um projeto sobre excelência gerencial. Peters e Waterman começaram com uma *pergunta* abrangente: *Por que algumas empresas são mais bem-sucedidas que outras?* Eles identificaram as melhores empresas norte-americanas em um rigoroso e minucioso processo de seleção. Uma amostra inicial de 62 empresas fortes foi reduzida a um seleto grupo de 43. As melhores, a elite das empresas norte-americanas, incluíam nomes como Boeing, Caterpillar, Delta Airlines, Digital Equipment, Emerson Electric, Fluor, Hewlett-Packard, IBM, Johnson & Johnson, McDonald's, Procter & Gamble e 3M. Para compreender o que as tornou tão bem-sucedidas, Peters e Waterman conversaram com muitas pessoas e coletaram uma boa quantidade de dados. Segundo descreveram: "Quando terminamos as entrevistas e pesquisas, começamos a filtrar e codificar os resultados. Cerca de seis meses depois que começamos, chegamos às conclusões que estruturam este livro."[2] O processo foi cuidadoso, sistemático, lógico e objetivo. Sem trapaças, sem atalhos.

Bem, isso foi o que escreveram no prefácio do livro em 1982. Quase 20 anos depois, Peters contou uma história um pouco diferente. Em um artigo de 2001 para a *Fast Company,* intitulado "Confissões de Tom Peters", escreveu:

> A história tem uma versão oficial, que conto agora — e é uma grande bobagem: "Os norte-americanos estavam sob ataque dos japoneses, que fabricavam bons automóveis. Então Bob Waterman e eu nos dispusemos a descobrir os verdadeiros segredos da administração." Quando a conto, faço minha imitação da voz de Deus para dar a impressão de que nos preparávamos para fazer algo fora do normal.
>
> O que está completamente errado.[3]

O que *realmente* aconteceu? Peters lembra-se de que inicialmente a Mckinsey não deu muita atenção para o projeto — era "o mais fraco da ninhada", o primo pobre de um projeto de estratégia. Sobre a abordagem da pesquisa: "Não havia nenhum plano de trabalho bem elaborado. Não havia nenhuma teoria que eu estivesse determinado a provar."[4] Em vez disso, procuraram os parceiros da McKinsey e perguntaram: "Quem está fazendo um trabalho legal? Onde estão acontecendo coisas notáveis?" Eles conversaram com importantes acadêmicos e gestores, falaram com "pessoas sagazes e estratégicas, de alto nível". A curiosidade os fez investigar e fazer muitas perguntas. Em seguida, procuraram padrões que explicassem o que as melhores empresas tinham em comum.

Pouco tempo depois, pediram a Peters e Waterman que apresentassem as suas descobertas para a alta gerência da Siemens. A longa e detalhada apresentação, contendo mais de setecentos slides, foi muito bem recebida. Logo Peters foi convidado para realizar uma apresentação similar para a alta gerência da PepsiCo. O gestor da empresa era um sujeito impetuoso de nome Andrall Pearson. (Eu deveria saber — alguns anos depois, lecionei com ele na Escola de Negócios de Harvard, onde orgulhosamente exibiu em seu mural um artigo de 1980 da *Fortune* que o nomeava um dos dez gestores mais durões dos EUA.) Peters se lembrou: "Todos nós sabíamos que ele ficaria bastante irritado com uma apresentação de 700 slides." Com o tempo passando, Peters sentou-se em sua mesa, fechou os olhos, e se inclinou para frente. Então, como se lembra: "Escrevi oito itens em um bloco de notas. Aqueles oito itens não mudaram desde então. Eles foram os oito princípios do *Vencendo*."[5]

Aqui estão eles:

As Oito Práticas das Melhores Empresas Norte-americanas, do *Vencendo a Crise*

Proatividade, tentativa e erro: Uma preferência por fazer algo — qualquer coisa — em vez de mandar perguntas que passem por vários ciclos de análises e comitês de avaliação.

Aprender com os clientes: Descobrir suas preferências e atendendo a elas.

Independência e empreendedorismo: Dividir a corporação em empresas menores e encorajando-as a pensarem de forma independente e competitiva.

Gestão se aprende gerindo: Criar em todo colaborador a consciência de que seus melhores esforços são essenciais e de que também serão recompensados com o sucesso da empresa.

Motivação traz produtividade: Insistir em que executivos mantenham contato com o objetivo da empresa.

Foco: Permanecer com os negócios que a empresa conhece melhor.

Simplicidade: Poucas camadas administrativas, poucas pessoas nos cargos mais altos.

Mobilidade: Promover um clima de dedicação aos valores centrais da empresa, combinado com a adesão dos colaboradores a eles.

Fonte: *Vencendo a Crise*

No contexto da época, o livro *Vencendo a Crise* foi um desafio revigorante para o modelo antiquado de gestão de comando e controle, de precisão de tempo e movimento, de pessoas na organização trabalhando juntas como várias partes de uma máquina que funcionam em harmonia. E dê uma olhada nesta lista: *clientes, valores, pessoas, foco*. Não é muito diferente do que vimos no Capítulo 5 e do que costumamos dizer que alavanca o desempenho de uma empresa. *Aprender com os clientes. Ter valores fortes. Criar uma cultura na qual as pessoas se desenvolvam. Empoderar os colaboradores. Manter-se focado.* Pode ser difícil isolar exatamente quanto do desempenho de uma empresa se deve à cultura, à liderança ou ao foco no cliente, porque provavelmente esses aspectos estão correlacionados, e, de acordo com Peters e Waterman, *está certo* — as grandes empresas *se atentam a todos eles*. É isso que as torna excelentes! As melhores empresas não se concentram em um ou dois, *eles focam todos ao mesmo tempo!* O segredo do sucesso não é tão complexo assim, mas acompanha uma atenção minuciosa aos elementos básicos da boa administração. Peters e Waterman observaram: "Em nossa opinião, muitos gestores perderam de vista o básico: ação rápida, bom atendimento ao cliente, inovação prática, e o fato de que não se consegue nada disso sem o comprometimento de todos os envolvidos."[6] *Vencendo a Crise* nada mais foi do que a afirmação dos princípios básicos de uma boa administração.

E quão boa foi a pesquisa deles? Peters admitiu em 2001 que a análise quantitativa dos dados veio *depois* de alcançarem as suas descobertas. Ele explicou: "Por a McKinsey ser a empresa que é, achamos que teríamos que apresentar algumas medidas quantitativas de desempenho."[7] E como chegaram às suas conclusões? Eles verificaram e codificaram, reduzindo páginas e páginas de anotações de entrevistas àqueles oito princípios? Não, disse Peters: "Confesso, nós falsificamos os dados." Bem, não sei bem o que Peters quis dizer com falsificar os dados, porque eu suspeito que ele não precisava forjar nada. Se ele recorreu a entrevistas antigas com gestores, incrementou-as com artigos de publicações como *Business Week*, *Fortune*, *Forbes*, e *Industry Week*, então é provável que os dados tenham sido comprometidos pelo efeito halo desde o começo. Não é surpresa que empresas *Excelentes* eram consideradas boas em gerenciar pessoas e ouvir os clientes, ou como tendo valores sólidos ou uma boa cultura corporativa. Nós já vimos tudo isso antes. Se você começar a identificar um grupo de 43 empresas com alto desempenho, não é de surpreender que encontre esse tipo de resultado. Empresas de sucesso serão quase sempre descritas em termos de estratégia clara, boa organização, forte cultura corporativa e foco no cliente. Mas se esses fatores *determinam* o desempenho da empresa, ou se são apenas atribuições baseadas *no desempenho*, é uma outra questão. Peters e Waterman estavam buscando excelência, mas encontraram vários halos.

Claro que nenhum desses detalhes parecia importar. *Vencendo a Crise*, chegou nas livrarias em 1982, em uma época que as empresas americanas estavam cansadas do crescimento das empresas japonesas. Estávamos rodeados por carros com o nome de Toyota e Honda, câmeras da Nikon, Canon e Olympus, televisões Sony, Toshiba e Sharp. "Made in Japan" tinha se tornado sinônimo de qualidade. O professor de Harvard, Ezra Vogel, declarou que o Japão agora era a potência econômica número 1 — *ichiban*. As prateleiras das livrarias estavam repletas de títulos como *The Art of Japanese Management* [*A Arte da Gestão Japonesa*, em tradução livre]. E nesse pacote veio o livro de Peters e Waterman com o destaque: "*Existe* uma arte da administração norte-americana — e ela funciona!" Raramente uma mensagem tinha vindo em tão boa hora ou tinha sido tão bem recebida. Gestores americanos, vítimas da insegurança, adoraram o *Vencendo a Crise*. Era a história correta para aquela época. Fazia sentido. Era inspiradora. Era até mesmo patriótica. O livro vendeu muito, chegou ao topo das listas de best-sellers e ficou lá por meses a fio.

Frases como *atenha-se ao essencial, gerencie pela observação* e *una liberdade ao controle* se tornaram expressões de negócios. Quanto a Tom Peters e Bob Waterman, eles foram os primeiros em uma nova geração de gurus dos negócios, viajando por todos os lugares para dar centenas de palestras e conduzir inúmeros workshops para milhares de gestores.[8] Em 1982, com o livro deles um sucesso colossal, eles eram os reis do mundo.

Excelência mais Dois

Parte do apelo do livro *Vencendo a Crise* é que ele não era apenas descritivo — era *prescritivo*. A capa declarava: "Aprenda como as empresas americanas melhor administradas usam esses oito princípios básicos para permanecerem no alto da pilha!" A implicação? Vá e faça o mesmo, e o sucesso também pode ser seu. Esta é uma afirmação da ciência: *Se você fizer isso, veja o que acontecerá*. Mas nem todos viveram felizes para sempre. Em 1984, a *Business Week* publicou um acompanhamento da história sob o título de "Quem é Excelente Agora?" Segundo suas avaliações, pelo menos quatorze das empresas destacadas por Peters e Waterman apenas dois anos antes tinham "perdido o seu brilho". Muitas empresas tinham "sofrido quedas significativas nos lucros causados por sérios problemas nos negócios, problemas de gestão ou ambos".[9] Outras empresas estavam se apegando fortemente ao seu status de empresa *Excelentes*, porém haviam sido "abaladas por seus erros". Mas o que deu errado? A *Business Week* criticou algumas empresas por mudarem as suas fórmulas vencedoras: "Os transgressores se descontrolaram ao se distanciarem dos princípios que foram fundamentais para o seu sucesso anterior." *Eles não foram fiéis ao essencial!* Outras foram censuradas por sua *incapacidade* de mudança: "Das quatorze empresas que caíram, doze foram ineficientes para se adaptarem a mudanças fundamentais em seus mercados." E para terminar, a *Business Week* informou: "Muitas empresas excelentes que ficaram pelo caminho enfatizaram alguns atributos e ignoraram outros."[9] Para ajudar o leitor a entender como as poderosas caíram, uma tabela identificou quais dois oito "mandamentos da excelência" cada empresa supostamente violou.

Para descobrir quão bem as empresas *Excelentes* se saíram após 1980, voltei-me para o Compustat, um importante banco de dados de negócios administrado pela Standard & Poor's, e calculei o total do lucro dos acionistas (que é, variação percentual do preço das ações com todos os dividendos reinvestidos) das trinta e cinco empresas *Excelentes*, assim como do índice S&P 500, nos cinco anos após o fim do estudo, 1980 a 1984, e nos dez anos seguintes, 1980 a 1989. (Algumas das empresas eram de capital fechado, ou eram divisões de uma empresa maior, e não foram negociadas em bolsa em 1984 e 1989, restando dados para apenas 35.) Quão bem elas foram? Não muito bem. Entre 1980 e 1984, enquanto o S&P 500 quase dobrava, crescendo 99%, apenas doze das empresas *Excelentes* cresceram mais rapidamente do que o mercado em geral. As outras 23 não conseguiram acompanhá-las. Algumas empresas se saíram muito bem (como a Walmart, que cresceu incríveis 800% nesses cinco anos), mas muitos nomes conhecidos como Caterpillar, Digital Equipment, Dupont, Johnson & Johnson, e Walt Disney nem chegaram a se equiparar à média do mercado. Teria sido melhor investir em um índice de mercado do que colocar o seu dinheiro nessas empresas *Excelentes*. Se examinarmos dez anos, o desempenho será quase o mesmo: apenas 13 empresas superaram o desempenho do mercado, que foi acima de 403%, enquanto 18 não acompanharam o mercado. A maioria das empresas nem mesmo atingiu a *média*, o que dirá a *Excelência. Sic transit gloria mundi.* (Resultados completos são mostrados no apêndice, tabela 1A.)

Talvez haja uma explicação simples para esse forte declínio. Afinal, o desempenho do mercado de ações é moldado pelas expectativas dos investidores. Suponhamos que as ofertas pelas ações de uma empresa tenham atingido níveis muito altos, com índices preço/lucro de 40, 80 ou até mais, como vimos anteriormente com a Cisco, ou em 2006 com a Google. Se a empresa continua a ter um bom desempenho e entrega o lucro esperado, o preço das ações continuará estável, mas não continuará a crescer, por que aqueles lucros já estão refletidos no preço da ação. Não por culpa da empresa, suas ações podem ficar abaixo do desempenho do mercado durante os próximos anos. A Microsoft é um bom exemplo: enquanto a sua receita e lucros aumentavam em mais de 50% de 2001 até 2005, o preço de suas ações permaneceu essencialmente inalterado, tendo chegado a preços muito altos na década de 1990. Talvez seja o que está acontecendo aqui: os preços das ações das empresas *Excelentes* tiveram ofertas muito altas no final dos anos 1970, e uma queda no preço das ações nos anos seguintes deveu-se mais ao otimismo anterior dos investidores do que a qualquer declínio real no seu desempenho. Para remover o efeito das expectativas, usei uma medida de desempenho que identificou a lucratividade: o lucro operacional como uma porcentagem do ativo total. Novamente usando dados do Compustat, descobri que por cinco anos após o término do estudo, 30 das 35 empresas *Excelentes* mostraram um declínio em sua lucratividade, algumas com valores baixos e outras bem maiores. Apenas cinco melhoraram o seu desempenho. Esses resultados deixam claro que as empresas *Excelentes* de Peters e Waterman não declinaram somente porque não atenderam às expectativas do mercado. Essas empresas foram escolhidas precisamente por seu desempenho excepcional, na verdade tornando-se menos lucrativas nos anos após o estudo terminar. (Os resultados são mostrados no apêndice, tabela 1B.)

Como interpretar esse fraco desempenho? Em 1984, quando pediram que Peters comentasse o assunto, ele declarou: "Não existe uma razão real para imaginar que todas essas empresas se saíssem bem sempre." Naturalmente, nunca foi sugerido que essas empresas seriam bem-sucedidas "para todo o sempre". Alguma regressão é praticamente um fato natural, mas é de se imaginar que a *Excelência* duraria mais do que alguns anos! Na verdade, se afirmar que descobriu os elementos que levam ao sucesso, é melhor ter uma explicação para o fracasso também. É preciso ver os dois lados — Peters e Waterman não podem fingir que seus princípios explicam os bons tempos, mas ignoram os ruins.

Então, o que está realmente acontecendo aqui? A primeira explicação é que muitas das empresas *Excelentes* não eram realmente excelentes para começar. A *Business Week* sugeriu o mesmo em seu artigo de 1984: talvez Peters e Waterman não tenham escolhido as empresas certas. Mas essa explicação não funciona muito bem. Com a possível exceção da Atari, que só teve sucesso com um produto no começo dos anos 1980, as empresas *Excelentes* realmente eram um grupo de companhias sólidas e bem-sucedidas de acordo com qualquer padrão. Uma segunda explicação é que elas fracassaram porque mudaram os seus métodos vencedores. Talvez elas tenham parado de fazer precisamente o que as tornavam tão boas, perdido a motivação, ou ficado despreocupadas e complacentes. Ou, ainda, sofreram de excesso de confiança, um tema clássico tão antigo quanto os gregos. Essa explicação, em que o sucesso contém as sementes da sua própria queda, apela para a nossa noção de uma boa história, e é a explicação principal que a *Business Week* ofereceu. É claro que se atribuirmos um ótimo desempenho a uma visão clara, uma liderança brilhante e um forte foco, é natural deduzir que um desempenho ruim se deve a algum erro ou engano. Retrospectivamente, é sempre fácil dizer que o baixo desempenho ocorreu devido a um erro ou uma administração ineficiente. Como Huck e Jim tentando entender os céus, sempre podemos dizer que algumas estrelas se danificaram e foram jogadas do grupo. Sempre podemos dizer que elas fizeram algo errado passível de punição. Isso faz o mundo parecer justo. Obviamente, é possível que algumas empresas se encaixem nessa descrição, mas não é uma boa explicação geral, porque seria impressionante descobrir que tantas dessas empresas *Excelentes* perderam o ritmo tão rapidamente depois de terem ido tão bem — que dois terços sofreram uma queda no desempenho de mercado e 30 entre 35 tiveram redução nos lucros. É improvável que *tantas* empresas que foram selecionadas precisamente por causa dos seus valores sólidos, disciplina, cultura e foco, pudessem fracassar tão *rapidamente*. Complacência contagiosa? Uma epidemia de desarticulação? Provavelmente não. (Poderíamos até — uma ideia *apavorante* — sugerir que essas empresas ficaram satisfeitas *porque* foram listadas como *Excelentes*. Humm, daí talvez os culpados sejam Peters e Waterman.) Em vez disso, é mais provável que essas empresas *Excelentes* continuaram fazendo as mesmas coisas como antes, mas elas já não eram suficientes para garantir sucesso — porque, na verdade, o sucesso dependia de mais que esses oito princípios. Também é possível que esses oito princípios reflitam as atribuições feitas às empresas bem-sucedidas, e na verdade os motivadores do sucesso sejam outros. É difícil saber, já que Peters e Waterman selecionaram empresas precisamente por causa do seu sucesso e reuniram dados falando com seus gestores, coletando percepções e testemunhos que foram influenciados pelo efeito halo.

Delírio Quatro: *O Delírio de Ligar os Pontos Vencedores*

O método de pesquisa de Peters e Waterman continha um par de erros básicos. O primeiro, é claro, foram os dados provavelmente corrompidos pelo efeito halo. Pergunte para gestores por que suas empresas são bem-sucedidas, e certamente ouviremos qualidades que já vimos várias vezes. Leia a imprensa de negócios e a história se repete. Não há necessidade de falsificar as análises — porque os dados são suspeitos desde o início.

Mas combinar o efeito halo foi o segundo erro: Peters e Waterman estudaram uma amostra composta inteiramente de empresas excepcionais. O termo científico para isso é seleção de amostra com base em uma variável dependente — ou seja, com base em resultados. Esse é um erro clássico. Suponha que queiramos descobrir o que causa a hipertensão. Nunca descobriremos se apenas examinarmos pacientes que sofrem de pressão alta; teremos que comparar as suas amostras com as de pessoas que *não* têm pressão alta. O mesmo se aplica às empresas: ao analisarmos apenas companhias com bom desempenho, nunca conseguiremos mostrar o que as torna diferentes das que não têm um desempenho tão bom. Eu chamo isto de *Delírio de Ligar os Pontos Vencedores,* pois se compararmos somente empresas bem-sucedidas, poderemos conectar os pontos da maneira que for, mas nunca teremos um quadro preciso. É claro que sob condições ideais, gostaríamos de conduzir um experimento em que pudéssemos indicar tratamentos diferentes a vários objetos de estudo e então comparar resultados. Essa é a maneira ideal, mas não é fácil quando estamos tentando estudar o desempenho de empresas. Não se pode tomar cem empresas, pedir que metade gerencie de acordo com um conjunto de princípios e outra metade gerencie com um conjunto diferente, e então comparar resultados. É compreensível que Peters e Waterman tenham selecionado sua amostra depois do fato, mas se as únicas empresas que estudamos forem as bem-sucedidas, não temos como saber o que distingue uma empresa bem-sucedida de uma que não é. Só descobriremos os tipos de halos que as pessoas colocam em empresas de sucesso, o que não deixa de ser um modo interessante de descrever de que realmente trata *Vencendo a Crise.*

Mas com ou sem delírios, *Vencendo a Crise* foi um enorme êxito, o primeiro dos megassucessos de negócios moderno. Por que a atração? Porque como *história* funcionava maravilhosamente. Ele contava a história de empresas americanas de sucesso prevalecendo contra a forte concorrência. Fazia os gestores focarem alguns pontos fundamentais: *pessoas, clientes, ação.* Oferecia inspiração. E nada mais foi o mesmo. Vinte anos depois de sacudir o mundo dos negócios, Tom Peters continuou a defender o seu trabalho mais famoso:

O nosso processo foi fundamentalmente sólido? Definitivamente! Se você quiser encontrar pessoas inteligentes que estão fazendo coisas legais com as quais pode aprender os princípios mais úteis e avançados, então faça o que fizemos com o *Vencendo a Crise*: comece usando o bom senso, confiando nos seus instintos, e solicitando a opinião de pessoas "estranhas" (ou seja, não convencionais). Você sempre pode se preocupar em provar os fatos mais tarde.[10]

A Busca pelo Eldorado Corporativo

Jim Colins, um dos consultores da Mckinsey que trabalhou com Peters e Waterman, mais tarde ingressou no corpo docente da Escola de Negócios da Universidade Stanford e se uniu a um de seus professores, Jerry Porras, em um novo estudo sobre desempenho de empresas. Em vez de focar empresas atuais de sucesso — muitas das quais poderiam fracassar em breve — Jim Collins e Jerry voltaram a atenção a empresas que foram bem-sucedidas no longo prazo, que haviam resistido ao teste do tempo. Eles esperavam encontrar os *"princípios fundamentais* e padrões atemporais subjacentes que poderiam ser aplicados em diferentes épocas"[11] (grifo no original). O título do livro deles já dizia tudo: *Feitas Para Durar: Práticas Bem-sucedidas de Empresas Visionárias*.

Collins e Jerry começaram por identificar duzentas empresas importantes de uma grande variedade de setores, em seguida selecionaram a amostra de modo a incluir as mais estáveis e bem-sucedidas de todas, as "melhores entre as melhores". Eles encontraram apenas dezoito empresas dignas dessa distinção — empresas verdadeiramente duradouras, *visionárias* e excepcionais. Dentre as dezoito empresas *Visionárias* de Collins e Jerry estavam grandes nomes de empresas americanas: companhias de alta tecnologia como IBM, Hewlett-Packard, e Motorola, gigantes do serviço de finanças como Citicorp e American Express, empresas de cuidado com a saúde como Johnson & Johnson e Merck, mais a Boeing, General Electric, Procter & Gamble, Walmart, Disney etc. Formavam um grupo incrível. Enquanto um único dólar investido no mercado geral em 1926 teria subido para US$415 até 1990, um dólar investido nessas 18 empresas teria subido para US$6.356 — 15 vezes a média do mercado durante esses 64 anos!

Collins e Jerry sabiam que o *Vencendo a Crise* tinha cometido um erro crítico por simplesmente procurar semelhanças entre empresas bem-sucedidas — o livro apenas ligava os pontos vencedores. Como eles observaram, se você olhar para um grupo de empresas bem-sucedidas e tentar encontrar o que elas têm em comum, concluirá que todas ficam em prédios. Isso é verdade — mas dificilmente é algo que distingue empresas de sucesso de outras não tão bem-sucedidas, ou que possa levar ao sucesso. Então Collins e Jerry deram um passo à frente: para cada uma de suas empresas *Visionárias*, eles identificaram uma empresa de *Comparação* no mesmo setor, mais ou menos da mesma época e que tinha um *bom* desempenho e não um fracasso. A Boeing foi comparada com a McDonnell Douglas, o Citicorp com o Chase Manhattan, a General Electric com a Westinghouse, a Hewlett-Packard com a Texas Instruments, a Procter & Gamble com a Colgate-Palmolive, e assim por diante. Dessa maneira, Collins e Jerry poderiam isolar o que distinguia as empresas mais duradouras e bem-sucedidas das outras não tão notáveis. Um dólar investido nas 18 empresas de *Comparação* em 1926 teria subido para US$955 até 1990, o dobro do crescimento do mercado em geral, mas nem de longe tão bom quanto as empresas *Visionárias*. Agora eles tinham dois grupos claramente diferentes para comparar. Até aqui, tudo bem.

"Os Princípios Atemporais da Grandeza Duradoura"

O próximo passo foi estudar esses dezoito pares combinados. Collins e Jerry reconheceram[14] os desafios especiais da pesquisa de ciência social. Como explicaram: "Não podemos realizar experimentos controlados e repetíveis mantendo todas as variáveis constantes exceto uma, e avaliar diferentes resultados modificando essa variável. Adoraríamos fazer placas de Petri das empresas, mas não podemos; temos que pegar o que a história nos fornece e tirar o melhor proveito disso."[12] E então, apoiados por uma equipe de pesquisadores, Collins e Jerry realizaram um processo longo e árduo de coleta de dados e análises. Eles o descreveram com o título "Pilhas de Dados, Meses de Codificação, e 'Caça às Tartarugas'". Primeiro, eles planejaram uma estrutura "sistemática e abrangente" para a coleta de dados.[13] Eles leram mais de 100 livros, incluindo histórias das empresas e autobiografias. Eles consultaram mais de 3 mil documentos, variando de artigos a publicações de empresas e vídeos. Eles leram os estudos de caso de Harvard e Stanford. Eles realizaram "amplas pesquisas da literatura" de fontes incluindo *Forbes*, *Fortune*, *Business Week*, o *Wall Street Journal*, *Nation's Business*, o *New York Times* etc. Todo reunido, o material lotou três "arquivos que chegavam à altura dos ombros, quatro estantes e vinte megabytes de memória do computador". A impressão era clara: *Nós fomos muito, muito minuciosos.*

No final do processo de pesquisa, Collins e Jerry resumiram as suas descobertas em uma série de "princípios atemporais". Aqui estão eles, as chaves para a grandeza duradoura, os elementos que diferenciavam as dezoito empresas *Visionárias* das dezoito de *Comparação*:

- Adotar uma ideologia sólida essencial que oriente as decisões e comportamentos da empresa.
- Desenvolver uma forte cultura corporativa.
- Fixar metas audaciosas capazes de inspirar e desafiar as pessoas — denominadas objetivos grandes, desafiantes e ousados.
- Capacitar pessoas e promovê-las internamente.
- Criar um espírito de experimentação e tomada de riscos.
- Buscar a excelência.

Essa é uma boa lista com um forte apelo ao senso comum. De fato, não é muito diferente da lista proposta por Peters e Waterman, como os próprios Collins e Jerry reconheceram. Muitos dos mesmos temas principais estão presentes — *pessoal, valores, cultura, ação, foco*. A amostra de empresas e a metodologia de pesquisa podem ter sido diferentes, mas as descobertas foram em grande parte semelhantes.

Feitas Para Durar, foi publicado em 1994 e se tornou um sucesso imediato. A revista *Inc.* elogiou: "O *Vencendo a Crise* dos anos 1990 chegou. E é o livro *Feitas Para Durar.*"[15] Os gestores adoraram o livro, e por que não? Era uma leitura fácil e estava repleto de episódios memoráveis. E alegava revelar o segredo do sucesso duradouro. Em suas próprias palavras, *Feitas para Durar*, forneceu "um projeto magistral para construir empresas que prosperarão por um longo tempo no futuro"[16]. Collins e Jerry não se esquivaram de promessas ousadas: "Quase todo mundo pode ser um protagonista-chave na construção de uma instituição empresarial extraordinária. As lições dessas empresas podem ser aprendidas e aplicadas pela vasta maioria dos gestores em todos os níveis." Eles concluíram: "Você pode aprendê-las. Você pode aplicá-las. Você pode construir uma empresa visionária."[17] O *Chicago Tribune* concordou, declarando que *Feitas Para Durar* ofereceu "nada menos do que uma revolução em como compreendemos o que torna as empresas bem-sucedidas no longo prazo".[18] *Feitas Para Durar* foi escolhido o melhor livro de negócios de 1995 pela *Industry Week* e em 1996 havia permanecido mais de 18 meses na lista de best-sellers da *Business Week*.

No entanto, apesar de todas as promessas de pesquisa exaustiva, Collins e Jerry não abordaram um problema básico: o efeito halo. Muitos dos dados coletados vieram da imprensa de negócios, livros e documentos das empresas, todas fontes que provavelmente contêm halos. Eles também conduziram entrevistas com gestores, e pediram que eles revisitassem suas experiências e explicassem as razões para o sucesso, um método que tende a ser deturpado por halos. E se os seus dados contêm halos, realmente não importa quantas caixas você encha. Escolha qualquer grupo de empresas altamente bem-sucedidas e olhe para trás, contando com autorrelatos ou artigos na imprensa de negócios e talvez você descubra que elas são conhecidas por ter uma forte cultura, valores sólidos e um comprometimento com a excelência. Seria notável se *não* fossem descritas dessa forma. Escolha um grupo de empresas de comparação que sejam boas sem se destacar, e elas provavelmente serão descritas em termos menores. Mas a menos que os dados tenham sido coletados de uma maneira verdadeiramente *independente do desempenho* — ou seja, a menos que Collins e Jerry pudessem ter evitado o efeito halo — realmente não temos nenhuma explicação para o desempenho. Essas práticas levam ao alto desempenho? Ou empresas de alto desempenho tendem a ser descritas nesses termos? Esta última explicação é, ao menos, tão plausível quanto a primeira.

Feitas para Durar? Não tão Rápido!

Collins e Jerry recomendam que não "aceitemos cegamente e sem questionar" suas descobertas, mas pedem que sujeitemos suas análises a um escrutínio cuidadoso. "Deixem que os indícios falem por si mesmos"[19], insistem. Portanto, vamos checar os indícios. Podemos não ser capazes de colocar as empresas em placas de Petri e realizar experimentos, mas podemos verificar como elas se saem no decorrer do tempo. Se os princípios do *Feitas para Durar* são realmente explicações atemporais e duradouras do desempenho, então deveríamos esperar que essas mesmas empresas continuassem com o seu bom desempenho depois de encerrado o estudo. Inversamente, se elas não conseguem preservar o alto desempenho, bem, isso apoiaria a visão de que os denominados princípios atemporais se deveram sobretudo ao efeito halo — um brilho emitido *pelo* alto desempenho e não a *causa* do alto desempenho.

Então quão bem se saíram as 18 empresas *Visionárias* nos anos após o estudo encerrado em 31 de dezembro de 1990? Todas as 18 continuavam em plena atividade em 2000, de modo que, ao menos, elas foram feitas para durar por mais 10 anos. Mas quanto ao desempenho, o histórico não foi tão bom. Usando os dados do Compustat, examinei o retorno total para os acionistas de cada empresa nos cinco anos depois do fim do estudo, 1991–1995. E os resultados? Dentre 17 empresas, escolhidas especificamente por que seu desempenho superou o mercado por um fator de 15 por mais de 64 anos, apenas 8 superaram a média do mercado do S&P 500; as outras sequer as acompanharam. (Uma empresa, Marriott, era de capital fechado e não estava incluída no banco de dados da Compustat.) Se acompanharmos mais 5 anos, o quadro não melhora. Nos 10 anos de 1991 a 2000, somente 6 das 16 empresas *Visionárias* conseguiram acompanhar o S&P 500; as outras 10 sequer conseguiram igualar o mercado. Você se sairia melhor investindo aleatoriamente do que aplicando o seu dinheiro nas empresas *Visionárias* de Collins e Jerry. (Os resultados completos por empresa são mostrados no apêndice, tabela 2A.)[20]

De novo, é possível que esse declínio reflita principalmente a incapacidade de corresponder às expectativas exageradas do mercado, e não uma queda no desempenho operacional. Os preços das ações são um bom indicador do desempenho no longo prazo, mas podem ser um mau indicador em um período de tempo menor. Contudo, se olhamos a rentabilidade da empresa, novamente monitorando o lucro operacional como uma porcentagem dos ativos, as dezessete empresas *Visionárias* continuam não se saindo bem. Nos cinco anos após o fim do estudo, somente cinco empresas melhoraram a sua lucratividade, enquanto onze declinaram e uma se manteve inalterada. Quer analisemos o desempenho do mercado ou do lucro, o quadro é o mesmo: a maioria das empresas *Visionárias* de Collins e Jerry, escolhidas precisamente porque haviam se saído tão bem por tanto tempo, caiu na real. O "projeto magistral de prosperidade a longo prazo" acabou se revelando em grande parte um delírio. (Estes resultados estão no apêndice, tabela 2B.)

Essas são apenas as empresas do estudo original. A edição de 1997 do *Feitas para Durar*, escrita no auge do sucesso do livro, prometeu que o estudo logo seria replicado na Europa, onde Collins e Jerry já tinham identificado "dezoito empresas europeias visionárias: ABB, BMW, Carrefour, DaimlerBenz, Deutsche Bank, Ericsson, Fiat, Glaxo, ING, L'Oreal, Marks & Spencer, Nestlé, Nokia, Philips, Roche, Shell, Siemens, e Unilever". Boa lista, essa. Nós já lemos sobre a ABB, mas muitas outras empresas dessa lista também logo passaram por momentos difíceis. A DaimlerBenz não se deu bem depois que comprou a Chrysler, em 1998; a Ericsson estava à beira da falência, em 2000; e a Marks & Spencer deixou de ser a favorita dos compradores britânicos. Em seguida, temos alguns grandes problemas éticos: a Roche foi condenada por fixação de preço ilegal em 1999, e a Shell foi desmascarada por exagerar as reservas de petróleo em 2004. Claro, valores e cultura fortes.

Realmente, não deveríamos nos surpreender por essas empresas de destaque sofrerem queda no desempenho. Conforme as empresas crescem, elas encontram mais dificuldades para sustentar o mesmo nível de crescimento (veja os problemas atuais de algumas empresas americanas de grande sucesso, incluindo General Electric, Microsoft, e Walmart). O fato de que algumas empresas *Visionárias* recuaram por si só não invalida as descobertas gerais. Mas a grande quantidade de declínios, tão rápidos e profundos, sugere que há mais fatos acontecendo aqui do que Collins e Jerry nos fariam acreditar. Mas provavelmente, as ações que os próprios Collins e Jerry alegaram ser condutores de um desempenho duradouro — cultura forte, comprometimento com a excelência etc. — foram atribuições com base no desempenho. Já para as empresas de *Comparação*, o quadro é um pouco mais nebuloso, visto que algumas eram de capital fechado, outras foram subsequentemente adquiridas, e outras poucas encerraram as atividades. Das doze que pudemos acompanhar de 1991 até 1995, sete superaram o mercado em desempenho, enquanto cinco ficaram para trás; e depois de dez anos, a divisão foi de seis acima do mercado e três abaixo. Quanto ao lucro, oito das doze melhoraram, enquanto quatro declinaram. (Veja o apêndice, tabelas 3A e 3B.) De algum modo, essas estatísticas são mais acuradas do que as referentes às empresas *Visionárias*, ao contrário do que Collins e Jerry nos fariam acreditar, mas exatamente o que esperaríamos da regressão à média — as empresas com melhor desempenho tendem a regredir mais abruptamente. É mais provável que as diferenças que Collins e Jerry encontraram entre empresas *Visionárias* e de *Comparação* tenham sido de atribuições com base no desempenho já ocorrido, do que diferenças que levaram ao desempenho.

Delírio Cinco: *O Delírio da Pesquisa Rigorosa*

O livro *Feitas Para Durar* fez um bom esforço para evitar o *Delírio de Ligar os Pontos Vencedores* incluindo empresas de *Comparação*, mas não se livrou do problema básico que sempre encontramos: o efeito halo. Podemos nos sair bem em selecionar amostras de empresas com bom e mau desempenho, mas se os dados forem deturpados pelo efeito halo, nunca saberemos o que as faz ter êxito ou não. Em vez disso, simplesmente encontraremos uma descrição do alto e do baixo desempenho. Naturalmente, não vemos o quanto a pesquisa realmente é problemática, graças a outro delírio: o *Delírio da Pesquisa Rigorosa*.

No começo do livro, Collins e Jerry passaram dez páginas descrevendo o seu método de pesquisa, contando como coletaram os dados metodicamente, quantas caixas encheram, e o quanto trabalharam incansavelmente para codificar os dados. Depois, Collins e Jerry dedicaram mais de cinquenta páginas a três apêndices separados, nos quais demonstram as suas descobertas em várias tabelas e sumários. No decorrer do livro, eles fazem referências repetidas à grande quantidade de dados reunidos — centenas de livros e milhares de artigos, um banco de dados tão extenso que preencheu estantes de livros inteiras e precisou de uma vasta memória no computador. O resultado de tudo isso foi apresentar o *Feitas Para Durar* como uma *Pesquisa Muito Séria*, projetada cuidadosamente e conduzida meticulosamente. A mensagem era clara: *Fomos minuciosos. Fomos exaustivos. Falamos com autoridades.* Tudo isso serve para intimidar o leitor, pois, se você não fez uma quantidade igual de trabalho, não se atreverá a questionar as descobertas. Não é de surpreender que o *Chicago Tribune* elogiou o livro como sendo uma revolução na compreensão —

o estudo se apresentava com todos os ornamentos de uma ciência cuidadosa. A maioria dos leitores, incluindo resenhistas do *The Wall Street Journal* e da *Harvard Business Review*, assim como o público em geral, foi pega pelo *Delírio da Pesquisa Rigorosa*. Mas claro, a *quantidade* de dados é inteiramente irrelevante se eles não forem de boa *qualidade*. Se as suas fontes de dados estão corrompidas pelo efeito halo, não importa quantos você coletou. Você pode empilhar halos até o céu, mas, mesmo assim, só terá halo*s*.

Delírio Seis: *O Delírio do Sucesso Duradouro*

Existe outro delírio em ação no *Feitas Para Durar*, e ele questiona a própria premissa do estudo — a de achar o segredo da grandeza duradoura. Quando dois terços das empresas *Excelentes* de Peters e Waterman perderam o brilho em poucos anos, poderíamos ficar tentados a explicar esse fato como um simples contratempo, um mero acaso. Elas eram, afinal, a elite das empresas norte-americanas — não era possível que tantas empresas dessem errado tão rápido. Porém, quando mais de metade das empresas *Visionárias* de Collins e Jerry não conseguiram igualar o índice S&P 500 nos cinco anos seguintes, após todas terem superado o mercado por um fator de 15 por mais de 60 anos, deveríamos ter desconfiado. Dois estudos em seguida? Só poderia ser coincidência. Mas na verdade é a norma. O sucesso empresarial duradouro, ao que vemos, é em grande parte um delírio.

É difícil ver o quanto o sucesso duradouro realmente é incomum quando escolhemos um punhado de empresas precisamente porque tiveram um bom desempenho por muitos anos, e depois retrocedemos no tempo para explicar o que aconteceu. Mas suponha que mudemos a abordagem e examinemos o desempenho de uma grande amostra de empresas ao longo do tempo. Um estudo do diretor Richard Foster e da consultora Sarah Kaplan da Mckinsey, fez exatamente isso. Foster e Kaplan lançaram a sua rede no rio em uns poucos pontos no tempo e observaram os peixes que pescaram. Os resultados foram impressionantes. Adivinhe quantas empresas no S&P 500 em 1957 continuavam no S&P 500 em 1997, 40 anos depois? Somente 74. As outras 426 tinham *sumido* — postas de lado por outras empresas, adquiridas ou falido. E das 74 sobreviventes, adivinhe quantas superaram o S&P 500 naquele período de tempo? Apenas 12. As outras 62 sobreviveram, sim, mas não prosperaram. Foster e Kaplan escreveram: "Nas últimas décadas celebramos os grandes sobreviventes corporativos, elogiando sua 'excelência', sua longevidade, sua capacidade de durar."[21] Mas as empresas que mais duram geralmente *não são* as de melhor desempenho. A grandeza duradoura não é algo muito provável, e quando a achamos, também não costuma estar associada ao alto desempenho.

Como pode isso acontecer, especialmente depois que Collins e Jerry nos contaram que suas dezoito empresas *Visionárias* haviam mostrado desempenho muito superior ao índice S&P 500? Bem, se buscarmos empresas que tiveram um bom desempenho por várias décadas, encontraremos algumas — e se coletarmos dados retrospectivamente, poderemos entrelaçar halos suficientes para contar uma história maravilhosa sobre por que elas se saíram tão bem. Mas esse é um exercício em seleção após o fato — o *Delírio de Ligar os Pontos Vencedores* combinado com o efeito halo. É como Huck e Jim olhando para o céu e escolhendo aquelas poucas estrelas que formam exatamente a figura que eles querem ver. Mas não é assim que se entende o mundo dos negócios. O que falta é a mudança e o dinamismo do desempenho, o fluxo e o refluxo. Podemos dizer para nós mesmos que o nosso pequeno grupo de empresas, selecionadas por um processo rigoroso e objetivo, são de uma espécie diferente, de algum modo melhores do que outras (e quanto mais rigoroso parece ser o processo de seleção, mais podemos nos persuadir de que, de algum modo, elas são realmente melhores que as demais). Porém isso é um delírio. Estamos nos enganando. Se começarmos com o conjunto de dados *completo* e analisarmos objetivamente muitos anos de desempenho da empresa, descobriremos que o padrão dominante não é o de um desempenho duradouro, e sim, de ascensão e queda, de crescimento e declínio. Foster e Kaplan concluem: "Os estudos de longo prazo da McKinsey sobre nascimento, sobrevivência e morte das empresas nos EUA mostram que o equivalente corporativo do Eldorado, a empresa de ouro que constantemente supera o desempenho nos mercados, *nunca existiu*. É um mito. Administrar para sobreviver, mesmo entre as melhores e mais respeitadas empresas, não garante um forte desempenho de longo prazo para os acionistas. Na verdade, ocorre o inverso. No longo prazo, os mercados sempre vencem."[22] (Grifo do original.)

Procurar essas poucas empresas de ouro bem-sucedidas década após década pode ser um delírio, mas do tipo que os gestores estão ávidos por entender. Afinal, mostrar como as empresas costumam subir e cair ao longo do tempo não cria uma história muito envolvente. Preferimos ler sobre empresas *Excelentes* e *Visionárias*; queremos saber os segredos do seu sucesso para tentar imitá-las. Ansiamos por descobrir como evitar o destino aparentemente inevitável do declínio e morte. É uma história bem mais atraente do que aquela sugerida pelos fatos: que o sucesso, em grande parte, é transitório e que a maioria das empresas que se saiu bem no passado não superará a média no futuro.

Será que isso significa que o desempenho das empresas depende apenas da sorte? Seria o equivalente a alguém que joga uma moeda e obtém cara dez vezes seguidas, mas cuja chance de obter cara pela décima primeira vez não é maior do que de outras pessoas? De jeito nenhum. O sucesso não é aleatório — mas é passageiro. Por quê? Porque como descrito pelo grande economista austríaco Joseph Schumpeter, a força básica em ação no capitalismo é a da competição pela inovação — seja de novos produtos, ou novos serviços, ou novas formas de fazer negócios. Enquanto a maioria dos economistas de sua época acreditava que as empresas concorriam oferecendo preços mais baixos por produtos e serviços semelhantes, o livro de Schumpeter de 1942, *Capitalismo, Socialismo e Democracia*, descreveu as forças da concorrência em termos de inovação. Ele escreveu:

> O impulso fundamental que põe e mantém o motor capitalista em movimento vem dos novos consumidores e produtos, dos novos métodos de produção ou transporte, dos novos mercados, das novas formas de organização industrial criada pela empresa capitalista.
>
> Cada caso de estratégia de negócios adquire sua verdadeira importância apenas no contexto daquele processo e dentro da situação criada por ele. Ele precisa ser visto em seu papel no turbilhão perene da destruição criativa; ele não pode ser entendido independentemente dele ou, de fato, sob a hipótese de que existe uma calmaria perene...[23]

À medida que algumas empresas inovam e descobrem novas formas de operar, outras empresas fracassam — mas seu desaparecimento desempenha um papel em um padrão maior de melhoria e progresso. O padrão dominante não é estabilidade ou resistência, mas a "calmaria perene da destruição criativa" mencionada por Schumpeter. É inteiramente normal e previsível que as empresas recuem após um desempenho excepcional.

Diversos pesquisadores estudaram o ritmo em que o desempenho de uma empresa muda com o tempo. Pankaj Ghemawat[24], da Escola de Negócios de Harvard, examinou o retorno do investimento (ROI) de uma amostra de 692 empresas norte-americanas por um período de 10 anos, de 1971 a 1980. Ele separou um grupo com bom desempenho com um ROI médio de 39%, e um grupo de baixo desempenho, com um ROI médio de apenas 3%. Depois ele rastreou os dois grupos ao longo do tempo. O que aconteceria com seus ROIs: a diferença persistiria, aumentaria ou diminuiria? Após 9 anos, ambos os grupos convergiram para o centro — as empresas de melhor desempenho caindo de 39 para 21% e as de menor desempenho aumentando de 3 para 18%. A diferença original de 36% havia encolhido para apenas 3%, uma redução de nove décimos. Ora, como observou Ghemawat, uma diferença persistente de 3% não é zero — não é algo para se ignorar. Mas o ponto principal é que o alto desempenho é difícil de manter, e a razão é simples: em um sistema de livre mercado os altos lucros tendem a declinar graças ao que um economista denominou "as forças erosivas da imitação, competição e expropriação".[25] Rivais copiam os métodos vencedores dos líderes, novas empresas entram no mercado, consultorias disseminam melhores práticas, e colaboradores mudam de uma empresa para outra. Outro estudo, de Anita McGahan,[26] da Universidade de Boston, examinou milhares de empresas norte-americanas de 1981 a 1997 e encontrou um padrão semelhante. As empresas foram classificadas em três categorias com base no desempenho do lucro durante os três primeiros anos (medido como o lucro operacional em relação ao ativo total): alta (as 25% superiores), média (as 50% do meio) e baixa (as 25% inferiores). Depois, elas foram rastreadas nos 14 anos seguintes. Qual foi a movimentação entre os grupos? Das empresas de alto desempenho, 78% continuavam no grupo superior no final do estudo, enquanto 18%, caíram para o grupo médio e 5% caíram para o grupo inferior. Das empresas de desempenho médio, 81% mantiveram a posição no final, enquanto 10% subiram para o grupo superior e 8% caíram para o inferior. Quanto às empresas de baixo desempenho, 78% continuavam no grupo inferior ao final, mas 20% subiram ao grupo médio e 2% subiram até o superior. Essas descobertas mostram que o desempenho não é aleatório, mas persiste ao longo do tempo e que existe uma tendência de movimento para o meio, uma clara regressão à média.[27]

Esses estudos, e outros semelhantes, apontam para a natureza básica da concorrência em uma economia de mercado.[28] É difícil sustentar uma vantagem competitiva. Naturalmente, se você quiser, pode examinar setenta anos de história dos negócios e escolher um punhado de empresas que perseveraram, mas essa é uma seleção baseada em resultados. No geral, se analisarmos a população completa de empresas ao longo do tempo, veremos uma forte tendência para o desempenho extremo em um período de tempo ser seguido por outro menos intenso no próximo. Recordando uma frase conhecida, *Nada retrocede como o sucesso*. Sugerir que as empresas têm condições de seguir um modelo de sucesso duradouro pode ser atraente, mas não é respaldado por evidências.

CAPÍTULO SETE
Delírios em Pilhas Altas e Profundas

Acho que nós, do mundo corporativo, somos fascinados pela ciência porque procuramos minimizar a sensação de que o mundo não é regido pelas leis da natureza, mas por bárbaros loucos e impetuosos movidos por ganância, necessidade e desejo exacerbado por poder e ganhos. Em tal universo, a dança imponente da ciência física é tranquilizadora.

Stanley Bing
"Quantum Business", *Fortune*, 2004[1]

Inovação, observou Joseph Schumpeter, é a força básica que conduz a concorrência do mercado em quase todos os setores — e isso também vale para o ramo dos livros de negócios. O imenso sucesso de *Vencendo a Crise* e de *Feitas para Durar* estava destinado a gerar novos concorrentes ávidos para explorar o mercado de gestores que buscavam o alto desempenho. Esses novos protagonistas, de acordo com Schumpeter, tentariam ir além do padrão estabelecido pelos dois primeiros supersucessos, para oferecer algo diferente e melhor e ser ainda mais minuciosos e confiáveis. E foi o que aconteceu. Mas, apesar de todas as alegações de rigor e precisão científica, esses estudos não se aproximaram mais de explicar o que realmente impulsiona o desempenho de uma empresa — no mínimo, repetem alguns dos delírios que vimos até agora e ainda oferecem outros de sua criação.

O Projeto Evergreen foi coordenado por Bruce Roberson, sócio da McKinsey & Co, com William Joyce, da Tuck School of Business, da Universidade de Dartmouth, e com Nitin Nohria, da Escola de Negócios de Harvard, e repetiu a mais básica questão corporativa: "Negócios são cheios de mistérios, mas nenhum é maior que este: O que de fato funciona?"[2] Empresas crescem e caem, novidades vêm e vão, mas "a grande pergunta continua sem resposta, e nem sequer foi bem-feita: O que de fato funciona?" Bem, os autores garantiram que a ajuda estava a caminho: "Está na hora de publicar o primeiro livro que identifica as bases das empresas de sucesso — as realmente relevantes." Esse livro, declararam, era "o estudo mais sistemático e abrangente do mundo das práticas que criam empresas vencedoras. Em vez de observações casuais sobre intuições pessoais, era baseado em um projeto de pesquisa realizado com rigor científico e mensuração de fatos". Palavras fortes! E os autores foram além. *Vencendo a Crise* era inadequado porque selecionou amostras com base em resultados, examinando apenas empresas excelentes sem compará-las com as menos eficientes. *Feitas para Durar* também era imperfeito, porque examinou um longo período de uma vez, mas não mostrou como ações tomadas em um dado momento geraram certos resultados. Não aplicou nenhuma dimensão longitudinal, tampouco mostrou causalidade temporal. Esse estudo seria melhor. O Projeto Evergreen escolheu um período de 10 anos, de 1986 até 1996, e o dividiu em dois blocos de 5 anos, o que resultou em 4 categorias: as empresas que tiveram um bom desempenho nos 2 blocos de 5 anos foram chamadas de *vencedoras*; *escaladoras*, as que tiveram um desempenho médio nos primeiros 5 anos e depois mostraram uma melhora impressionante no segundo bloco; as *vacilantes* foram bem no primeiro bloco, mas decaíram no segundo; e as *perdedoras* foram mal nos dois blocos, acumulando 10 anos consecutivos de mau desempenho. A ideia era mostrar como as ações do primeiro período levaram a resultados melhores ou piores no segundo, e o impacto das decisões administrativas. Era uma boa ideia, mas só daria certo se os dados não fossem moldados pelo desempenho — o que se tentava explicar.

O Projeto Evergreen se descrevia como o estudo mais amplo e sistemático de todos os tempos de desempenho de empresas. Na primeira página, diz ter sido "um esforço extraordinariamente colaborativo" de acadêmicos e consultores, e listou o nome de quatorze professores de escolas de negócios proeminentes que tinham oferecido seu conhecimento para o projeto. A sugestão foi clara: *Aquela era uma pesquisa séria, minuciosa e rigorosa.* Além disso, afirmou-se que a metodologia era "apropriada, honesta, e eficaz — em suma, tão confiável quanto mentes capazes poderiam criar". Mas infelizmente, esse estudo não era melhor que os seus predecessores. Para começar, a equipe do Evergreen fez entrevistas com gestores, pedindo que recordassem esse período de dez anos e contassem suas experiências. Esse tipo de entrevista retrospectiva costuma estar cheia de halos, pois as pessoas se baseiam no desempenho e conferem atributos correspondentes às firmas. O Projeto Evergreen também reuniu grandes quantidades de documentos sobre as empresas — "artigos de revistas e jornais, estudos de caso de escolas de negócios, arquivos do governo, e relatórios de analistas". Para cada uma das 160 empresas, foi recolhida uma pilha de papéis de 7cm, somando 60 mil documentos que encheram 50 caixas de papelão. De fato, uma quantidade prodigiosa de dados, mas vindos das mesmas fontes que já vimos diversas vezes, fontes frequentemente deturpadas pelo efeito halo. Em seguida, quinze alunos de pós-graduação da Universidade Brigham Young passaram meses codificando e classificando os dados. Uma pena, porque independentemente de quantas pessoas e quanto tempo foram necessários para codificar esse tipo de dados — no final restará apenas uma grande pilha de halos. Os autores alegaram que o resultado foi "a maior análise desse tipo de conteúdo já feita". Pode ter sido a maior, mas dificilmente foi a melhor.

Depois de analisar os dados, a equipe do Evergreen identificou oito práticas fortemente correlacionadas com o retorno total ao acionista, sua medida de desempenho de uma empresa. As empresas com melhor desempenho — as *vencedoras* — tiveram uma alta pontuação em quatro práticas: *estratégia*, *execução*, *cultura* e *estrutura*, e também em duas destas quatro práticas adicionais: *talento*, *liderança*, *inovação*, *fusões* e *parcerias*. Juntas, elas produziram "a Fórmula 4+2". Segundo os autores, pode-se misturá-las e combiná-las: as quatro primeiras e duas das outras quatro *realmente funcionarão*. Joyce, Nohria e Roberson escreveram que "a ligação entre as práticas 4+2 e empresas bem-sucedidas era surpreendente". Eles estavam certos — os números são impressionantes. Vamos dar uma olhada:

Tabela 7. 1 O Projeto Evergreen: *Vencedoras* e *Perdedoras*
nas Quatro Práticas Principais

		Altamente Positivas	Altamente Negativas
Estratégia: Criar e manter uma estratégia clara e focada	*Vencedoras*	82%	7%
	Perdedoras	9%	77%
Execução: Desenvolver e manter uma execução operacional impecável	*Vencedoras*	81%	4%
	Perdedoras	14%	56%
Cultura: Desenvolver e manter uma cultura orientada para o desempenho	*Vencedoras*	78%	3%
	Perdedoras	17%	47%
Estrutura: Desenvolver e manter a empresa rápida, flexível e horizontal	*Vencedoras*	78%	3%
	Perdedoras	14%	50%

Fonte: *What Really Works*, p. 19.

Para a primeira prática, *estratégia*, 82% das *vencedoras* foram "altamente positivas", e apenas 7%, "altamente negativas". Em contrapartida, apenas 9% das *perdedoras* foram "altamente positivas", e 77%, "altamente negativas". (*Escaladoras* e *vacilantes* não constam na tabela.) Quanto à *execução*, 81% das *vencedoras* foram "altamente positivas", e apenas 4% "altamente negativas"; entre as *perdedoras*, 14% foram "altamente positivas", e 56%, "altamente negativas". As descobertas referentes à *cultura* e à *estrutura* foram igualmente impressionantes. E se uma empresa fosse "altamente positiva" nas quatro práticas? A equipe da Evergreen concluiu: "Uma empresa que segue a fórmula tem mais de 90% de chance de ser *vencedora*."

Considerando as dúvidas que temos sobre a validade dos dados, a interpretação dessas descobertas é questionável. Observe, por exemplo, a avaliação da cultura corporativa. O Projeto Evergreen queria avaliar se as empresas tinham "um ambiente de trabalho desafiador, satisfatório e divertido" e "que inspirasse todos a darem seu melhor", e descobriu que *vencedoras* obtiveram alta pontuação nos dois itens. Bem, não é surpresa que empresas com alto desempenho sejam vistas como tendo um ambiente de trabalho desafiador e que inspiram as pessoas a darem seu melhor. No auge, é possível dizer o mesmo sobre a Cisco, sobre a ABB e sobre a IBM. Ou vejamos as capacidades de execução. O Projeto Evergreen queria avaliar se as empresas "sempre entregavam produtos e serviços que atendiam às expectativas dos clientes" e se "constantemente se esforçavam para melhorar a produtividade e eliminar todas as formas de excesso e desperdício". Novamente, não é surpresa que empresas bem-sucedidas fossem conhecidas por ter produtos de alta qualidade, melhorar a produtividade e eliminar o desperdício — pelo menos, enquanto eram bem-sucedidas! Mas considerando o método de coleta desses dados, não ficou claro que a "Fórmula 4+2" tenha conduzido ao bom desempenho. Na verdade, é mais provável que a interpretação tivesse sido bem diferente. Empresas de alto desempenho são *conhecidas por ter* estratégia clara e focada. Elas eram *vistas como tendo* uma cultura orientada para o desempenho e uma *boa execução*. Dizia-se *que tinham* uma organização rápida e horizontal. Tomadas em conjunto, as *Vencedoras* tinham mais de 90% de chance de serem descritas como altamente positivas nesses quatro critérios, mas nada disso significa: *Aja dessa forma e você terá sucesso.*

Os resultados na Tabela 7.1 sugerem ainda outra dúvida. Vamos ver os números. Enquanto se dizia que 7% das *Vencedoras* não seguiram uma "estratégia clara e focada", apenas 3% das *Vencedoras* tinham uma "cultura orientada para o desempenho" e apenas 3% adotavam uma "empresa flexível e horizontal". O que explica a diferença entre 7% e 3%? Em minha opinião, ela tem a ver com a natureza amorfa da "cultura corporativa" e da "organização". A nossa definição de empresas com uma "estratégia claramente enunciada e focada" é formada, em grande parte, por seu desempenho, mas a nossa percepção sobre organização e cultura das empresas é *quase totalmente* criada pelo que sabemos sobre o seu desempenho. Em nossas conversas do dia a dia, é impossível avaliar se uma empresa tem uma "cultura baseada no desempenho" ou uma "empresa flexível e horizontal" sem saber algo sobre o seu desempenho. O modo como descrevemos e transformamos as empresas em mitos e, às vezes, falamos com entusiasmo sobre a sua cultura e organização é quase sempre resultado de seu desempenho.

Delírio Sete: *O Delírio do Desempenho Absoluto*

Além das tabelas de dados, *What Really Works* pintou um retrato vívido de duas empresas, uma *vencedora* e outra, *perdedora*. A *vencedora*, a Dollar General, parecia-se com muitas empresas de sucesso sobre as quais lemos: seguia uma estratégia clara e focada, nutria uma profunda preocupação com os clientes, tinha uma sólida cultura corporativa, além de uma organização eficiente e uma liderança extraordinária. A *perdedora*, a Kmart, parecia fazer tudo errado: as estratégias sempre mudavam, a cultura era repreensível, a execução, fraca, e a organização, uma desordem. A Kmart era um alvo fácil de críticas — imagine errar nesses quatro elementos ao mesmo tempo! Pense na impressionante incompetência que havia na empresa!

O que está errado nesse pensamento? Bem, duas coisas. A primeira é o *Delírio das Explicações Únicas*, sobre o qual falamos no Capítulo 5. Esses quatro elementos não são independentes, eles se conectam. Lembre-se da ABB em 2000. Uma explicação para sua queda vertiginosa foi a mudança questionável na estratégia que prejudicou o desempenho, provocou a troca do mais alto executivo, que imediatamente reorganizou a empresa, prejudicando o moral e piorando ainda mais o desempenho. A situação enfrentada pela Kmart foi semelhante. Em certo momento, sua capacidade de execução começou a falhar, talvez devido à gestão inadequada do estoque ou a problemas de eficiência na cadeia de suprimentos. À medida que o desempenho era abalado, o ânimo afundava, o moral dos colaboradores se abatia e a cultura da empresa se deteriorava. Tentando sair da crise, os executivos da Kmart reagiram com a mudança na estratégia, o que exigiu outro projeto de organização. Nesse cenário, aqueles quatro elementos não são independentes — um leva ao outro. Há muitos outros que podemos imaginar: por exemplo, uma reorganização imprudente poderia ter levado a uma execução ineficiente, o que levaria a um desempenho ainda pior e a um declínio no moral, obrigando os gestores a buscarem uma nova estratégia, provocando um círculo vicioso. O erro, novamente, é imaginar que esses vários elementos estão separados, e não intimamente ligados.

Em segundo lugar, e mais importante, o exemplo da Kmart mostra um delírio implícito em muitos estudos que vimos até agora, muito básico, mas ignorado com frequência — de fato, um artigo de 2005 da *Harvard Business Review* que comparava vários estudos de desempenhos de empresas, não entendeu o ponto principal.[3] Eu o chamo de *Delírio do Desempenho Absoluto*. Muitas vezes, as empresas são descritas como bem ou malsucedidas pelos méritos de suas ações isoladas, como se o desempenho fosse algo absoluto. Mas em uma economia de mercado competitivo, o desempenho de uma empresa é sempre afetado pelo desempenho de outras. Parte do problema é que quase sempre pensamos em termos de imagens de uma pesquisa científica de laboratório. Coloque uma proveta sobre o fogo e você descobrirá que a água ferve a 100º Celsius, um pouco menos em altitudes maiores. Coloque cem provetas sobre o fogo e obterá o mesmo resultado. Uma proveta não é afetada pela outra. Mas isso não acontece nos negócios.

Para mostrar como o desempenho das empresas é intrinsecamente relativo, mostrarei alguns dados sobre um grande varejista com sede nos EUA, uma empresa conhecida com centenas de lojas em todo o país. Eu incluí apenas elementos que parecem objetivamente verificáveis e não moldados pelo efeito halo. Para disfarçar sua identidade, eu lhe dei um nome fictício: "Qual-Mart". De acordo com informações de um analista independente do setor, Alex. Brown & Sons, no início dos anos de 1990, o "Qual-Mart" tomou as seguintes medidas:[4]

- Instalou terminais de pontos de vendas em suas lojas que forneciam melhores informações de vendas por item e melhoraram o processo de planejamento de estoque.

- Expandiu as compras centralizadas para 75% das suas mercadorias, ajudando a reduzir os custos de compras.

- Modernizou a gestão dos estoques e desse modo melhorou a sua "posição em estoque". Como resultado, os estoques sazonais foram melhor administrados, impulsionando as vendas de Natal e Halloween em 60%.

- Realizou contagens físicas de estoque com mais frequência, não apenas uma vez no final do ano, resultando em maior eficiência e precisão.

- Reduziu os níveis de despesas como porcentagem de vendas.

- Aumentou a variedade de mercadorias de modo a atender às tendências da demanda atual, ajudando a aumentar o número de vendas.

- Disponibilizou um 0800 para atendimento ao cliente, o que provocou um grande aumento na satisfação do cliente.

- Implementou uma sofisticada tecnologia cliente/servidor que melhorou a gestão de mercadorias e economizou US$240 milhões.

Graças a essas medidas, o "Qual-Mart" viu uma melhoria no giro do estoque — ou seja, quantas vezes no ano ela vendeu o seu estoque, um indicador fundamental para um varejo eficiente — de 3,45 em 1994 a 4,56 em 2002. Esse foi um salto de 32%, o que é muito bom.

Tabela 7.2 de Giro de Estoque do "Qual-Mart" 1994–2002

	1994	1995	1996	1997	1998	1999	2000	2001	2002
"Qual-Mart"	3,45	3,75	3,66	3,85	3,98	4,01	4,22	4,75	4,56

Fonte: *Thomson One Banker*.

Você diria que o "Qual-Mart" melhorou seu desempenho? Claro que sim — uma melhoria em vários aspectos importantes, medidos objetivamente. Então você ficaria surpreso em saber que a empresa de que falamos é a Kmart. Pois é, a Kmart, a *Perdedora* com o *P* maiúsculo do Projeto Evergreen, um exemplo típico de má gestão, que supostamente fazia tudo errado. Como é possível que uma empresa melhore em tantos aspectos e, ainda assim, acabe no vermelho? Porque seus rivais melhoraram em ritmo ainda mais rápido. Durante os mesmos 8 anos, o giro de estoque do Walmart saiu dos 5,14 para 8,08, uma alta de 63%. O Walmart teve giros mais rápidos no *início* do período de oito anos do que a Kmart no *final*. A Kmart era melhor em termos absolutos e mesmo assim ficou para trás na mesma época — e a diferença entre os dois varejistas aumentou cada vez mais.

Tabela 7.3 Giro de Estoque da Kmart e do Walmart, 1994–2002

	1994	1995	1996	1997	1998	1999	2000	2001	2002
Kmart	3,45	3,75	3,66	3,85	3,98	4,01	4,22	4,75	4,56
Walmart	5,14	4,88	5,16	5,67	6,37	6,91	7,29	7,79	8,08

Fonte: *Thomson One Banker*.

A Alex. Brown & Sons observou que a Kmart melhorou em outras medidas de desempenho, "áreas essenciais: redução das despesas, posição de estoque e apresentação", mas seus principais concorrentes apresentaram melhoria muito maior. E prosseguiu: "Segundo nossas estimativas, tanto o Walmart quanto a Target continuam com vantagens significativas na taxa de despesas — permitindo que sejam mais assertivos nos preços e divulguem retornos maiores do que a Kmart."[5] E isso não foi tudo. No começo da década de 1990, enquanto a Kmart aumentava a compra centralizada de estoques para 75%, a Walmart alcançava 80%. A Kmart instalou pontos de vendas em suas lojas em 1990, porém o Walmart o fizera 2 anos antes.[6] Não é surpresa que a Kmart tenha enfrentado dificuldades. Seus concorrentes reduziam custos e melhoravam a logística em um ritmo maior. Em 2002 — quando seu giro de estoque alcançava a maior alta de todos os tempos! —, a Kmart rendeu-se e pediu proteção contra a falência. Somos inclinados a deduzir que um pedido de falência se deve à má execução da empresa, mas as evidências não corroboram se falarmos de execução em termos absolutos.

A diferença entre desempenho absoluto e relativo é vista em outras empresas. Vejamos a General Motors, com queda nas vendas e no preço das ações[7]. Em 2005, os débitos da GM foram reduzidos a *junk bond* [título de alto rendimento, mas baixa segurança], dificilmente um voto de confiança da parte dos mercados financeiros. No entanto, os carros produzidos na década de 1980 pela GM eram muito melhores em vários aspectos: qualidade, acessórios, conforto e segurança. Devido a inúmeros fatores, sua fatia no mercado norte-americano continua diminuindo, de 35% em 1990 a 29% em 1999 e 25% em 2005, enquanto a das montadoras japonesas e a das coreanas a aumentam. O declínio do desempenho da GM é relativo. Na verdade, a forte concorrência das montadoras de automóveis da Ásia foi exatamente o que estimulou a GM a melhorar. Ela é uma montadora de automóveis melhor do que era uma geração atrás? Com certeza, por indicadores absolutos. Mas tente convencer seus colaboradores e acionistas disso.

O *Delírio do Desempenho Absoluto* é crucial porque sugere que empresas podem alcançar um alto desempenho seguindo uma fórmula simples, independentemente das ações das concorrentes. Sem um controle, os gestores podem prestar atenção em questões enganosas. O Projeto Evergreen não ficou sozinho nesse erro básico — o mesmo delírio estava implícito no *Feitas para Durar*, em que Collins e Jerry alegaram que seguir alguns passos era um "plano para um sucesso duradouro" sem mencionar os concorrentes ou uma avaliação da dinâmica da concorrência. No entanto, quando aceitamos que o desempenho é relativo, fica óbvio que as empresas nunca terão sucesso só seguindo certos passos, não importa quão bem-intencionadas. Seu sucesso sempre será afetado pelas ações da concorrência. Quanto maior for o número de concorrentes e a facilidade para que novas empresas entrem no mercado, e quanto mais rápido a tecnologia mudar, mais difícil será sustentar o sucesso. Essa é uma verdade desconfortável, porque admite que alguns elementos do desempenho estão fora do nosso controle. É muito mais tentador subestimar a natureza relativa do desempenho ou ignorá-lo completamente. Dizer a uma empresa que ela pode alcançar um alto desempenho independentemente do que a concorrência faz torna a história mais atraente.

O Projeto Evergreen teve uma boa ideia ao dividir o período de dez anos em dois blocos, mas perdeu a credibilidade por contar com dados de entrevistas retrospectivas e artigos da imprensa de negócios. No entanto, essas falhas não impediram os autores de alegarem ter explorado novos caminhos para compreendermos o sucesso das empresas. Na verdade, afirmaram ter usado maior rigor científico e impacto causal que *Vencendo a Crise* ou *Feitas para Durar*. Ao apresentar suas descobertas, declararam: "Agora podemos dizer que melhorar práticas específicas garante um desempenho superior." Mas suas palavras não corresponderam à realidade. O título correto não deveria ser *O que Realmente Funciona* [em tradução livre] — o uso do tempo presente está incorreto. Mais preciso seria *O que Realmente Funcionou*, ou até mesmo, *O que Foi Dito sobre as Empresas Quando Realmente Funcionaram*.

Os Grandes Delírios do *Empresas Feitas para Vencer*

Quando o Projeto Evergreen estava em andamento, um dos autores do livro *Feitas para Durar*, Jim Collins, iniciou um novo estudo sobre desempenho de empresas. Enquanto *Feitas para Durar* analisava empresas que foram, em geral, bem-sucedidas (bem, pelo menos, até o fim do estudo), a maioria das empresas costuma avançar apesar das intempéries, sai-se razoavelmente bem, sem nunca alcançar um grande sucesso. O que se poderia dizer a elas? O novo projeto de Collins abordava diretamente essa questão. Como, ele se perguntou, empresas comuns passam a ter um desempenho excepcional? Por que algumas se tornaram *Empresas Feitas para Vencer* e outras, não?

Collins e sua equipe de pesquisadores começaram com uma grande amostra — todas as empresas da *Fortune 500* de 1965 a 1995, 1.435 no total. Para encontrar as que foram do medíocre ao extraordinário, eles realizaram o que descreveram como uma "marcha fúnebre da análise financeira".[9] Seu objetivo era encontrar quais empresas seguiam um padrão específico: 15 anos de retornos no mercado de ações próximos da média geral, "marcados por um ponto de transição", e depois seguidos por 15 anos de retornos no mercado de ações bem acima da média. Essa imagem é comumente chamada de "taco de hóquei", uma lâmina um pouco curva e um cabo reto e é bem conhecida no mundo empresarial como: "As coisas não estão muito boas agora, mas não se preocupe, faremos grandes coisas no futuro." No mundo dos negócios, todos querem entregar um taco de hóquei, seja para o chefe ou para os investidores. Todos querem descobrir o segredo para uma melhoria repentina e sustentável. Collins estava diante de um assunto quente.

De todas as empresas examinadas, apenas onze se ajustaram ao perfil rigoroso — menos de uma em cem. Vamos à lista: Abbot, Circuit City, Fannie Mae, Gillette, Kimberly-Clark, Kroger, Nucor, Philip Morris, Pitney Bowes, Walgreen's e Wells Fargo. Algumas eram bem conhecidas do público geral, outras não. Elas estavam longe de ser as empresas glamourosas da época, eram de setores simples, como varejo, aço, bens de consumo e serviços financeiros. Suas sedes não ficavam no Vale do Silício, em Princeton ou em Nova York, mas em cidades comuns norte-americanas, como Dayton, Ohio e Neenah, Wisconsin. Não nasceram grandes, tiveram um desempenho insignificante por anos. Collins escreveu: "Primeiro, ficamos surpresos com a lista. Quem esperaria que Fannie Mae superaria GE e Coca-Cola. Ou que Walgreen's venceria a Intel. A lista surpreendente — seria difícil achar um grupo mais desconexo — nos ensinou uma lição fundamental: é possível passar de boa para ótima mesmo em situações improváveis." E essas onze *ótimas* empresas tinham um desempenho fabuloso. Um único dólar investido em uma delas, em 1965, com todos os dividendos reinvestidos, teria aumentado para US$471 no final de 2000, contra US$56 do mercado em geral. Em seguida, assim como fez em *Feitas para Durar*, Collins comparou cada *ótima* empresa com outra do mesmo setor, de bons resultados e ativa na mesma época. A Gillette foi pareada com a Warner-Lambert; a Kimberly-Clark, com a Scott Paper; a Wells Fargo, com o Bank of America etc. As empresas do grupo de *comparação* eram boas, mas estavam longe de ser *ótimas* — um dólar investido em cada uma delas em 1965 teria aumentando para US$93, quase duas vezes o valor do mercado em geral, mas muito menos que as empresas *ótimas*. Nos anos que se seguiram ao estudo, a maioria das onze empresas do livro *Empresas Feitas para Vencer*, selecionada porque tinha superado o desempenho do mercado como um todo por uma impressionante margem de três para um durante quinze anos, retrocedeu um pouco, mas esse não é motivo para criticar o estudo de Collins. O objetivo dele não era prever nada além dos quinze anos de rápido crescimento, mas esclarecer por que esses quinze anos fabulosos aconteceram — por que essas empresas se tornaram *ótimas* e outras, não. Se pudesse justificar essa transição, o que ocorresse após o fim do estudo não teria importância.

Para explicar a transição de *boa* para *ótima*, Collins e sua equipe de pesquisadores trabalharam por quase cinco anos.[8] Eles dedicaram mais de 15 mil horas ao projeto, examinaram uma grande variedade de evidências, "tudo, de aquisições a remuneração de executivos, de estratégias de negócios à cultura corporativa, de demissões a estilos de liderança e de índices financeiros à rotatividade de gestores".[10] Eles leram vários livros, avaliaram mais de 6 mil artigos, e realizaram dezenas de entrevistas. Os dados lotaram caixas e armário, e somaram 384 milhões de bytes. Agora estamos acostumados a essas descrições de pesquisas rigorosas e não ficamos impressionados — o que importa é a qualidade, não a quantidade de dados.[11]

Quanto à qualidade, alguns dados parecem estar livres do efeito halo. Por exemplo, a mensuração da rotatividade de altos executivos, a presença dos principais blocos acionários institucionais ou a extensão de compras de ações pelo conselho diretor, são questões de registro público e não passíveis de ser moldadas por percepções de jornalistas, porta-vozes de empresas ou de lembranças de gestores. Mas a maioria dos dados era problemática. Uma grande parte vinha de artigos de revistas e jornais, as mesmas fontes que já vimos várias vezes, impregnadas de halos. Não houve nenhum esforço para garantir que eles estivessem livres de halos — na verdade, não houve nem mesmo o reconhecimento de que essas fontes pudessem estar distorcidas. Quanto às entrevistas com gestores, estas foram algumas das perguntas feitas:[12]

> Quais foram os cinco principais fatores que contribuíram ou causaram uma melhoria no desempenho durante os anos (dez anos antes da transição) até (dez anos depois da transição)?
>
> Qual foi o processo pelo qual a empresa tomou decisões fundamentais e desenvolveu estratégias essenciais durante a época de transição — não as decisões que a empresa tomou, mas como as tomou?
>
> Como conseguiu comprometimento e alinhamento com essas decisões?

Perguntas dessa natureza, em que se pede aos gestores recordarem e explicarem o que aconteceu, raramente produzem dados válidos, já que o autorrelato retrospectivo geralmente é distorcido pelo desempenho.[13]

Quanto à codificação e análise dos dados, Collins descreveu uma série de discussões e debates entre os membros da sua equipe de pesquisa. Eles seguiram "um processo iterativo, retomando sempre o mesmo tema, desenvolvendo ideias e testando-as em relação aos dados, revisando-as, criando uma estrutura e vendo-a se desfazer sob o peso das evidências e reconstruindo-a".[14] Por que Collins adotou uma abordagem menos formal do que em *Feitas para Durar*? Ele explicou: "Todos nós temos um ou dois pontos fortes, e eu acho que o meu é a capacidade de reunir informações desorganizadas, ver padrões e pôr ordem na bagunça — ir do caos ao conceito."[15] Quanto aos padrões que Collins e a sua equipe encontraram, os quinze anos de desempenho médio foram descritos como uma fase de crescimento, caracterizada por uma liderança forte, mas comedida (conhecida como "liderança nível 5"), contratar as pessoas certas ("primeiro quem... depois o quê"), e enfrentar a realidade de modo direto e arrojado ("confrontando fatos extremos"). Então, sem alarde, às vezes quase sem ser percebido, um ponto de inflexão leva para uma fase de Avanço, e a empresa antes boa agora dispara em um círculo virtuoso autossustentador de grandeza, ascendendo à glória do esplendor em um ângulo de 45 graus que nem uma pedrada de estilingue.[16] O avanço envolve foco ("o conceito do porco-espinho"), execução ("cultura da disciplina") e, finalmente, o uso de tecnologia para reforçar o progresso ("aceleradores de tecnologia"). A transformação se completa, e a empresa que era *boa* agora é *ótima*.

Como nos estudos anteriores, a presença de halos nos força a questionar as descobertas. Ter "liderança comedida" e "ótimas pessoas" leva ao sucesso? Ou é mais provável que empresas de sucesso sejam descritas como tendo liderança comedida, ótimas pessoas, mais persistência e coragem? Considerando o modo como os dados foram reunidos e a tendência generalizada de conferir qualidades com base no desempenho, a última pergunta parece ser mais provável que a primeira. Collins alegou explicar por que algumas empresas passaram a ter sucesso e outras não, mas não foi o que ocorreu. O livro *Empresas Feitas para Vencer* documentou o que era dito e escrito sobre as empresas que tinham ou não feito a transição — o que é diferente. No início do livro, Collins recomenda aos leitores que sejam honestos, que "confrontem os fatos extremos". Bem, aqui está um fato extremo que gostaríamos de considerar: se você começa a selecionar empresas com base em resultados, coleta dados por meio de entrevistas retrospectivas e artigos da imprensa de negócios, é provável que não descubra o que faz algumas empresas se tornarem *ótimas*. Você está apenas pegando o brilho do efeito halo.

No entanto, ninguém pareceu dar atenção para essas deficiências, porque o *Empresas Feitas para Vencer* tinha uma mensagem muito encorajadora: *Você, também, pode transformar a sua boa empresa em uma ótima*. Collins foi explícito nesse ponto. Ele escreveu: "A grandeza não é uma questão de circunstância. A grandeza é basicamente uma questão de escolha consciente."[17] Essa é uma história atraente. As pessoas querem acreditar que seus esforços serão recompensados, que coisas boas acontecem a quem espera, e é exatamente isso que Collins disse: com visão e humildade, preocupando-se com as pessoas, com persistência e foco, você pode se tornar *ótimo*.[18] Como história inspiradora, é difícil ler algo melhor do que *Empresas Feitas para Vencer*.

Delírio Oito: *O Delírio da Extremidade Errada do Bastão*

A confiança em dados falhos no livro *Empresas Feitas para Vencer* suscita sérios questionamentos sobre a validade de suas descobertas. Contudo, mesmo se deixarmos de lado esses questionamentos e aceitarmos os dados, teremos o problema da *interpretação* das descobertas. Uma das imagens centrais do livro *Empresas Feitas para Vencer* é o conceito do porco-espinho, extraído do famoso ensaio de Isaiah Berlin "O Porco-espinho e a Raposa".[19] Berlin escreveu que muitas pessoas se enquadram em uma das duas categorias básicas. Raposas conhecem muitas coisas — elas são rápidas e astuciosas e perseguem muitos objetivos. Porcos-espinhos conhecem um elemento importante — eles parecem ser lentos e metódicos, mas permanecem focados em uma visão unificadora. E essa distinção, escreveu Collins, tem tudo a ver com o alto desempenho, porque as onze *ótimas* empresas eram porcos-espinhos. Elas tinham um foco restrito e o perseguiam com grande disciplina. Empresas tipo raposas, ao contrário, dispersavam atenção e energia, mudavam de direção com frequência, mas nunca se tornaram *ótimas*. Naturalmente, existe a possibilidade de que nossa classificação seja moldada pelo efeito halo — quando vistas em retrospecto, empresas bem-sucedidas podem ser descritas como mais focadas e persistentes do que empresas menos bem-sucedidas. Mas vamos supor que Collins esteja certo e as onze *ótimas* empresas estivessem mais focadas em uma visão essencial restrita do que o grupo de *comparação*. E então? Isso significa que empresas têm desempenho melhor quando se comportam como porcos-espinhos? Não exatamente. A história é um pouco mais complicada.

Para entender o motivo, considere outro exemplo. Imagine que mil pessoas passem o dia apostando no hipódromo, e no final selecionemos dez apostadores com mais vitórias — nós os chamaremos de *ótimos* apostadores. Se observarmos os mais bem-sucedidos de perto, descobriremos que todos fizeram grandes apostas de poucas chances — destacando-se dos outros. Eles foram porcos-espinhos, focando alguns elementos importantes. Pouquíssimas raposas estarão entre os dez melhores, porque raposas tendem a diversificar suas posições. No entanto, mesmo se os melhores dez apostadores fossem porcos-espinhos, *não* se pode afirmar que seu desempenho médio superaria o das raposas, porque alguns porcos-espinhos podem ter se saído muito bem, mas muitos voltaram para casa quebrados. Na verdade, é provável que, no geral, as raposas tenham se saído melhor do que os porcos-espinhos — elas foram mais prudentes em relação aos riscos e evitaram grandes perdas. Vamos voltar às empresas. Como Collins selecionou onze empresas *ótimas* e as comparou com onze *boas,* não temos como saber se, na média, elas foram melhores quando se comportaram como raposas ou porcos-espinhos. Não sabemos quantas das 1.435 empresas da amostra eram porcos-espinhos ou raposas, de modo que não podemos dizer qual grupo teve melhor desempenho. Mesmo que as empresas que acumularam muitos anos de crescimento consecutivo tenham sido porcos-espinhos, isso não significa que ser um porco-espinho aumenta as chances de sucesso — porque muitos porcos-espinhos podem ter fracassado no meio do caminho.

Para fins de comparação, vamos examinar um estudo sobre julgamento político do especialista, de Philip Tetlock, da Universidade da Califórnia[20]. Usando as mesmas categorias em que Isaiah Berlin se baseou, Tetlock comparou a precisão preditiva dos porcos-espinhos, especialistas com uma visão de mundo clara e forte, com a das raposas, especialistas com uma visão mais flexível. Qual grupo fez previsões mais precisas de eventos futuros? *As raposas.* Elas levaram em conta uma ampla variedade de informações e modificaram seus pontos de vista diante das mudanças nas circunstâncias, e como resultado foram mais precisas no julgamento de eventos futuros do que os porcos-espinhos. Tetlock descobriu que alguns porcos-espinhos foram precisos em seu julgamento, mas um número muito maior foi inexato, e em média tiveram resultados piores. (Aliás, o estudo de Tetlock analisou a precisão de previsões ao longo de 15 anos — não foi um estudo sobre um período de 15 anos passados e, portanto, passível de distorções de uma visão retrospectiva, mas conduzido de 1988 até 2003, durante 15 anos!)

Em minha opinião, as descobertas de Tetlock sobre julgamento preditivo individual também servem para as empresas: em média, empresas resilientes e que podem se ajustar a circunstâncias mutáveis tendem, em média, a superar o desempenho de empresas menos flexíveis. Sim, alguns porcos-espinhos terão um sucesso espetacular, mas muitos outros também falharão. Qual grupo se sai melhor é uma questão empírica que ainda não foi objeto de estudos cuidadosos, e enquanto não tivermos respostas sólidas, só poderemos especular. Enquanto isso, entraremos em terreno perigoso se, pelo fato de algumas empresas terem sido porcos-espinhos de muito sucesso, deduzirmos que todas devem agir como porcos-espinhos, buscando um único objetivo.

Pode-se argumentar que o foco de um porco-espinho é uma aposta arriscada, porém necessária, no esforço pela *grandeza*. Afinal, o desempenho é relativo, não absoluto. Talvez devêssemos seguir a abordagem do porco-espinho, porque embora o resultado médio seja inferior, a recompensa potencial é muito maior. Esse é um argumento razoável, e pode estar correto. Se esse fosse o objetivo de Collins, ótimo. Mas o autor *não* defende que as empresas devem adotar o foco do porco-espinho apesar dos riscos. Ele *não* sugere que a recompensa do sucesso é tão grande que as empresas deveriam aceitar um risco correspondentemente maior de fracasso. Absolutamente. A principal lição de *Empresas Feitas para Vencer* é que qualquer empresa pode se tornar *ótima* se for focada e persistente, que o sucesso não é uma questão circunstancial e que a fase de Desenvolvimento inexoravelmente leva a um Grande Avanço. Em nenhum momento, *Empresas Feitas para Vencer* fala sobre a necessidade de assumir riscos às vezes consideráveis, mesmo que calculados, na busca de uma linha de ação que pode levar ao êxito, mas mais provavelmente ao desastre. Collins aconselha os gestores a serem porcos-espinhos observando o lado positivo, enquanto negligenciam os riscos concomitantes. O que é perigoso, porque não se pode ter as duas coisas.

Esses erros não são muito surpreendentes, considerando que a compreensão de Collins da parábola da raposa e do porco-espinho é questionável desde o início. Ele sugere que pessoas que exerceram grande impacto sobre a humanidade, incluindo Darwin, Marx, Einstein foram porcos-espinhos, dominados por uma única e simples ideia, depois perseguindo-a com um foco obstinado. Mas Isaiah Berlin não fez tal alegação, observando somente que raposas e porcos-espinhos eram duas formas diferentes de analisar a experiência humana. Houve pessoas notáveis em ambas as categorias. De acordo com Berlin, Platão foi um porco-espinho, mas Aristóteles, uma raposa; Dante foi um porco-espinho e Shakespeare, uma raposa; Dostoiévski e Nietzsche foram porcos-espinhos, enquanto Goethe e Joyce foram raposas. A afirmação de Collins sobre Darwin também é duvidosa: afinal, Charles Darwin foi educado em uma família cristã convencional e chegou às ideias revolucionárias sobre seleção natural após décadas de observações e reflexões cuidadosas — desafiar dogmas convencionais não é algo que porcos-espinhos costumem fazer. Nem sequer está claro que Marx era um porco-espinho, já que sua epigrama favorita — *De omnibus disputandum* (tudo precisa ser duvidado) — tem um toque claro de raposa. Muitos assim-chamados marxistas podem ser porcos-espinhos, mas claro essa é uma questão diferente.

Delírio Nove: *O Delírio da Física Organizacional*

A ênfase na certeza, em relações causais claras em vez de contingência e incerteza, esclarece um último conceito errado. Ela permeia muitos best-sellers de negócios que mostram passos que garantem o sucesso, mas é vista de maneira mais clara no livro *Empresas Feitas para Vencer*. Nas páginas iniciais, Jim Collins descreve a sua ambição: descobrir "respostas universais, atemporais, que possam ser aplicadas em qualquer empresa".[21] Ele escreve:

> Enquanto as práticas de engenharia evoluem e mudam continuamente, as leis da física permanecem relativamente as mesmas. Eu gostaria de pensar em nosso trabalho como uma busca de princípios atemporais — a física duradoura das grandes empresas — que permanecerão verdadeiros e relevantes não importa quanto o mundo ao nosso redor mude. A aplicação específica mudará (a engenharia), mas certas leis imutáveis de desempenho humano organizado (a física) subsistirão.[22]

A referência à física não é acidental. Entre todas as ciências, a física é a mais elegante, o feito mais sublime do intelecto puro, a mais capaz de reduzir o funcionamento do universo a equações matemáticas simples, mas precisas. Como explica o físico que se tornou especialista em finanças, Emanuel Derman: "Os físicos teóricos estão acostumados ao sucesso da matemática na formulação das leis do universo e na explicação de suas consequências. De fato, o universo parece funcionar como um esplêndido relógio suíço: conseguimos prever o movimento das órbitas dos planetas e a frequência da luz emitida pelos átomos, com uma precisão de oito ou dez casas decimais."[23] O prestígio da física é tamanho que dizem que os colegas na biologia e química sofrem de "inveja da física". Comparar os estudos dos negócios com o da física lisonjeia o escritor e o leitor.

Se o mundo dos negócios realmente funcionasse com a precisão de um relógio, talvez a promessa do *Empresas Feitas para Vencer* fosse razoável. Se podemos prever os movimentos dos planetas, por que também não os das empresas? Talvez realmente existam princípios universais de boa gestão que possam ser aplicados por qualquer empresa, em qualquer época, em qualquer setor. Empresa grande ou pequena? As leis da gravidade certamente se aplicam a todas elas. Tradicional ou desafiadora? Os mesmos princípios governam seus movimentos. Crescendo rapidamente ou estável no tamanho? Todas as empresas são feitas dos mesmos átomos. Essa é uma imagem cativante. Nas palavras do colunista da *Fortune*, Stanley Bing, no início deste capítulo, encontramos uma imagem imponente da ciência reconfortante. Gostamos de acreditar que alguma ordem cósmica torna o mundo dos negócios um local justo e previsível governado por leis precisas. No entanto, como vimos no Capítulo 1, as questões mais importantes do mundo dos negócios não são previsíveis nem replicáveis, como na física. Nunca se prestaram e nunca se prestarão, pelas razões que os próprios Collins e Jerry admitiram: não podemos colocar as empresas em placas de Petri e fazer experimentos cuidadosos. E, como mesmo os melhores estudos de negócios — que seguem métodos de pesquisas rigorosos certificam-se de evitar halos, controlam variáveis rivais e procuram não confundir correlação com causalidade — não conseguem atingir a precisão nem a capacidade de se replicar da física, então todas as alegações de ter isolado leis imutáveis de desempenho organizacional são infundadas.

CAPÍTULO OITO

Histórias, Ciência e o *Tour de Force* Esquizofrênico

> Somos criaturas contadoras de histórias, nós mesmos produtos da história. Somos fascinados por tendências, em parte porque contam histórias pelo mecanismo básico de direcionar o tempo, em parte porque, com frequência, fornecem uma dimensão moral a uma sequência de acontecimentos: uma causa para lamentar quando algo dá errado, ou para realçar como raro sinal de esperança. Mas nosso forte desejo de identificar tendências muitas vezes nos leva a detectar uma direcionalidade que não existe, ou a deduzir causas insustentáveis.
>
> Stephen Jay Gould
> *Full House: A Difusão da Excelência de Platão a Darwin*, 1996

Comece com *Vencendo a Crise*, trace uma linha até *Feitas para Durar*, ligue-a com *What Really Works*, e então estenda-a até *Empresas Feitas para Vencer*. Qual padrão vemos quando conectamos esses pontos?

Cada estudo sucessivo fez alegações mais ousadas: ter reunido mais dados, ter consultado mais experts, ter sido mais completo em sua pesquisa e mais minucioso em suas análises do que os anteriores. Cada um alegou ter ido corajosamente onde nenhuma pesquisa foi antes, ter feito o que nunca tinha sido feito, e de ter chegado mais perto da verdade. Quando chegarmos aos últimos dois, veremos afirmações grandiosas sobre garantias verdadeiras de sucesso e leis imutáveis da física. O que iniciou tudo isso, *Vencendo a Crise*, de Peters e Waterman, parece quase modesto em comparação aos posteriores, uma estranha reversão a uma era menos pretensiosa. Mas apesar de todas as alegações de rigor e ciência, nenhum desses estudos chegou ao fundo da questão. Nenhum deles reconheceu o problema central que lhes tira a validade — ou seja, que ao confiar em artigos da imprensa popular, em estudos de caso de escolas de negócios e em entrevistas retrospectivas, seus dados estavam comprometidos pelo efeito halo.

Mas, mesmo com todas as similaridades, tiveram desempenhos diferentes no mercado. *Vencendo a Crise* foi um sucesso imenso, como *Feitas para Durar*; já *What Really Works* obteve um sucesso moderado. Por que a diferença? Desconfio que não seja por causa do rigor analítico, porque nenhum desses estudos ganharia um prêmio na feira de ciência da escola. Em vez disso, *Vencendo a Crise* e *Feitas para Durar* tinham *histórias* melhores. Suas imagens eram mais atraentes. Peters e Waterman nos deram frases memoráveis, como *uma predisposição para a ação, não diversificar, gerir pela observação* e *unir liberdade ao controle*. *Feitas para Durar* falava de *grandes objetivos audaciosos, construir um relógio, a genialidade do "e"*, a *cultura de devoção*. Essas frases inesquecíveis despertaram a curiosidade e estimularam debates. Em comparação, *What Really Works* recorria a termos convencionais, como e*stratégia*, *execução*, *cultura* e e*strutura*. Ele não mostrou originalidade ou empenho, nenhuma metáfora surpreendente ou imagens cativantes. A verdade é, quaisquer que tenham sido suas deficiências como pesquisadores, Tom Peters e Bob Waterman, Jim Collins e Jerry Porras, compartilhavam algo muito positivo: *eles eram excelentes contadores de histórias*. Porque é exatamente isso que temos aqui: histórias que ajudam os gestores a entender seu mundo, orientar suas ações e lhes dão confiança no futuro.

Empresas Feitas para Vencer apresentou a melhor história. O livro de Jim Collins foi lançado com grande alarde, no final de 2001, e foi direto para o topo das listas de best-sellers. Desde então, é um sucesso fenomenal, com anos na lista do *New York Times*. Em 2005, as vendas ultrapassaram 3 milhões de exemplares e cresciam. Não é difícil entender o motivo. Segundo sua própria descrição, *Empresas Feitas para Vencer* é uma leitura "tão boa quanto um romance emocionante". Tem ideias envolventes, como liderança nível 5 e o paradoxo de Stockdale. Traz metáforas intrigantes, como *enxaguar o queijo cottage*. Fala sobre *porcos-espinhos* e *raposas, volantes* e *círculos de destruição* — quase sentimos as empresas subindo ao sucesso ou despencando à extinção. Collins disse que uma de suas habilidades é achar padrões no caos, e ele está certo. De fato, *Empresas Feitas para Vencer* segue a estrutura narrativa clássica. Em *The Seven Basic Plots* [*As Sete Tramas Básicas*, em tradução livre], o escritor britânico Christopher Booker identificou diversas tramas que se repetem nas histórias em diferentes culturas e eras. Uma delas é a *da pobreza à riqueza*. Booker explicou: "Poucas coisas são mais recorrentes no imaginário coletivo do que o sonho de emergir da obscuridade para a fama e a fortuna. Vemos isso no eterno desejo das pessoas de terem suas vidas monótonas milagrosamente transformadas por um prêmio da loteria, uma ideia que trará fortunas fabulosas ou simplesmente ao serem retiradas do anonimato para se tornarem uma celebridade."[1] A história *da pobreza à riqueza* envolve um personagem humilde, pouco notável, que vive uma série de aventuras que provoca uma mudança milagrosa em sua sorte. Os exemplos retrocedem até José, no Gênesis, e incluem de tudo: da lenda do Rei Artur extraindo a espada da pedra a *Aladim e a lâmpada maravilhosa*; de *Cinderela* e seus sapatinhos de cristal a *Pigmalião*, de Shaw. Soa familiar? Comece com uma empresa pequena e humilde, de preferência em um setor antiquado, depois mostre como alcançou o maior sucesso da época graças à persistência e ao esforço, e terá os ingredientes básicos de *Empresas Feitas para Vencer*. Collins não precisou procurar muito para achar um arquétipo comprovado que explora nossas esperanças mais profundas. Ora, até o título remete à ideia *da pobreza à riqueza*. Não é de admirar que tenha tido tamanho sucesso — fala de um sonho perene e apela às nossas fantasias mais profundas. Nada disso importaria muito se o quadro que Collins pinta fosse preciso, se humildade, persistência e foco levassem ao sucesso com a previsibilidade da física. Mas não é o caso. E, embora a maioria tenha aplaudido o livro de Collins pelo seu valor aparente — aceitando suas alegações como rigorosas, científicas e exaustivas —, alguns o viram pelo que é: uma viagem a um mundo de fantasia onde nos sentimos bem. George Anders, do *Wall Street Journal* escreveu que *Empresas Feitas para Vencer* oferecia um quadro do mundo de negócios em algum ponto entre Norman Rockwell e Mister Rogers — um lugar simples e confortável de valores caseiros e virtudes antiquadas, onde todo mundo se sente seguro.[2] Na vizinhança do Sr. Collins, essa história simples com uma mensagem positiva é essencial. E se fosse possível fazê-la parecer ciência rigorosa, bem, seria convincente.

E os Sucessos Continuam Chegando

A busca pelo Santo Graal dos negócios não terminou com *Empresas Feitas para Vencer*. Não há razões para imaginar que Jim Collins teria esgotado o gênero — bem pelo contrário, seu imenso sucesso provavelmente levaria a mais livros na mesma linha, alegando revelar os segredos do sucesso dos negócios. O último que passou pela minha mesa, publicado em 2006, foi *Grandes Vencedores e Grandes Perdedores: Os Quatro Segredos do Sucesso e do Fracasso de Longo Prazo*. O autor? Alfred Marcus, professor de estratégia e tecnologia da Universidade de Minnesota. A editora? A Wharton School Publishing. Os endossos na capa? Elogios radiantes de professores eminentes de escolas de negócios das Universidades de Dartmouth, Duke, Northwestern e MIT. Ora, seria difícil de imaginar um livro com melhores credenciais.

Abri o livro me perguntando se alguém finalmente tinha feito a coisa certa — se tinha deixado de lado os delírios de negócios a favor de uma visão mais sensata do desempenho das empresas. Mas não demorei muito para perceber que ele não era diferente. O título, que alega revelar os segredos do sucesso de longo prazo, dificilmente é um começo promissor. Depois disso, o livro oferece uma revisão de estudos anteriores, de Peters e Waterman, Joyce, Nohria, Roberson, até Jim Collins. De acordo com Marcus, cada um desses estudos contém uma falha importante — cada um erra por frisar a importância tanto da adaptabilidade quanto do foco, mas não mostrou a importância de ambos ao mesmo tempo. Esse estudo, ele promete, dará um a passo à frente. Mostrará que o verdadeiro segredo do sucesso duradouro é a habilidade de ser adaptável *e* focado — e ao mesmo tempo.

Felizmente, não existem afirmações de se terem descoberto as leis da física organizacional. Mas fora isso, é novamente *déjà-vu*. Há a alegação de pesquisa rigorosa — milhares de empresas estudadas cuidadosamente por dez anos, 1992–2002. Existem amostras de alto desempenho e amostras de baixo desempenho, selecionadas com base em resultados. Para estudar essas empresas, Marcus escolheu alunos de seu programa de MBA executivo de meio período para conduzir as análises e em seguida usou os relatórios como dados. Não há nada necessariamente errado em convocar gestores como pesquisadores, desde que suas descobertas sejam baseadas em dados válidos e de qualidade. Gestores não são pesquisadores menos capazes do que alunos de pós-graduação ou professores — na verdade, gestores talvez sejam mais abertos a seguir os fatos onde os encontram e não encobrir suas descobertas para apoiar um resultado preferido. Em vez disso, a questão tem a ver com a qualidade dos dados, e é aí que está o problema. Quais foram os dados para esse estudo, considerados produtos de análise rigorosa e de pesquisa detalhadamente cuidadosa? Muitos foram retirados das mesmas fontes falhas que vimos várias vezes — recordações de gestores sobre fatos passados, declarações de empresas e artigos da imprensa de negócios. Quanto ao "segredo para um sucesso de longo prazo", Marcus achou que as *grandes vencedoras* tinham descoberto uma posição atrativa no setor — *um ponto ideal* — e eram bem administradas — *adaptáveis, disciplinadas* e *focadas*. As *grandes perdedoras*? Estavam presas em *um ponto negativo* e eram *rígidas, ineptas* e *dispersas*. Contudo, já sabemos que empresas de sucesso são descritas como *disciplinadas*, mas, em tempos de dificuldades, são vistas como *ineptas*. Empresas que realizam mudanças bem-sucedidas podem ser descritas como *adaptáveis*, enquanto as que não realizam mudanças naturalmente serão vistas como *rígidas*. A menos que esses termos sejam definidos sem ser moldados pelo desempenho, nós só estaremos empilhando halos. Estaremos reunindo atributos sobre empresas bem-sucedidas e malsucedidas sem identificar os condutores do sucesso ou do fracasso. O efeito, mais uma vez, é dizer aos gestores que as empresas podem obter sucesso seguindo uma simples fórmula, independentemente do que as outras façam. Não há uma apreciação da natureza relativa do desempenho, da necessidade de os gestores assumirem riscos calculados se quiserem superar os concorrentes. Os anos do estudo podem ter mudado, e as empresas examinadas talvez sejam diferentes, mas os delírios permanecem os mesmos.

Talvez a descoberta mais interessante em *Grandes Vencedores e Grandes Perdedores* seja mencionada como uma breve nota, sem ter sido examinada com cuidado: Marcus ressalta que empresas grandes aparecem com mais frequência entre as *grandes perdedoras*, enquanto quase todas as *grandes vencedoras* são pequenas ou médias. Essa observação deveria despertar curiosidade, porque as empresas grandes chegaram lá no início tomando as medidas acertadas — elas não cresceram por serem *perdedoras* — ainda que algo as tivesse impedido de manter o alto desempenho. Elas abandonaram seus métodos vencedores? Foram muito arrogantes? Continuaram fazendo as mesmas coisas, mas, como é natural, regrediram à média conforme ficaram grandes, devido, sobretudo, aos efeitos destrutivos das pressões da concorrência? Desempenho extremo, para melhor ou para pior, é mais comum entre empresas menores. Uma empresa, em particular, chamou a atenção de Marcus. Uma das *perdedoras*, com baixo desempenho por 10 anos, de 1992-2002, foi a Campbell Soup. Adivinhe onde a Campbell Soup figurava em *What Really Works*, o estudo de dez anos do Projeto Evergreen? Nos anos de 1986-1996, estava listada entre as vencedoras, tendo acumulado um forte desempenho nos dois blocos de cinco anos. Será que a Campbell Soup mudou tão rapidamente seus métodos vencedores — ela se aventurou com imprudência em novos mercados ou mudou a fórmula de sua famosa sopa de tomate? Ou seu desempenho foi derrubado por forças do mercado, aumento da concorrência ou mudança no gosto dos clientes? O que levou ao baixo desempenho da Campbell Soup não foi explorado cuidadosamente; recebemos só uma lista de atributos baseados na piora de seu desempenho, com resultados previsíveis. Infelizmente, apesar de todas as alegações de ser algo novo e melhorado, esse último esforço para decifrar o segredo do sucesso empresarial tem as mesmas falhas de seus predecessores e não chega mais perto de oferecer uma explicação satisfatória do desempenho das empresas.

Ciência Boa, Histórias Ruins?

Naturalmente, nem tudo o que está escrito sobre negócios e administração funciona com base no relato de histórias. Muitos estudos sobre o desempenho fazem um grande esforço para evitar o efeito halo e outros delírios. Eles são cuidadosamente projetados e bem executados. Um deles, de Marianne Bertrand, da Universidade de Chicago e Antoinette Schoar, do MIT, investigou se o desempenho das empresas era afetado pelo estilo gerencial do CEO.[3] É fácil encontrar histórias que mostram que CEOs de empresas de sucesso têm estilos pessoais eficazes — considerando o efeito halo, isso é inevitável. Mas Bertrand e Schoar não se limitaram a coletar caixas de artigos de revistas ou pedir que gestores avaliassem o estilo de seus CEOs — métodos que não fariam muito mais do que captar halos. Em vez disso, definiram "estilo gerencial" em termos de duas políticas específicas: *políticas de investimento* (captadas pelos níveis de gastos de capital e custos administrativos, e a frequência de fusões e aquisições) e *políticas financeiras* (captadas pelos níveis de dívidas e de dividendos). Essas políticas eram objetivas e mensuráveis, não ambíguas ou difíceis de definir. Em seguida, coletaram dados de relatórios financeiros auditados para que houvesse poucas chances de efeito halo. Além disso, controlaram uma série de outras variáveis e também examinaram as ações de gestores específicos ao longo do tempo, analisando sua gestão em mais de uma empresa. Essa foi uma pesquisa de ciência social boa e sólida. E os resultados? Bertrand e Schoar constataram que cada gestor tem estilos pessoais favoritos quando se trata de políticas financeiras e de investimentos, e que essas preferências explicam cerca de 4% da variação no desempenho da empresa. Em outras palavras, após controlar diversos outros fatores, o estilo pessoal do gestor gera um impacto de cerca de 4% sobre o desempenho das empresas. Trata-se de uma descoberta estatisticamente significativa, mas está longe de ser uma história atraente. Você não vai empolgar muitos gestores dizendo: *Se você fizer essas coisas e o resto permanecer constante, melhorará o desempenho da empresa em 4%.* Mas a ciência rigorosa nem sempre leva a uma história instigante.

Veja um segundo exemplo. Nick Bloom, da London School of Economics, e Stephen Dorgan, da McKinsey, resolveram testar a associação entre práticas gerenciais específicas e o desempenho das empresas.[4] Isso se assemelha à pergunta que Peters e Waterman fizeram — *O que leva ao desempenho excelente?* — e também se aproxima da pergunta do Projeto Evergreen — *O que realmente funciona?* Mas Bloom e Dorgan adotaram uma abordagem bem diferente. Começaram selecionando uma lista de empresas de alto desempenho e depois retrocederam para ver o que tinham em comum? Não, começaram selecionando uma ampla amostra de mais de setecentos industriais de médio porte na Europa e nos EUA, em um mix de empresas de alto e baixo desempenho. Eles pediram que os entrevistados avaliassem fatores como cultura corporativa, qualidade gerencial ou foco no cliente, todos com probabilidade de serem moldados pelo desempenho? Não. Eles pediram que os gestores descrevessem práticas específicas, formulando as perguntas de modo a garantir que as respostas não fossem deturpadas pelo efeito halo. Para aumentar ainda mais a validade dos dados, eles usaram um método "duplo-cego" para coletá-los e codificá-los: os entrevistados foram informados apenas de que a pesquisa era sobre práticas, não sobre o desempenho da empresa; e a pessoa que coletou os dados desconhecia o desempenho da empresa, removendo uma fonte potencial de distorção. Finalmente, como o estudo coletou dados em um só ponto no tempo —era transversal, não longitudinal — os autores tiveram o cuidado de ressaltar que tinham achado apenas correlação e não causalidade. Eles até sugeriram que a causalidade poderia fluir na direção *oposta* — ou seja, empresas de alto desempenho poderiam dispor dos fundos ou recursos para adotar certas práticas gerenciais. Eles deliberadamente *minimizaram* suas descobertas. Assim, o que Bloom e Dorgan descobriram? O estudo mostrou que práticas gerencias específicas estavam de fato associadas a diferenças de desempenho e explicavam cerca de 10% da variação total nos resultados da companhia. Ou seja, empresas que adotassem as melhores práticas em tudo — da fabricação e serviço ao cliente à gestão de recursos humanos e finanças — teriam condições de superar empresas de mau desempenho em cerca de 10%. Esse é um resultado estatisticamente importante e uma descoberta útil, mas não chega a prometer que empresas que adotam um dado conjunto de práticas gerenciais terão sucesso. É uma boa pesquisa de ciência social, — cuidadosa, clara, e rigorosa — mas não pretende garantir nada.

Os dois estudos, e muitos outros como eles, passam no teste da boa ciência, mas não mostram histórias empolgantes. Na verdade, se a principal característica da história é oferecer orientação sobre como agir, ela não é uma história. Afirmar que 700 empresas apresentaram, em média, uma diferença de 10% no desempenho não diz nada do que acontecerá com a minha empresa — o impacto poderia ser menor, maior ou nenhum. Não há garantias, nenhuma promessa que me inspire a tomar determinadas medidas. É surpreendente que livros que alegam revelar os segredos do alto desempenho recebam mais atenção? Eles oferecem conselhos simples e definitivos, ajudam as pessoas a darem sentido a um mundo complexo, e carregam a promessa de que humildade e persistência levam ao sucesso duradouro, de que a grandeza acena apenas se você for paciente e determinado. O resultado, de acordo com James March e Robert Sutton, da Universidade Stanford, é que estudos de desempenho organizacional se encontram em dois mundos muito diferentes. O primeiro mundo dirige-se a gestores praticantes e recompensa especulações sobre como melhorar o desempenho. Nele encontraremos estudos cujo maior desejo é inspirar e confortar. O segundo mundo exige e recompensa o cumprimento de padrões rigorosos de aprendizado. Aqui, ciência é essencial, a narração de histórias nem tanto. March e Sutton explicam: "Em seus esforços para satisfazer essas frequentes exigências conflitantes, a comunidade de pesquisa organizacional às vezes reage dizendo que não se pode fazer deduções sobre as causas do desempenho a partir dos dados disponíveis e, ao mesmo tempo, passa a fazer essas deduções."[5] O resultado é um "*tour de force* esquizofrênico" no qual "as exigências dos papéis do consultor e professor estão dissociadas das exigências do papel de pesquisador". Esses dois mundos operam com lógicas diferentes, seguem conjuntos diferentes de regras e falam com um público com necessidades diferentes, mas raramente eles se cruzam.

Dois mundos separados operando com lógicas próprias já seriam complicados o suficiente, mas o que está acontecendo é ainda mais problemático. Histórias sobre o desempenho de empresas são muito mais convincentes quando contadas sob o disfarce da ciência, alegam ter sido feitas com base em pesquisas exaustivas, respaldadas por caixas de documentos e gigabytes de dados, abençoadas por uma série de experts de universidades renomadas e afirmam revelar princípios subjacentes com precisão científica. Estamos de volta ao *Delírio da Pesquisa Rigorosa*. Os best-sellers que avaliamos passaram um tempo considerável discutindo suas metodologias e análises de dados, e críticos e leitores ficaram impressionados pelo quanto pareciam ter sido extensas e completas. Até agora, claro, sabemos que os dados eram falhos e que essas explicações de melhoria de desempenho eram altamente questionáveis. No entanto, as recompensas por uma história atraente, tornadas ainda mais impressionantes por alegarem ser ciência, são substanciais. De acordo com *The Economist*, Tom Peters pode cobrar de clientes empresariais mais de US$85 mil por uma única aparição, enquanto Jim Collins cobra uma taxa de US$150 mil.[6] Existe um mercado lucrativo para tecer histórias de empresas de sucesso. Alguém contratará Bertrand e Schoar por US$85 mil ou US$150 mil para falar sobre uma diferença de desempenho estatisticamente significativa de 4%? Por algum motivo, isso parece improvável.

O Capítulo 1 pegou emprestado um trecho da música de Frank Sinatra: *Quão pouco sabemos, e quanto para descobrir.* No entanto, se o realmente fundamental for a habilidade de criar uma história atraente e inspiradora, então talvez o rigor científico não seja tão importante assim. Talvez o último trecho da música seja mais revelador: *Quão pouco importa, quão pouco sabemos.*

Histórias Gratificantes ou Delírios Perigosos?

Pode-se imaginar que uma solução seria rejeitar histórias e insistir em uma abordagem puramente científica para negócios e administração. Não tenho certeza disso. As histórias sempre estarão conosco. Elas são parte importante da vida, oferecendo explicações coerentes sobre eventos complexos. Elas ajudam as pessoas a agir ao conferir uma dimensão moral aos eventos. Ao oferecer o que Stephen Jay Gould chamava "um raro farol de esperança", histórias podem inspirar pessoas a agir. Alguns profissionais que gosto de citar, como Gould e Richard Feynman, eram cientistas, professores universitários. Eles utilizavam o tempo para refinar suas pesquisas, realizar experimentos adicionais ou coletar mais dados até ficar satisfeitos com as respostas. Gestores, por outro lado, têm que agir. Debates intermináveis sobre cursos alternativos de ação não levam ao sucesso, pois sabemos que o desempenho é relativo e empresas que ficam paradas raramente são bem-sucedidas. Outro CEO, Harry S. Truman, queixou-se de que queria consultores com "um só lado" — ele estava cansado de consultores que sempre diziam, "por um lado... mas por outro lado..." Executivos têm que agir, o que pode ser uma das razões pelas quais a imagem do porco-espinho, que foca um elemento em vez de muitos ao mesmo tempo, seja tão atraente.

Uma boa história não precisa ser inteira, plena e cientificamente exata — por definição, ela não será. Em vez disso, uma boa história nos oferece insights valiosos, inspira-nos a tomar medidas úteis, pelo menos, na maior parte do tempo. Por esse parâmetro, talvez devêssemos ser mais benevolentes com os populares livros de negócios que avaliamos aqui, porque a maioria retorna várias vezes aos mesmos fundamentos. De Tom Peters até Jim Collins, os mesmos temas são comentados: empresas vão bem quando gestores vivem de acordo com valores profundamente enraizados, buscam uma visão clara, preocupam-se com seus colaboradores, focam seus clientes, e se esforçam para atingir a excelência. Certamente não pode ser tão ruim os gestores adotarem esses princípios básicos, pode? Sem dúvida, uma dose do otimismo de Norman Rockwell não pode ser prejudicial, pode?

E, verdade seja dita, eu encontrei muitas coisas boas nesses princípios básicos. Na década de 1980, trabalhei seis anos na Hewlett-Packard, uma empresa que foi destaque no livro *Vencendo a Crise* e no *Feitas para Durar*. Valores fortemente compartilhados, empoderamento das pessoas, uma cultura de inovação — estes eram princípios fundamentais da Hewlett-Packard, uma das empresas mais progressivas e bem-sucedidas da história dos negócios norte-americana. Além disso, o CEO que mais admirei em minha carreira é David Packard — um homem sábio e pragmático, direto e despretensioso, comprometido com sua empresa, mas também disposto a servir no governo — de fato, um modelo do que Jim Collins chama de

Liderança Nível 5. Em geral, sou favorável a muito do que esses best-sellers têm a dizer. Muitas empresas podem ser beneficiadas de seus princípios básicos. Se os autores puderam apresentar essa ideia de forma acessível e clara para que milhões de gestores as leiam e as levem a sério, talvez isso não seja uma coisa ruim.

No entanto, há algo mais. Nosso desejo de contar histórias, de oferecer uma direção coerente para os eventos, também pode nos levar a ver tendências que não existem ou deduzir causas incorretamente. Talvez ignoremos fatos porque eles não se enquadram em nossa história (no filme, *O Homem que Matou o Facínora*, de 1962, a elegia de John Ford ao desaparecimento do Velho Oeste, o editor do jornal local, *The Shinbone Star*, decide não publicar uma matéria que revelaria quem realmente atirou no vilão da cidade. Ele explicou: "Este é o Oeste, senhor. Quando a lenda se torna fato, publique a lenda!" Bem, muitos estudos que analisamos fazem exatamente isto: publicam a lenda, várias vezes, até acreditarmos que é verdade.) Portanto, devemos perguntar se histórias sobre desempenho de empresas, embora reconfortantes e até positivas, também podem ser prejudiciais. Elas pintam um quadro simples quando um mais complexo seria mais útil? Porque se *este* for o caso, deveríamos tomar cuidado para não sermos seduzidos, por mais agradáveis que elas sejam. Assim, existe uma razão para acreditar que os delírios que encontramos nos capítulos anteriores podem ser prejudiciais? Acho que a resposta é *sim*. Veja por quê.

O Delírio do Sucesso Duradouro promete que desenvolver uma empresa duradoura não só é factível, mas um objetivo que vale a pena buscar. No entanto, empresas que tiveram desempenho superior no mercado por um longo tempo são raras e produtos estatísticos observáveis apenas em retrospecto. O sucesso duradouro talvez seja mais bem interpretado como uma junção de muitos sucessos de curto prazo. Perseguir o sonho da grandeza duradoura desvia a atenção da necessidade urgente de vencer batalhas iminentes.

O Delírio do Desempenho Absoluto nos faz esquecer que sucesso e fracasso sempre acontecem em ambientes competitivos. Talvez seja reconfortante acreditar que o sucesso se deve totalmente a nós, mas como demonstrou o exemplo da Kmart, uma empresa pode melhorar em termos absolutos e ainda assim, ficar para trás em termos relativos. Sucesso nos negócios significa não só fazer as coisas bem, mas fazê-las melhor que os concorrentes. Acreditar no desempenho absoluto nos faz perder os concorrentes de vista e evitar decisões que, embora arriscadas, são fundamentais à sobrevivência, considerando o contexto de nosso setor em especial e sua dinâmica competitiva.

O Delírio do Lado Errado do Bastão nos faz confundir causas e efeitos, ações e resultados. Observamos algumas empresas extraordinariamente bem-sucedidas e imaginamos que as imitar levará ao sucesso — quando, na verdade, causará uma volatilidade maior e uma chance geral de sucesso menor. Se não analisarmos a população total de empresas e o que fizeram — e como se saíram — teremos um conjunto incompleto e parcial de informações.

O Delírio da Física Organizacional sugere que o mundo dos negócios oferece resultados previsíveis, que obedece a leis precisas. Alimenta a crença de que determinadas ações funcionam em todos os cenários e ignora a necessidade de se adaptar a condições diferentes: intensidade da concorrência, taxa de crescimento, tamanho da concorrência, concentração de mercado, regulação, dispersão global de atividades etc. Alegar que uma abordagem funciona em todos lugares, épocas e empresas tem um apelo simplista, mas não corresponde às complexidades dos negócios.

Esses pontos reunidos expõem a principal inverdade no núcleo de muitos livros de negócios — que uma empresa pode escolher ser grande, que seguir alguns passos levará à excelência, que o sucesso depende só do que ela faz e não de fatores fora de seu controle. Não estamos muito longe dos livros de autoajuda que afirmam ser possível ser milionário seguindo cinco passos, perder nove quilos em duas semanas, ou despertar o poder da grandeza interior. Além disso, se aceitarmos essas afirmações, o inverso também é possível: se uma empresa não teve sucesso, seus gestores devem ter falhado em algum momento. Certamente, negligenciaram os passos certos ou se desviaram do melhor caminho. Se a grandeza está ao nosso alcance, então o fracasso de não se tornar grande também é nossa responsabilidade.

A Lego, Revisitada

O que nos leva de volta à Lego. Lembre-se de que em janeiro de 2004, após uma temporada de festas deplorável, Poul Plougmann foi *despedido, expulso, mandado embora,* e *dispensado* — e merecidamente, disseram todos os jornais, porque as vendas e os lucros da Lego haviam caído acentuadamente. A imprensa explicou que a Lego tinha *se afastado da sua essência,* o que significava que Plougmann tinha cometido um erro estúpido, e por isso estava na hora de ele ir embora. A questão não é se a Lego teve um ano ruim em 2003 — isso já *sabemos.* A pergunta que deveríamos fazer é outra: a empresa fracassou devido a decisões tomadas por Plougmann ou por causa de outros fatores? É possível que ele tenha sido um líder ineficaz e que a Lego se saísse melhor sem ele. Mas também é possível que a situação da Lego já estivesse ruim, muito além dos poderes limitados de acrescentar ou reduzir de Poul Plougmann.[7] Talvez os problemas da empresa tivessem a ver com escolhas feitas bem antes da chegada de Plougmann, em 1999, quando seus antecessores não conseguiram escapar de um nicho condenado — na verdade, permanecendo nesse nicho limitado tempo demais. Nesse caso, despedir o executivo não seria mais que uma reação automática, uma tentativa simplista de responsabilizar alguém, mas não uma decisão de negócios sensata. E o sucessor de Plougmann, instruído a retomar os aspectos básicos da empresa, ficaria diante de uma tarefa ainda mais difícil enquanto a Lego tenta reverter o rumo outra vez. Se a empresa continuar a afundar e o novo executivo for *despedido* ou *mandado embora* ou *substituído,* um dia alguém escreverá que a Lego, assim como a Kmart, cometeu os erros clássicos: mudou a estratégia, falhou na execução, tinha uma cultura lenta e sofria com uma organização confusa.

A título de esclarecimento, o que aconteceu com a Lego depois que Poul Plougmann foi despedido? As vendas da Lego continuaram a declinar, de 6,8 bilhões de coroas, em 2003, para 6,3 bilhões de coroas, em 2004. O prejuízo operacional continuou por mais um ano.[8] Então um novo CEO voltou a sua atenção à redução de custos. Em 2005, a Lego vendeu seus parques de diversão Legoland, reduziu suas atividades de fabricação na Dinamarca, Suíça e EUA, transferindo a produção para países de baixo custo no leste europeu e Ásia. Mais de 1.200 empregos se perderam, representando um corte de 20% de colaboradores. O resultado? Em 2005, a Lego voltou a dar lucro. Contudo, esse foi principalmente o resultado de uma redução drástica e dolorosa das despesas, não de medidas para gerar crescimento rentável em sua essência. A Lego teria se saído pior ou melhor se Plougmann permanecesse no comando? Não sei, e não estou certo de que alguém saiba. Não podemos voltar no tempo, mudar uma variável, e repetir o experimento. Avaliar o desempenho de um CEO não se presta facilmente à experimentação científica, mas acredito que os problemas da Lego ultrapassaram a curta permanência no cargo de qualquer executivo em especial. É fácil culpar um homem pelos problemas de uma empresa, mas esse tipo de referências, embora atraente por sua simplicidade, não fornecem a melhor base para gerir uma empresa.

CAPÍTULO NOVE

A Mãe de Todas as Questões de Negócios, *Parte Dois*

> A tarefa dos intelectuais é combater a supersimplificação ou o reducionismo. Bom, na verdade, trata-se de um trabalho muito mais complicado. Essa é apenas parte da tarefa. Mas você deve ter notado o quão frequentemente certas complexidades são introduzidas como um meio de obscurecimento. Aqui se torna necessário manipular com júbilo a celebrada navalha do velho Occam: livrar-se de suposições desnecessárias, e proclamar que, na verdade, as coisas são bem *menos* complicadas do que parece.
>
> Christopher Hitchens
> *Cartas a um Jovem Contestador*, 2001

Expor delírios que obscureçam nossos pensamentos sobre o desempenho de empresas é essencial para gestores perspicazes, mas não satisfaz porque não responde à mãe de todas as perguntas de negócios: *O que leva ao alto desempenho?* Na verdade, pode parecer que estamos retrocedendo, que sabemos menos do que sabíamos no início deste livro. A *satisfação do colaborador* leva ao alto desempenho? É provável, mas é difícil dizer até que ponto, e o efeito inverso é mais forte: o desempenho da empresa é um determinante para a satisfação do colaborador. Bem, então, é a forte *cultura corporativa* que leva ao alto desempenho, certo? Os gestores deveriam se esforçar para desenvolver valores fortes que serão compartilhados por todos, não deveriam? Talvez, mas é difícil afirmar o quanto a cultura afeta o desempenho e, de novo, talvez o efeito inverso seja mais representativo, já que empresas bem-sucedidas são conhecidas por terem culturas fortes. E o *foco no cliente*? Não é essencial às empresas? Sim, mas devemos ser cautelosos, pois pode-se afirmar que empresas com alto desempenho têm um bom *foco no cliente*, e as que sofrem queda nas vendas ou no lucro perderam essa conexão. *Liderança* também não é uma explicação mais satisfatória, porque sempre podemos dizer que empresas de sucesso possuem líderes eficientes, que têm uma visão clara e boas habilidades de comunicação; e sempre podemos afirmar que o líder de uma empresa em dificuldades perdeu o rumo.

Mas tudo isso suscita uma questão mais profunda: Se tantos elementos que observamos não levam a um bom desempenho, mas a características baseadas nele, o que leva ao alto desempenho? Podemos concordar com George Bernard Shaw quando diz que a diferença entre uma dama e uma florista não está na forma como se comporta, mas em como é tratada, porém isso não explica como se tornou uma dama, para começar. Dizer que ela vem de uma família rica apenas passa a pergunta a gerações passadas — como a família dela ficou rica enquanto outras não? Então teremos que retornar à pergunta que foi o início de tudo: *O que leva ao alto desempenho?*

Se acreditarmos em gurus da administração, consultores e em vários professores de escolas de administração, o alto desempenho é alcançado se dermos o devido cuidado e atenção a um conjunto preciso de elementos — quatro fatores, seis passos ou oito princípios. Faça essas coisas, e o sucesso o esperará na esquina. Mas parafraseando Christopher Hitchens, toda a ênfase nos passos e fórmulas obscurecerá uma verdade mais simples. Promoverá a fantasia de que um conjunto específico de passos levará ao sucesso. Bem, e se você nunca alcançar a grandeza, o problema não está em nossa fórmula — que, afinal de contas, é produto de uma pesquisa rigorosa, de inúmeros dados analisados exaustivamente —, mas em você e no seu fracasso ao segui-la. De fato, a verdade é muito mais simples do que essas fórmulas indicam. Elas desviam a atenção de uma ideia mais poderosa — que, embora haja muito que possamos fazer para melhorar nossas chances de sucesso, em essência, o desempenho conserva um alto grau de incerteza. O desempenho dos negócios é mais simples do que parece, mas também menos garantido e menos sensível à engenharia com resultados previsíveis.

Encaro o desempenho da seguinte forma: segundo Michael Porter, da Escola de Administração de Empresas de Harvard, ele é motivado por dois fatores: *estratégia* e *execução*. A estratégia trata de executar atividades diferentes das dos concorrentes, ou atividades semelhantes, mas de maneira diferente[1]. A estratégia não é um objetivo, meta ou alvo. Não é uma visão, missão ou declaração de propósito. É sobre ser diferente da concorrência de modo significativo. Por sua vez, a *execução* trata de colocar essas escolhas em prática, da maneira com que as pessoas, trabalhando juntas em um ambiente organizacional, mobilizam recursos para concretizar a estratégia. Desenvolver produtos de alta qualidade, oferecer atendimento ao cliente, administrar capital de giro, cultivar e empregar talentos — não costumam ser questões de estratégia porque quase toda empresa precisa dar atenção a esses fatores para ter êxito. Esses elementos fazem parte material do gerenciamento diário e envolvem operações eficazes. Explicar o alto desempenho usando dois termos — estratégia e execução — desperta inicialmente nossas esperanças. Apenas dois itens em vez de uma longa lista! Naturalmente, os gestores são capazes de lidar com esses dois aspectos! Mas um olhar mais atento mostrará que ambos estão repletos de incertezas, e deixará claro porque as conversas sobre modelos, garantias e leis imutáveis não passam de delírio.

O Negócio Arriscado da Escolha Estratégica...

Todas as empresas enfrentam algumas escolhas estratégicas básicas. Em quais produtos e mercados devemos competir? Quais atividades devemos desempenhar — e quais devemos deixar para fornecedores e parceiros? Como devemos nos posicionar em relação aos concorrentes — devemos tomar uma posição especial, ou ser conhecidos pelo preço baixo? Essas são escolhas que as empresas precisam fazer, pois não podem atender todas as necessidades dos clientes o tempo todo e devem decidir competir com uma determinada *linha de produto*, ingressar em um certo tipo de *mercado*, desempenhar *atividades* específicas e se posicionar em relação à *concorrência* de um modo em especial. Esses tipos de escolhas não são simples declarações de intenções, mas decisões fundamentais que diferenciam uma empresa das rivais. E escolher ser diferente implica riscos.

É impossível avaliar a natureza arriscada da escolha estratégica quando lemos a maioria dos livros de negócios. Por exemplo, o Projeto Evergreen aconselha empresas a "criar e manter uma estratégia claramente declarada e focada". A natureza exata dessa estratégia não era importante. Os autores explicam que se uma empresa deseja crescer, "não importa como você alcança esse crescimento. Ele pode ocorrer por expansão orgânica, fusões e aquisições, ou a combinação de ambas". Eles continuam: "Qualquer que seja a sua estratégia, preço baixo ou produtos inovadores, funcionará se for nitidamente definida, claramente comunicada, e bem entendida pelos colaboradores, clientes, parceiros e investidores."[2] O que não faz sentido. Pode ser que em um grupo de empresas altamente bem-sucedidas, constatemos que algumas cresceram por expansões orgânicas e outras por aquisições, algumas por oferecerem preços baixos e outras por enfatizarem a inovação, mas isso não significa que todas as estratégias sãos boas, contanto que sejam bem definidas e claramente comunicadas. Nós só seguramos o lado errado do bastão. Em certos cenários do mercado, algumas escolhas são tolas, até suicidas. Por exemplo, expanda a capacidade em um setor que já está com capacidade excessiva — não é uma medida sensata e, mesmo se bem comunicada e definida, não funcionará. Igualmente, *Empresas Feitas para Vencer* subestimou a natureza arriscada das escolhas estratégicas. No início, Collins escreveu: "Imaginamos que os líderes de empresas feitas para vencer começariam a definir uma nova visão e estratégia." Em vez disso, sua equipe constatou que empresas de sucesso primeiro formavam uma equipe com ótimas pessoas e em seguida adotavam uma estratégia de sucesso. *Ótimas* empresas "colocavam as pessoas corretas a bordo, desembarcavam as pessoas erradas e instalavam as pessoas certas nos assentos certos — e só então decidiam que rumo tomar".[3] Essa é a única menção à escolha estratégica em *Empresas Feitas para Vencer*. Não há nada sobre concorrentes, posicionamento ou risco. Estratégia não é nem mesmo um tópico listado no índice.

Nenhum desses livros reconheceu um fato essencial: estratégias sempre envolvem riscos porque não sabemos qual será o resultado de nossas escolhas. Há muitos motivos para decisões estratégicas serem tão incertas.[4] O primeiro tem a ver com os clientes. Eles aceitarão ou rejeitarão um novo produto ou serviço? Quanto estarão dispostos a pagar? É difícil ter certeza. Pesquisas de mercado são úteis, e como dissemos em relação ao Harrah's, no Capítulo 1, algumas empresas se prestam à experimentação científica — oferecem laboratórios naturais para testar variações em cenários controlados. Mas muitas iniciativas importantes, como o lançamento de um produto novo ou um novo modelo de negócio, não se prestam facilmente a experimentos. Na verdade, existem exemplos famosos em que um grande número de pesquisas de mercado não foi útil. Sam Phillips, o renomado produtor da Sun Records, certa vez alertou: "Quando você achar que sabe o que o público quer, vai saber que está vendo um idiota ao olhar no espelho."[5] A reação do mercado é sempre incerta, e estrategistas inteligentes sabem disso.

O segundo tem a ver com os concorrentes. Mesmo se pudermos prever o que os clientes farão, ainda teremos que enfrentar os concorrentes, alguns dos quais também fizeram boas previsões sobre os clientes e colocarão em prática escolhas semelhantes — ou talvez nos ultrapassem com um produto ou serviço revolucionário. Prever o movimento de um concorrente está longe de ser uma ciência exata — especialmente quando ele também está tentando prever o seu comportamento. Um ramo da economia, a teoria dos jogos, cresceu em torno de uma simples forma de inteligência competitiva que envolve dois jogadores, chamado de Dilema do Prisioneiro. Expanda o jogo para incluir múltiplos jogadores com recursos, capacidades e preferências de riscos diferentes, e a complexidade do jogo crescerá exponencialmente.

O terceiro tem a ver com mudanças tecnológicas. Alguns setores são relativamente estáveis, com produtos que não mudam muito e com uma demanda de clientes que permanece constante por longos períodos de tempo. Se você é a Kellogg's e vende flocos de milho, gerará um lucro estável ano após ano. As pessoas ainda precisam tomar café da manhã, ninguém inventou um produto melhor, sua marca é conhecida, e tudo isso pode ser revertido em receitas e lucros constantes (pelo menos, até que surjam flocos de milhos genéricos, marcas próprias diminuírem sua participação no mercado e suas margens ou até que grandes varejistas reduzam seus lucros — nada é para sempre, como diria Schumpeter). Mas em outros setores, a tecnologia muda rapidamente e escolhas estratégicas se sucedem umas às outras com consequências fatais. Em uma pesquisa pioneira, Clayton Christensen, da Escola de Administração de Harvard,[6] mostrou que em vários setores, desde equipamentos de terraplanagem a unidades de disco até siderurgia, empresas de sucesso eram repetidamente desalojadas por novas tecnologias. Elas não fracassaram devido à má administração — o problema era mais traiçoeiro. Foi por continuar a fazer tudo *certo* — focavam as necessidades dos clientes e investiam em novos produtos que tinham altas chances de sucesso — que se tornaram vulneráveis a novas tecnologias. No início, as tecnologias disruptivas não atraíram os concorrentes estabelecidos — elas não atendiam às necessidades dos clientes existentes e não prometiam vendas substanciais — e, portanto, eram ignoradas. No entanto, elas foram aperfeiçoadas com o tempo e substituíram a tecnologia existente, abalando os líderes do mercado. Afinal, é muito difícil saber quais novas tecnologias não darão resultados e podem ser ignoradas, e quais transformarão o setor e representarão uma grande ameaça.

Some esses três fatores — demanda de clientes incerta, concorrência imprevisível e mudança tecnológica —, e fica claro por que a escolha estratégica é inerentemente arriscada. Em nenhum setor os riscos foram maiores que no de alta tecnologia.[7] Você se lembra quando, no Capítulo 7, Jim Collins expressou surpresa ao constatar que as onze *ótimas* empresas vieram de setores comuns como varejo, bens de consumo, serviços financeiros, e aço? Ele ofereceu um insight poderoso: *Você não precisa ser uma empresa de alta tecnologia ou de biotecnologia para se tornar ótima. Se essas empresas comuns podem se tornar ótimas, você também pode!* Mas acho que uma interpretação diferente seria mais exata. Esses setores podem ser descritos como *fora de moda*, mas uma palavra melhor seria *estáveis*. Eles foram menos sujeitos a mudanças radicais na tecnologia e nas demandas dos clientes e podem ter enfrentado uma concorrência menos intensa. Isso significa que empresas nesses setores tinham mais chances de acumular um desempenho consistente, ano após ano, que as de setores mais turbulentos. Em comparação, era bem menos provável que empresas de alta tecnologia tivessem 15 anos de alto desempenho. Entre as 35 favoritas do mundo corporativo norte-americano que figuravam em *Vencendo a Crise* estavam diversas empresas de alta tecnologia: as fabricantes de computadores Amdahl, Data General, Digital Equipment, IBM, Hewlett-Packard, e Wang Labs, e empresas de semicondutores como a Intel, National Semiconductor e Texas Instruments. Nos dez anos após o encerramento do estudo, nenhuma acompanhou o ritmo do mercado em geral, como mostra a tabela 1A no apêndice. *Nenhuma*. Afirmar que qualquer um pode se tornar *ótimo* produz uma história maravilhosa, mas as únicas empresas que atenderam ao critério de Collins — quinze anos acima da média do mercado — atuavam no setor de produtos de consumo como cigarros, lâminas de barbear e papel higiênico, ou no varejo de bens de consumo como drogarias, ou serviços financeiros como bancos e empresas de crédito imobiliário. Collins observou que empresas podem se tornar *ótimas* mesmo em lugares improváveis, mas uma análise das evidências indica que ele inverteu os fatos. Se o critério são quinze anos consecutivos de alto desempenho, talvez seja mais preciso dizer que *somente* empresas em setores estáveis tendem a alcançar a *Grandeza*.

O último motivo não vem de fatores externos à empresa — clientes, concorrentes e tecnologias — mas de incertezas em torno das capacidades internas. Os gestores não sabem dizer exatamente como suas empresas — com as suas pessoas, habilidades e experiências em particular — reagirão a uma nova linha de ação. Professores de estratégia usam a expressão "ambiguidade causal" para descrever essa situação, isto é, as muitas e sutis inter-relações dentro de uma empresa tornam difícil saber exatamente qual será o resultado de um determinado conjunto de ações. Reúna esses fatores e o risco inerente da escolha estratégica fica claro.

O que um gestor deve fazer diante de tantas incertezas? É melhor ter uma visão de raposa do mundo e sempre levar em conta uma grande variedade de informações, fazer ajustes e mudar os planos de acordo com a necessidade? Ou é melhor buscar a simplicidade e foco do porco-espinho? Esta última opção é mais fácil de ser explicada e seguida pelos colaboradores com confiança. E, de acordo com algumas opiniões, talvez também a mais eficaz. Peters e Waterman falaram sobre o valor de se *ater ao essencial*; o Projeto Evergreen enfatizou a importância de uma estratégia claramente enunciada e focada; e as onze *ótimas* empresas de Collins eram conhecidas por terem um foco de porco-espinho. E eles não estão sozinhos. Em um estudo que mencionei brevemente no Capítulo 1, Chris Zook, da Bain & Co, analisou 1.854 empresas durante 10 anos e constatou que, entre elas, as que alcançaram um alto desempenho — definidas como tendo *crescimento sustentado e lucrativo* —, um total de 78% tinha focado um ramo de atividade básica.[8] A consequência: empresas que focam sua atividade básica superam o desempenho das que não o fazem. Porém, sejamos cuidadosos. Pode ser verdade que 78% das empresas com alto desempenho tivessem uma única atividade básica, porém esse não é um motivo que melhora suas chances de sucesso, pois não conhecemos a proporção das empresas no universo total que tinham uma atividade básica em comparação com as que tinham mais. Precisamos ter certeza de segurar o lado certo do bastão. A pergunta-chave não é quantas empresas de sucesso têm um perfil focado, mas, sim, se empresas com um perfil focado têm maior probabilidade de sucesso. Talvez uma mudança na estratégia não seja a *causa* do mau desempenho, mas o *resultado*, já que empresas normalmente aderem a uma fórmula vencedora. Uma pergunta mais interessante, e que ainda não foi respondida, é a seguinte: O que uma empresa deve fazer quando sua atividade básica está sob pressão? Suas chances de sucesso aumentariam caso agisse como um porco-espinho, redobrando o foco em uma atividade básica limitada? Ou se beneficiaria da habilidade de improvisação e adaptação da raposa? Essa é uma questão mais difícil, como a que os gestores enfrentam no trabalho. É a questão que a Nokia encarou no Capítulo 1 quando seus celulares sofreram pressão dos novos concorrentes, e também a que a Lego enfrentou quando a demanda por brinquedos tradicionais caiu. Até agora, há poucas pesquisas conclusivas sobre o assunto, talvez porque a pergunta não possa ser respondida ao se analisar um longo período de tempo e procurar padrões gerais.[9] A questão deve ser estudada de maneira diferente, isolando momentos específicos de decisão e comparando resultados de empresas que seguiram caminhos diferentes. Até agora, temos poucas respostas convincentes para essa pergunta.

Enquanto isso, enfrentamos a dura certeza de que a escolha estratégica é muito importante para o desempenho, mas também inerentemente arriscada. Podemos observar empresas bem-sucedidas e aplaudi-las pelas ótimas decisões do passado, mas esquecemos que quando foram tomadas, eram controversas e arriscadas. A aposta do McDonald's em franquias parece inteligente hoje, mas na década de 1950 foi um salto no escuro. A estratégia da Dell de venda direta agora parece brilhante, mas foi tentada apenas após vários fracassos em canais convencionais. Ou, como discutimos em capítulos anteriores, temos a decisão da Cisco de reunir uma gama completa de produtos oferecidos por meio de aquisições ou a aposta da ABB de liderar a racionalização do setor elétrico europeu por meio da consolidação e redução de custos. Os gestores que tomaram essas decisões avaliaram uma grande variedade de fatores e optaram por ser diferentes dos concorrentes. Essas decisões deram certo, mas o sucesso não era inevitável. Assim como James March, da Universidade Stanford, e Zur Shapira, da Universidade de Nova York, explicaram: "A reconstrução após o fato permite que se conte a história de modo que o 'acaso', no sentido de fenômenos genuinamente probabilísticos ou no da variação inexplicada, seja minimizado como uma explicação."[10] Mas o acaso *desempenha* um papel importante, e a diferença entre visionários brilhantes e apostadores imprudentes é deduzida após o fato, uma atribuição com base em resultados. Escolhas estratégicas sempre envolvem riscos. A tarefa da liderança estratégica é reunir informações apropriadas e avaliá-las com ponderação e fazer escolhas que, mesmo arriscadas, oferecem as melhores chances para o sucesso em um cenário competitivo.

... E as Incertezas da Execução

Recentemente, tem sido dada atenção crescente ao segundo pilar do desempenho, a execução, cuja importância foi alardeada por alguns líderes empresariais proeminentes. Na visão de Larry Bossidy, ex-CEO da Honeywell e, antes disso, executivo da GE, a execução não é só um elemento fundamental do desempenho de uma empresa, mas está entre os mais importantes. "A execução", escreveu, "é a grande questão ignorada no mundo dos negócios hoje em dia. Sua falta é o maior obstáculo individual para o sucesso e a causa de decepções incorretamente atribuídas a outros motivos. Estratégias só geram resultados se forem convertidas em ações específicas, que são a essência da execução".[11] Esse fato parece positivo, porque se a execução não é apenas muito importante, mas também envolve menos incerteza do que a escolha estratégica, os gestores têm condições de fazer melhorias previsíveis no desempenho. A execução não é tão arriscada quanto a escolha estratégica, pois esta depende das preferências dos clientes, das ações dos concorrentes e das perspectivas de novas tecnologias — fatores que estão em um confuso mundo exterior. Por outro lado, a execução acontece dentro das empresas, em suas dependências, com seu pessoal, em um trabalho para cumprir a estratégia elaborada e acordada por nós. Existem menos incertezas.

No entanto, a execução envolve muitas dúvidas. Afinal, uma empresa não é um sistema com partes mecânicas, intercambiáveis e substituíveis. Ela é um *sistema sociotécnico*, uma combinação de homens e máquinas, de pessoas e coisas, de hardware e software, mas também de ideias e atitudes.[12] Alguns elementos técnicos podem ser copiados e aplicados com resultados previsíveis. Por exemplo, muitos métodos de fabricação, fórmulas de produção, gestão de estoque e sistemas de computadores podem ser compartilhados por unidades de negócio com efeitos semelhantes. Mas quando analisamos como esses sistemas técnicos interagem com sistemas sociais, pessoas e valores, atitudes e expectativas, é mais difícil prever os resultados. Tome como exemplo a gestão de recursos humanos. Mark Huselid e Brian Becker, autores de um estudo sobre o qual lemos no Capítulo 5, descobriram que sistemas de gestão de recursos humanos exercem um impacto significativo no desempenho das empresas e concluíram que seria aconselhável os gestores identificarem as melhores práticas de RH e aplicá-las em sua empresa. Mas advertiram para o fato de que medidas que funcionam em uma empresa, com seu pessoal, suas normas e tradições, pode não levar ao mesmo resultado em outra. A forma como as políticas de recursos humanos afeta o desempenho reflete uma "contingência idiossincrática".[13] A execução eficaz permanece incerta.

"Contingência idiossincrática" é algo como "ambiguidade causal" — é como alguém com título de doutor diz: *Eu não sei*. Mas é a verdade. É muito difícil desenredar os modos como as pessoas e os processos funcionam juntos em organizações complexas, e ainda mais difíceis transferi-los para outro lugar com os mesmos resultados. Mesmo que tentemos melhorar a eficiência operacional, não conseguiremos prever como um dado conjunto de práticas moldará o desempenho de uma empresa. O que ajuda a esclarecer por que o poder explicativo do estudo de Nick Bloom e Stephen Dorgan, examinado no capítulo anterior, foi modesto. Eles descobriram que adotar certas práticas empresariais poderia explicar cerca de 10% da diferença no desempenho da empresa. Por que não mais que 10%? Porque os resultados serão diferentes, dependendo de uma série de fatores: os colaboradores, suas habilidades e expectativas e o contexto organizacional em que essas práticas são usadas. Nada disso sugere que algumas práticas não sejam melhores que outras, tampouco significa que não sejam úteis para a maioria das empresas em grande parte do tempo.[14] Significa apenas que a execução, como a estratégia, não se presta a relações previsíveis de causa e efeito. Na melhor das hipóteses, nossos esforços para isolar e entender o funcionamento interno das empresas terão um sucesso moderado.

Dada a sua importância no desempenho da empresa, observamos que a execução tem recebido atenção crescente. Inúmeros livros e artigos falam sobre a necessidade de realizar as coisas. Uma expressão que ouvimos várias vezes é "execução impecável". Um dos quatro elementos em *What Really Works* usou exatamente este termo: empresas bem-sucedidas "desenvolvem e mantêm uma execução operacional impecável". Um livro recente intitulado *Flawless Execution* [*Execução Impecável*, em tradução livre][15], declarou oferecer às empresas um meio de alcançar um desempenho excelente e "vencer suas batalhas do mundo dos negócios". A *Business Week*[16] usou a mesma expressão para descrever os desafios enfrentados pela Nissan em sua batalha com a Toyota: "A execução da Nissan precisa ser impecável." Isso deveria ser positivo — não só reconhecer a importância da eficiência operacional, mas fixar metas elevadas e falar sobre *execução impecável*.

No entanto, em minha experiência, muitas vezes boas intenções sobre execução são abaladas por erros básicos. Por exemplo, recentemente assisti à apresentação de um alto executivo de uma conhecida multinacional que falou a quarenta de seus gestores de todo o mundo. A empresa tem alto desempenho, é líder no setor, não é uma empresa problemática. No início da palestra, ao descrever os desafios enfrentados pela empresa, o executivo disse enfaticamente: "Temos a estratégia certa. Só precisamos executá-la melhor." Todos na sala concordaram e o debate prosseguiu, abrangendo vários temas durante a próxima hora. O que poderia estar errado nisso? Apenas isto: existem dezenas de dimensões de execução e as quarenta pessoas na sala podiam estar pensando em quarenta coisas diferentes. Quando o encontro terminou, elas não compreendiam melhor os maiores desafios enfrentados pela empresa, nem estavam mais perto de concordar sobre ações específicas que deveriam tomar — o que tornava improvável que muita coisa mudasse para melhor. Dizer "Precisamos executar melhor" é mais ou menos tão útil como dizer "Vamos todos fazer um trabalho melhor". Mas isso não é nenhuma novidade.

Em vez de apenas mencionar a importância da execução impecável — afinal, quem poderia ser *contra* a execução impecável? — seria melhor que os gestores identificassem os elementos da execução mais importantes para entregar a estratégia escolhida. Para uma empresa, poderia ser a redução do tempo do ciclo de fabricação ou a redução dos níveis de defeito; para outra, aumentar a velocidade de lançamento de novos produtos ou atingir maiores níveis de retenção de clientes ou melhorar o OTD [on-time delivery] [entregas no prazo ou antes do prazo]. É tentador dizer que tudo é importante, mas isso é fácil demais. O segredo está em perguntar: para a *nossa* empresa, *nesta* época, enfrentando *nossos* concorrentes, quais dimensões de execução são *mais* importantes? Quais são mais vitais para *nós agora*? Essas são perguntas difíceis, mas necessárias se quisermos desenvolver um senso partilhado de prioridades. E podem ser respondidas. Quando Larry Bossidy era CEO da AlliedSignal[17], ele não se limitava a falar sobre a importância da execução de forma geral, mas focava quatro dimensões específicas: acelerar o desenvolvimento de novos produtos, melhorar a taxa de atendimento de pedidos, gerir estoques com perfeição e melhorar a gestão de capital de giro. Era uma lista curta que todos na empresa conseguiam entender e focar.

Um segundo desafio é nosso velho amigo, o efeito halo. Se não formos cuidadosos, pode-se dizer que *qualquer* empresa bem-sucedida executa bem, e que *qualquer* fracasso se explica como uma falha de execução. Por hora, sabemos como evitar halos — temos que contar com medidas que não sejam moldadas pelo desempenho. Temos que separar insumos e produção. Na última década, a Dell Inc. tem sido um bom exemplo de ótima execução.[18] Embora seja natural observar o sucesso da Dell e pensar em uma execução excepcional, um olhar mais atento deixa claro que a Dell mediu rigorosamente muitos aspectos de suas operações, da velocidade de seu processo de produção sob encomenda, e sua habilidade de poupar tempo em cada passo de seu ciclo de produção até seu giro superior dos estoques (mais de oitenta vezes por ano!). A Dell também cobrava os clientes antes de pagar os fornecedores — ou seja, em termos contábeis, tinha dias negativos de capital de giro, um feito notável. A Dell não se limitava a falar sobre a importância da execução impecável, mas focava uma série de elementos-chave e os media com precisão. E os resultados têm sido, objetivamente medidos, excelentes.

Existe outro motivo para questionar o valor de pronunciamentos generalizados sobre a *execução impecável*: eles desviam a atenção da *estratégia*. Você lembra quando os quarenta gestores concordaram sobre a importância da execução? Quem poderia discordar? Mas ao focarem a execução, o tema da escolha estratégica foi posto de lado. Isso acontece o tempo todo. Quando a empresa em que trabalhei, a Hewlett-Packard, anunciou resultados desapontadores em agosto de 2004, a CEO Carly Fiorina afirmou: "A estratégia está certa. Falhamos na execução."[19] Sua explicação soou razoável, e ninguém a questionou quando substituiu alguns executivos em posições-chave — parecia um passo apropriado para melhorar a execução e elevar o desempenho da empresa. Curiosamente, quando Fiorina foi demitida[20], apenas seis meses mais tarde, em fevereiro de 2005, o porta-voz da empresa repetiu o mesmo argumento: a HP estava seguindo a estratégia certa, mas a CEO fora substituída porque a diretoria queria uma execução melhor![21] De novo, a medida pareceu razoável, e ninguém levantou dúvidas sobre as escolhas básicas da empresa. Seis semanas depois, quando Mark Hurd foi contratado como o novo CEO, a Hewlett-Packard insistiu em sua postura e anunciou que havia "escolhido o Sr. Hurd devido às suas habilidades de execução". E aí está o problema: é *sempre* mais fácil chamar a atenção para a execução do que abordar questões fundamentais de estratégia. É sempre mais fácil insistir em que estamos indo na direção certa, que só precisamos acelerar um pouco; é mais doloroso admitir que a direção é falha, porque as soluções são muito mais complicadas. A Hewlett-Packard foi acometida por todos os lados por preocupações estratégicas. Ela desfrutava de uma forte posição em produtos de impressão e imagem, mas perdia a batalha para a Dell no setor de computadores pessoais; no de computadores corporativos, estava sendo pressionada pela Dell e a IBM; em sistemas de armazenamento de dados corporativos estava atrás da EMC; seus serviços de tecnologia da informação estavam aquém da IBM, Accenture, e EDS; e em eletrônica de consumo, uma série de concorrentes difíceis, da Kodak à Sony. Havia muitas razões para questionar a estratégia da HP, mas fazê-lo gerava sérias consequências de longo alcance. Para os gestores, é mais fácil focar a execução, que todos sempre concordarão que pode ser melhorada. E nem mesmo a Dell está isenta: quando anunciou resultados trimestrais desapontadores em meados de 2005, o CEO Kevin Rollins justificou os problemas como uma "questão de execução". De fato, havia amplas razões para questionar as escolhas estratégicas da Dell no tocante ao mercado-alvo e posicionamento competitivo, mas essas discussões invariavelmente têm implicações mais preocupantes. É mais simples apontar o dedo para a execução. O que leva a uma observação: sempre que alguém diz: "Temos a estratégia certa, precisamos apenas executar melhor", eu me certifico de analisar melhor a *estratégia*.[22]

E isso nos leva à melhor resposta que tenho para a pergunta: *O que leva ao alto desempenho?* Se deixarmos de lado os suspeitos comuns como liderança, cultura, foco etc. — que talvez sejam mais bem compreendidos como atribuições com base no desempenho do que causadores do desempenho —, ficaremos com duas categorias gerais: escolha estratégica e execução. A primeira é basicamente arriscada, pois se baseia em nossas suposições sobre clientes, concorrentes, tecnologia, assim como em nossas capacidades internas. A última é incerta, porque práticas que funcionam bem em uma empresa podem não ter o mesmo efeito em outras. Apesar de querermos passos simples, a realidade da administração é muito mais incerta do que gostaríamos de admitir — e muito mais do que nossas histórias reconfortantes nos fariam acreditar. Gestores sensatos compreendem que negócios envolvem encontrar caminhos para melhorar as possibilidades do sucesso — mas nunca imaginar que o sucesso é certo. Se uma empresa faz escolhas estratégicas inteligentes, trabalha arduamente para ser e é favorecida pela sorte, pode se distanciar de seus concorrentes, pelo menos, por um tempo. Mas mesmo esses lucros diminuirão com o tempo. Sucesso em um momento não garante sucesso no próximo, porque ele atrai novos oponentes, alguns dispostos a assumir maiores riscos. Isso explica por que, apesar das histórias sedutoras, simplesmente não existem fórmulas que garantam o sucesso. Como Tom Peters observou: "Para ser excelente, você tem que ser sistemático. Quando você é sistemático, fica vulnerável a ataques. Sim, é um paradoxo. Agora lide com ele."[23]

CAPÍTULO DEZ

Administrar sem Fones de Ouvido de Cocos

> Após assimilar a ideia de que não se pode provar nada em termos absolutos, a vida gira mais em torno de dificuldades, riscos e trocas. Em um mundo sem verdades demonstráveis, o único meio de melhorar as probabilidades que restam é o conhecimento e a compreensão.
>
> Robert E. Rubin
> *In an Uncertain World: Tough Choices from Wall Street to Washington*, 2003

Não é de se admirar que gestores, sob pressão para entregar receitas e lucros cada vez mais altos, sejam atraídos por livros que alegam revelar os segredos do sucesso. Até mesmo alguns líderes bem conhecidos buscam best-sellers que os ajudem. Em setembro de 2005, a *Business Week* escreveu sobre o CEO da Microsoft, Steve Ballmer, e seus esforços de se proteger de concorrentes como a Google e Yahoo!, de revigorar a empresa e devolver a Microsoft à sua grandeza. Entre outras coisas, foi dito que Ballmer procurou inspiração no livro de Jim Collins, *Empresas Feitas para Vencer*.[1]

Ora, Steve Ballmer é um sujeito inteligente, e não imagino que ele pensou seriamente que o livro de Collins tivesse muitas respostas para a Microsoft. Os problemas que a maior empresa de software do mundo enfrentava enquanto tentava manter uma posição dominante em um setor altamente dinâmico, com desafios de softwares de código aberto a inúmeras inovações online com nomes tipo wikis, blogs e mash-ups, estão a anos-luz dos problemas que empresas médias enfrentam no setor de finanças ou varejo. Mas se Ballmer tentasse implementar as leis ditas imutáveis por Collins, ficaria desapontado: desde que se tornou CEO, o crescimento da receita anual da Microsoft caiu de 36% para 8%, e o preço de suas ações despencou em 40%. Nada disso deveria surpreender. Sabemos que empresas de alto desempenho costumam recuar no decorrer do tempo por causa da concorrência. As ideias centrais do *Empresas Feitas para Vencer* — *ter ótimas pessoas*, *permanecer focado* e *ser persistente* — provavelmente são úteis para muitas empresas em diversas circunstâncias, mas não há razões para acreditar que sejam suficientes para devolver um gigante do software aos seus dias de glória.

Infelizmente para Ballmer e para quaisquer outros gestores, não há uma fórmula mágica, meios de decifrar o código, nenhum gênio na garrafa que guarda os segredos do sucesso. A resposta para: *O que funciona?* é simples: *Nada* realmente funciona, pelo menos, não o tempo todo. Essa não é a natureza do mundo dos negócios. Mas essa percepção, embora precisa, não é animadora. Gerir significa agir, *fazer coisas*. Então, o que pode ser feito? O primeiro passo é deixar de lado os delírios que deturpam nossos pensamentos sobre o desempenho das empresas. Reconhecer que histórias inspiradoras são reconfortantes, mas têm poder preditivo pouco maior do que um par de fones de ouvido de cocos em uma ilha tropical. Em vez disso, os gestores devem entender que o sucesso é relativo, não absoluto, e que a vantagem competitiva[2] requer correr riscos calculados; aceitar que poucas empresas alcançam o sucesso permanente; e que o das que conseguem talvez seja mais bem entendido como uma junção de vários sucessos de curto prazo, e não como uma busca consciente da grandeza duradoura. Para admitir que, como Tom Lester, do *Financial Times*, disse tão bem: "A margem entre o sucesso e o fracasso costuma ser muito estreita, e nunca tão definida e duradoura como parece à distância."[3] Assim, reconhecer que boas decisões nem sempre levam a resultados favoráveis, e que resultados desfavoráveis nem sempre são resultados de erros e, portanto, resistir à tendência natural de fazer atribuições apenas com base em resultados. E, finalmente, reconhecer que a sorte tem um papel no sucesso das empresas. Companhias de sucesso não são apenas "felizardas", — o alto desempenho *não* acontece por acaso — mas, às vezes, a sorte desempenha um papel fundamental.[4]

Tudo isso parece desencorajador, mas não precisa ser. O fato de que o desempenho depende de tantos fatores fora do nosso controle não é motivo para desespero. E, felizmente, há muitos bons exemplos de gestores que veem o mundo com clareza e precisão, sem delírios. Eles não escrevem relatos autoelogiosos sobre carreiras vitoriosas, nem oferecem chavões sobre autenticidade, integridade e humildade, como se elas — por mais importantes que sejam — garantissem o sucesso. Eles não se apegam a visões idealizadas do mundo dos negócios. Em vez disso, são gestores atentos que reconhecem que o sucesso vem da combinação de julgamento perspicaz, trabalho árduo e uma boa dose de sorte, e estão cientes de que em outras circunstâncias o resultado pode ser diferente. Os executivos que analisaremos — Robert Rubin, Andy Grove e Guerrino de Luca — têm sido muito bem-sucedidos, e darei a impressão de ter selecionado a amostra com base em resultados, e até certo ponto isso é verdade. Não saberíamos nada sobre eles se não tivessem sucesso. Mas não os incluo pelo sucesso alcançado — por seus resultados —, mas pelo modo como tomaram decisões, geriram suas empresas e fizeram escolhas estratégicas arriscadas com muita cautela e depois exigiram uma ótima execução. Esse tipo de abordagem é um exemplo para todos os gestores.

Robert Rubin e a Gestão de Probabilidades

Robert Rubin talvez seja mais conhecido por seus oito anos no governo de Clinton, primeiro como diretor do Conselho Econômico Nacional da Casa Branca e, mais tarde, como secretário do Tesouro. Antes disso, Rubin passou vinte e seis anos no banco de investimentos Goldman Sachs, e acabou atuando como cossócio sênior. Em suas memórias, Rubin descreveu: "O que guiou a minha carreira tanto nos negócios quanto no governo[5] foi minha visão fundamental de que nada é comprovadamente certo. Uma consequência dessa visão é a tomada de decisão probabilística. Para mim, o pensamento probabilístico não é apenas um constructo intelectual, mas um hábito e uma disciplina profundamente enraizados na minha psique." Essa visão foi desenvolvida na faculdade, onde ele estudou filosofia e aprendeu a nunca aceitar propostas sem uma análise profunda, mas abordar o que lia e ouvia com ceticismo. O pensamento de Rubin foi aprimorado em Wall Street, onde viu que não havia fatos seguros, nenhuma fórmula para o sucesso. Em vez disso: "O sucesso era produto da avaliação[6] de todas as informações disponíveis para tentar julgar a probabilidade de vários resultados e os possíveis ganhos e perdas associados a cada um. Minha vida em Wall Street foi baseada em decisões probabilísticas que eu tomava diariamente."

Dos anos em que Rubin esteve no Goldman Sachs, muitos foram passados na área de arbitragem de risco, que envolve comprar títulos mobiliários que estão sujeitos a acontecimentos significativos — por exemplo, uma fusão, venda da empresa ou falência. Era muito complicado, mas se feito de maneira certa, altamente lucrativo. Faça a aposta correta e você sairá na frente. Faça a aposta errada e tudo estará perdido. A arbitragem de risco não se presta a cálculos exatos, mas sempre envolvia certo risco. Como Rubin lembrou: "Fluxo e incerteza faziam da arbitragem de risco algo estressante[7] para algumas pessoas. Mas de algum modo, consegui lidar com isso sem perder o equilíbrio. A arbitragem me convinha, não só por meu temperamento, mas como uma maneira de pensar — como um tipo de disciplina mental... Às vezes, a arbitragem de risco envolvia grandes prejuízos, mas fazer uma análise correta e não se deixar envolver pelo comportamento de manada poderia levar ao sucesso. Prejuízos intermitentes — às vezes superiores às suas piores expectativas — faziam parte dos negócios."

Um acordo memorável foi a proposta de aquisição da Becton Dickinson por uma empresa rival na área de produtos médicos, a Univis, em 1967[8]. De acordo com as condições de fusão por troca de ações, o preço de mercado das ações da Univis passaria de US$24,5 para cerca de US$33. Quando o acordo foi anunciado, as ações da Univis aumentaram de US$24,5 para US$30,5, refletindo a incerteza do mercado sobre a concretização do acordo. Essa era a questão que o departamento de Rubin tinha que responder. Se a Goldman Sachs acreditasse que a fusão seria bem-sucedida, compraria ações da Univis no valor de U$$30,5 e se beneficiaria do aumento adicional para US$33; mas se acreditasse que fracassaria, poderia vendê-las a descoberto. Após muitos cálculos, a Goldman Sachs comprou as ações. Ganharia US$125 mil se a fusão fosse concretizada, uma boa quantia em 1967. Mas, algumas semanas mais tarde, um relatório de rendimentos desapontador da Univis fez com que a Becton Dickinson retirasse o lance, e a Goldman Sachs acabou perdendo US$675 mil — mais de 5 vezes o que esperava ganhar. Naturalmente, houve muitas críticas, adivinhação e acusações nos corredores da Goldman Sachs, uma reação normal, já que as pessoas deduzem que um mau resultado é consequência de uma decisão ruim. Mas apesar do resultado negativo, Rubin sabia que a decisão não tinha sido necessariamente errada. Ele explicou: "Mesmo um grande e penoso prejuízo não significa uma avaliação incorreta. Assim como qualquer negócio atuarial, a ideia central da arbitragem é ganhar dinheiro na maioria e na soma total dos negócios se as probabilidades forem calculadas corretamente. Se você aceitar um risco de seis para um, perderá dinheiro a cada sétima vez. Para alguém de fora, o nosso negócio se parece com jogos de azar, mas, na verdade, é o contrário, pelo menos, se comparado com a maioria das apostas de amadores. É um negócio de investimentos construído com base de análises cuidadosas, avaliações disciplinadas — com frequência feitas sob uma pressão considerável — e a lei das médias."[9] Como um veterano negociador da Goldman Sachs, Robert Rubin sabia que cerca de um negócio a cada sete poderia fracassar. Ele e os colegas tentaram melhorar suas taxas de sucesso, mas sabiam, por experiência própria, que uma perda em cada de sete era provável — e aceitável. (Se a taxa de prejuízo fosse muito baixa, seria um sinal de que a Goldman não estava correndo riscos suficientes — o que também é um problema sério. A taxa ideal de fracasso não era zero, assim como a taxa ideal de inadimplência em empréstimos bancários não é zero. Porém, certifique-se de que um prejuízo não vai falir o banco!) Essa visão do mundo baseia-se na avaliação de probabilidades, não na busca da certeza.

Se um grande e doloroso prejuízo não significa necessariamente uma decisão ruim, então o que significa? Para responder a essa pergunta, temos que ir além do efeito halo, analisar o próprio processo de decisão, deixando de lado o resultado futuro. As informações corretas foram reunidas, ou dados importantes foram ignorados? As pressuposições eram razoáveis, ou eram falhas? Os cálculos foram precisos, ou apresentavam erros? Todas as possibilidades foram identificadas e o seu impacto estimado? O portfólio geral de riscos da Goldman Sachs foi adequadamente avaliado? Esse tipo de análise rigorosa, com os resultados separados das entradas, não é habitual para muitas pessoas, pois requer um esforço mental adicional, um exame das ações por seus méritos em vez de simplesmente fazer atribuições posteriores, sejam elas favoráveis ou desfavoráveis. Não é uma tarefa fácil, mas é essencial. Apenas com esse tipo de avaliação equilibrada a Goldman Sachs poderia aprender com esse episódio e melhorar na próxima oportunidade. Para Robert Rubin, esse tipo de raciocínio era natural. Sua visão do mundo se baseava em probabilidades e incertezas. Ele escreveu: "Algumas pessoas que conheci parecem mais seguras do que eu sobre tudo. Esse tipo de certeza não é apenas uma característica de personalidade que não tenho. Para mim, é uma atitude que parece interpretar mal a própria natureza da realidade — sua complexidade e ambiguidade — oferecendo uma base inadequada para tomar decisões que possam levar a melhores resultados."[10]

A atitude de Rubin, que respeita a ambiguidade e a complexidade, unindo a humildade nos bons momentos com a insistência em aprender com os maus, não lhe foi útil só na Goldman Sachs, mas também no governo, onde também enfrentou decisões incertas e para as quais não havia fórmulas. Em seu primeiro dia como secretário do Tesouro — quando assumiu o cargo —, enfrentou uma decisão crucial relacionada à crise do peso mexicano. Com o México encarando uma inadimplência iminente, os EUA deveriam ou não intervir e apoiá-lo? Assim como as decisões de arbitragem, Rubin examinou diferentes opções. Quais eram os riscos de intervir — que sinais enviaria, quais precedentes abriria? Quais eram os riscos de *não* intervir — em caso de inadimplência do México, quais seriam as repercussões para os EUA e para o sistema monetário global? Não havia fórmulas, só avaliações cuidadosas de opções, probabilidades e consequências, cada uma com chances aproximadas, anotadas em um caderno mental, embasando a avaliação futura — não escolhidas com qualquer garantia de sucesso, mas buscando melhorar ao máximo as chances de êxito. Após reunir todas as informações possíveis, o governo Clinton ofereceu a necessária ajuda financeira para o peso mexicano — que estabilizou o mercado e iniciou o processo de recuperação da economia. Não sem riscos substanciais e com poucas garantias de sucesso, mas com base no mesmo pensamento impassível e avaliação de probabilidades que ajudara Robert Rubin a se sair bem na carreira.

Andy Grove e o Jogo das Novas Tecnologias

A arbitragem de riscos da Goldman Sachs envolvia muitas transações, nenhuma das quais grande o suficiente para causar a falência do banco — pelo menos, se os riscos fossem administrados de maneira correta. Mas empresas também enfrentam decisões estratégicas cujos riscos são desconhecidos e nas quais um mau resultado não pode ser compensado por resultados favoráveis. Não há taxas básicas para serem consultadas e há poucas instruções sobre a dimensão de ganhos e perdas. Algumas empresas enfrentam essas decisões ocasionalmente, mas outras — especialmente em setores em que a tecnologia muda rapidamente — têm que as confrontar com regularidade.

Um gestor que passou por incertezas com habilidade é Andy Grove, da Intel. Nascido Andraz Graf, na Hungria, sobreviveu a Hitler e a Stalin antes de imigrar para os EUA, no fim dos anos de 1950, e nunca se livrou da sensação de que o sucesso nunca está garantido e que o fracasso pode ocorrer a qualquer momento. Depois de estudar engenharia química na Universidade da Califórnia, Grove começou a trabalhar no próspero setor da eletrônica. Em 1968, ele se mudou de Fairchild e com Gordon Moore e Robert Noyce fundaram a Intel Corporation, uma nova empresa de semicondutores. Esse não era um setor fora de moda. A tecnologia dos semicondutores avançava rapidamente, com a capacidade dos chips dobrando mais ou menos a cada dezoito meses, conforme conhecida observação de Moore.

Em 1969, quando a Intel tinha apenas um ano e enfrentava concorrentes difíceis e estabelecidos como a Texas Instruments e a Mostek, uma importante empresa de computação abriu concorrência para o desenvolvimento de um novo chip com memória de 64 bits. A Intel era uma das sete proponentes e depois de intensos esforços de desenvolvimento — trabalhando como se suas vidas dependessem disso, Grove lembrou — venceu a concorrência. O chip foi um sucesso enorme para uma jovem empresa, mas não havia tempo para comemorar.[11] Os concorrentes tinham a meta de desenvolver um com 4 vezes mais memória, 256 bits. Novamente, desenvolver o produto foi uma questão vital, e a Intel aceitou o desafio e apresentou o melhor projeto. Novamente, a concorrência se dispôs a criar a próxima geração de chips. Para se destacar, a Intel renunciou ao próximo passo lógico, um dispositivo de 512 bits e ultrapassou os concorrentes com um de 1.024 bits, 4 vezes mais que o primeiro. Essa foi uma escolha — a decisão de fazer algo diferente, mas potencialmente proveitoso — muito arriscada. Exigia um raciocínio de raposa: agilidade, perspicácia, identificação de oportunidades, mas também reconhecimento do perigo. Andy Grove lembrou: "O projeto exigiu que fizéssemos algumas altas apostas tecnológicas." Tomada a decisão, os colaboradores se reuniram — engenheiros, técnicos e experts em produção — trabalhando sob intensa pressão para executar a estratégia. E dessa vez, Grove lembrou: "Tiramos a sorte grande. Esse dispositivo se tornou um grande sucesso."

Observe as palavras de Grove. Ele falou de "apostas" e da necessidade de "tirar a sorte grande". Não se falou de esquemas para atingir a grandeza duradoura ou o sucesso garantido. Grove reconheceu os riscos e incertezas envolvidos, e sabia que a Intel tinha que dar passos ousados que lhe permitissem aproveitar uma vantagem temporária e então alavancá-la em outros campos. Foi uma aposta calculada, mas, ainda assim, uma aposta.

A decisão de desenvolver o chip de 1.024 bits foi uma das muitas escolhas arriscadas que a Intel fez no decorrer dos anos. Como CEO, Grove sempre sondou o ambiente para descobrir mudanças em termos de tecnologia, concorrência e clientes, reunindo informações úteis para a Intel. Ele escreveu: "Pense nas mudanças no ambiente como um ponto luminoso na tela do radar. No início, você não sabe o que ele representa, mas continua observando-o para ver se o objeto se aproxima, qual é sua velocidade e como é, à medida que chega mais perto. Mesmo que ele pare na periferia, é preciso ficar atento, porque sua velocidade e percurso podem mudar."[12] Segundo Grove, os anos que passou na Intel, em muitos momentos, exigiam escolher diante de incertezas. Não havia garantia de sucesso — apostas estratégicas nunca têm. Mas como Robert Rubin dizia, você melhora suas chances de sucesso analisando as probabilidades, suas capacidades, a motivação e as habilidades da concorrência com atenção e cuidado, e faz a melhor avaliação, ciente de que nem as melhores decisões sempre acabam bem, mas de que sem correr riscos calculados é impossível vencer em um mercado competitivo. No entanto, lançada a aposta, Grove acreditava em uma execução disciplinada. Explicou: "Como mobilizar uma grande equipe de executivos para desenvolver e aceitar tarefas novas e diferentes, trabalhar em um ambiente instável com empenho apesar do futuro incerto, se o líder da empresa não estrutura (esse futuro)?"[13] Agora, a raposa abre caminho para o porco-espinho.

Com base em seus primeiros sucessos, a Intel se tornou uma potência no setor de semicondutores na década de 1970 e começo da de 1980, abocanhando uma grande fatia no mercado de chips de memória. Mas em meados da década de 1980, a Intel ficou novamente sob ataque, dessa vez por parte de empresas japonesas. A Intel não decaiu em nenhum sentido, mas falhou em relação aos novos concorrentes japoneses. Em 1985, Noyce e Grove fizeram outro anúncio corajoso: abandonar o mercado de chips de memória e passar a fabricar microprocessadores, um mercado menos cíclico e que oferecia margens maiores. Foi algo altamente arriscado, mas certamente compensador. Durante os próximos anos, as vendas e lucros da Intel dispararam, graças em parte à parceria com a Microsoft. Sob a liderança de Andy Grove, a Intel dominou o mercado de microprocessadores, lançando uma geração após a outra de chips poderosos e rápidos: 286, 386, Pentium etc.

A Intel teve apenas sorte? Acho que não. Nessas e em outras decisões, Grove sabia que o desempenho era relativo. Não é suficiente fazer algo bem, é preciso ser melhor que os outros — e isso significa correr riscos. O livro de 1996 de Grove, *Only the Paranoid Survive* [*Só os Paranoicos Sobrevivem*, em tradução livre], é um manual reflexivo para gestores sobre pontos estratégicos de inflexão — momentos de risco extremo quando a existência da empresa corre perigo. Ele mostrou profunda compreensão da dinâmica do setor, das mudanças tecnológicas e da necessidade de fazer apostas calculadas. Grove não tinha nenhum delírio sobre seguir esquemas que alegam garantir o sucesso. A disposição para correr riscos é essencial — não é para os mais fracos — e, em parte, é estimulada por uma dose de medo. Grove comentou:

> O guru da qualidade W. Edwards Deming defendeu eliminar o medo nas empresas. Considero essa afirmação insensata. O papel mais importante dos gestores é criar um ambiente em que as pessoas se dedicam intensamente a vencer no mercado. O medo tem um papel significativo em criar e manter essa dedicação. Medo da concorrência, da falência, de estar errado e de perder tudo são motivadores poderosos.[14]

Os best-sellers de negócios normalmente não falam sobre medo. Não há lugar para o medo no mundo cor-de-rosa onde os pobres viram ricos ou na vizinhança confortável do personagem de *Mister Rogers*, onde o bem sempre triunfa e um punhado de regras simples levam a um sucesso previsível, independentemente do que as pessoas façam. O medo não oferece uma história para dormir reconfortante. Mas agora sabemos que esse tipo de confiança insensata é baseado em delírios e provavelmente não leva a melhores resultados.

Não sou o único a admirar Andy Grove. Em 2004, ele foi nomeado o CEO mais influente dos 25 anos anteriores pela Wharton School. Jeffrey Garten, ex-reitor da Escola de Administração de Yale, foi além, chamando Grove de "um supermodelo para as futuras gerações de CEOs". Por que os elogios? Não apenas dos excelentes resultados da Intel — outras empresas também se saíram igualmente bem, se confiarmos no desempenho das ações — mas por causa da habilidade de Grove de reagir a mudanças e se recuperar de crises. Garten escreveu que a genialidade de Grove era alinhar estratégia e execução mesmo que as forças da globalização estivessem causando imensas mudanças no ambiente de negócios.[15] Ele fez escolhas estratégicas calculadas, nunca ignorando os enormes riscos envolvidos. Para a execução, Grove dava aos gestores margem para a iniciativa, mas "exigia que medissem seu desempenho a cada passo do caminho". Ele exigia que os gestores pensassem por si mesmos, não aceitando o trivial só porque outros diziam que era verdade. Richard Tedlow, da Escola de Negócios de Harvard, escreveu a biografia de Grove, chamando-o de "o melhor modelo que temos para liderar empresas no século XXI", não porque seguiu esquemas para sucesso de longo prazo com a tenacidade de um porco-espinho, mas porque ficou atento a mudanças no cenário competitivo e se adaptou a novas circunstâncias — tecnológicas, competitivas, regulatórias, e dos consumidores. Como Tedlow escreveu: "Grove escapou da seleção natural evoluindo por si mesmo. Adaptando-se à força a uma sucessão de novas realidades, deixou um rastro de suposições descartadas atrás dele."[16]

Mesmo quando a Intel prosperava na década de 1990, Grove nunca considerou o sucesso como algo garantido, tampouco perdeu a apreensão de refugiado húngaro quanto aos riscos de um fracasso iminente. Ele trabalhou de perto com Clayton Christensen, da Escola de Negócios de Harvard, em um esforço para evitar o trauma das tecnologias disruptivas. Ele também colaborou com Robert Burgelman, da Escola de Administração de Stanford, cujo livro de 2002, *Strategy Is Destiny* [*O Destino É a Estratégia*, em tradução livre], detalhou o processo de criação de estratégias da Intel. Se alguma empresa tinha mostrado conhecimento do setor, gestão sensata, histórico de inovação e a combinação de grandes talentos e muitos recursos, essa empresa seria a Intel. O *New York Times* observou: "Por duas décadas, a Intel tem sido a empresa mais competente do Vale do Silício."[17] Em 2005, era a sétima maior empresa norte-americana em capitalização de mercado, valendo mais que US$180 bilhões, e a décima oitava em lucros.

Por esse motivo, a Intel tinha a garantia de sucesso constante? De forma alguma. Como toda a empresa de sucesso, a Intel lutou para encontrar novas maneiras para um crescimento lucrativo. Uma concorrente, a AMD, fez importantes incursões no domínio dos microprocessadores da Intel, e o mercado para computadores pessoais estava desacelerando. Os primeiros esforços de expansão da Intel para novos mercados não tiveram sucesso. A sua entrada no mercado de televisões digitais falhou. Ela também demorou a reconhecer uma mudança no mercado de microprocessadores que se distanciava da ênfase na velocidade e se aproximava da integração com outras tecnologias. Em 2005, o *Financial Times* noticiou: "A confiança da Intel, construída sobre o seu domínio no mercado de PCs, onde seus chips estão em quatro de cinco máquinas vendidas, foi abalada no último ano."[18]

O que era necessário para melhorar o desempenho? Escolha estratégica, o que sempre envolve riscos. Em 2006, o novo CEO Paul Otellini anunciou que a Intel iria muito além da sua essência tradicional de microprocessadores em direção a uma nova ênfase em chips e software, combinando-os em plataformas voltadas para campos variados — de notebooks a salas de estar a aplicações sem fio. Essa mudança foi acompanhada de um redesenho da marca da Intel e um novo slogan: Leap Ahead [Salte Adiante]. Era uma mudança ousada de rumo, um rompimento com o passado, e para alguns observadores, quase um repúdio ao caminho indicado por Andy Grove. E como Grove reagiu? Ele acusou a Intel de estar se *afastando da sua essência?* Pelo contrário. Em uma reunião com altos executivos da Intel, Grove sinalizou sua aprovação, declarando que a nova direção da empresa era "uma das melhores manifestações de incorporação dos valores da Intel de correr riscos, disciplina, e orientação para resultados que já vi aqui".[19] O sucesso estava garantido? Dificilmente — a nova investida estratégica da Intel estava repleta de riscos. Porém, mais uma vez, a Intel foi forçada a se reinventar ou aceitar o declínio do crescimento e a redução das margens. Empresas inteligentes avaliam as suas opções e fazem o melhor para aumentar as probabilidades de sucesso, mesmo que o destino *ainda* seja incerto, e gestores mais sensatos, como Andy Grove, sabem disso.

Analisando a Logitech

Como último exemplo, vamos analisar uma empresa que não tem um CEO famoso ou um histórico de sucesso de 35 anos. A Logitech é uma das líderes mundiais na produção de dispositivos de interface de computadores — mouses, teclados, periféricos, alto-falantes etc. Ela foi fundada na Suíça e hoje sua sede fica em Fremont, Califórnia, com operações de projeto e produção na Europa, América do Norte e Ásia. Em um mercado difícil com uma concorrência acirrada, parte vinda da Microsoft — e agora, talvez também da Intel — a Logitech tem se saído muito bem. De 1999 a 2005, as vendas triplicaram e os lucros cresceram ainda mais.

Como podemos explicar o sucesso da Logitech? É tentador dizer que a Logitech tem um ótimo pessoal, o que provavelmente é verdade, mas sabemos que é fácil dizer coisas favoráveis sobre os colaboradores de uma empresa quando ela é bem-sucedida. Também podemos imaginar que a Logitech tem uma ótima cultura corporativa, e se perguntarmos aos colaboradores, eles provavelmente dirão que sim, mas essa também não é uma explicação adequada. Costuma-se dizer que empresas bem-sucedidas têm uma ótima cultura — porque os colaboradores gostam de jogar em uma equipe vencedora e se sentirem confiantes sobre o seu futuro. Quanto a orientação para o cliente, essa também é fácil, porque o crescimento rápido das vendas da Logitech deve significar que os clientes gostam dos seus produtos (como o mouse sem fio que estou usando agora). É possível alegar que o sucesso da Logitech se deve à estratégia focada que segue e, de fato, a Logitech se concentrou em uma variedade de produtos bastante restrita. Porém, podemos perguntar se a empresa foi bem-sucedida por causa do seu foco ou se permaneceu focada por causa do seu sucesso. E não vamos esquecer a liderança. Sempre há motivos para deduzir que uma empresa com crescimento rápido e lucrativo tem um líder brilhante. Sempre é possível encontrar evidências de uma visão sólida, de habilidades para inspirar e de integridade pessoal do CEO. Mas agora sabemos que o sucesso é relativo, não absoluto. Concorrentes imitam e benefícios desaparecem. Às vezes, até boas decisões dão maus resultados — o que não significa que elas foram um erro ou engano. É provável que práticas que funcionam em uma empresa não terão os mesmos efeitos em outra. Então, como explicar o sucesso da Logitech?

Em 2005, eu assisti a uma palestra do presidente e CEO da Logitech, Guerrino de Luca. Nativo da Itália, de Luca tem longa experiência nos EUA, atuando por muitos anos como gestor de marketing sênior para a Apple Computer. Eu estava curioso: ele tentaria explicar o sucesso da Logitech em termos de ótimo pessoal, valores sólidos e disposição de ânimo dos colaboradores? Na verdade, de Luca descreveu o sucesso da Logitech — e os seus desafios — em termos de estratégia e execução, e não evitou abordar a incerteza intrínseca de cada uma. Primeiro ele examinou as escolhas estratégicas conscientes feitas pela Logitech. Ela focou um único segmento: produtos que oferecem a interface entre pessoas e tecnologias. Dentro deste segmento, enfatizou o design, a funcionalidade e a tecnologia. Preocupou-se com a experiência do usuário — e queria desenvolver produtos que as pessoas adorariam usar e ficassem orgulhosas em mostrar para os amigos. A Logitech evitou produtos padronizados — "No momento em que você pensa em seu produto como algo padronizado, ele o será", alertou de Luca. E embora a Logitech se recuse a competir em preços, deliberadamente mantém preços acessíveis para que as pessoas possam tomar decisões de compra sem consultas demoradas. Reconhecendo a velocidade da mudança tecnológica, a Logitech também substituiu agressivamente os próprios produtos. De Luca mostrou que, várias vezes, a Logitech teve que "matar a sua galinha dos ovos de ouro que produziu ovos mais rápido do que o mercado conseguira absorver". Também parou de buscar novos produtos que pareciam não oferecer uma chance de vantagem competitiva. De Luca observou: "Você tem que escolher sua área com muito cuidado e ser o melhor. Dissemos 'não' muitas vezes para oportunidades que pareciam óbvias, para mercados que cresciam rápido. O motivo? Porque não nos destacaríamos ou não conseguíamos atingir um tamanho razoável naqueles mercados." Esse era um gestor sempre vigilante, sondando o ambiente competitivo e fazendo escolhas em função disso. A ênfase da Logitech em inovação exigia gastos elevados em pesquisas e desenvolvimento de produtos que de Luca descreveu como "uma escolha fundamental que fazíamos conscientemente". Essas escolhas envolviam riscos? Sim. Você estuda o mercado, a concorrência, examina as tendências, analisa as suas habilidades e capacidades — e faz uma aposta. A Logitech era, para usar a expressão de Andy Grove, um pouco "paranoica"? Com certeza. Nesse setor, devido à concorrência acirrada e à rapidez das mudanças, ela tinha que ser.

De Luca também enfatizou a importância da execução. Uma vez que as escolhas estratégicas eram feitas, o foco mudava para a sua realização. "Vimos várias vezes", disse ele, "estratégias modestamente definidas terem sucesso impressionante por meio de uma ótima execução". Mas de Luca não apenas citou a palavra "execução", ele identificou elementos-chave que foram muito importantes para o sucesso da empresa em seu ambiente competitivo. Um deles era o desenvolvimento de novos produtos, realizado por meio de processos e métodos explícitos. Outro foi a gestão da cadeia de suprimentos, que usava centros de distribuição na América do Norte e Europa. A Logitech também investiu pesado em locais modernos de produção, recentemente abrindo uma nova fábrica na China. No entanto, apesar da atenção à estratégia e execução, de Luca reconheceu que o sucesso não é garantido. Havia um esforço conjunto da Logitech para evitar arrogância e complacência: "Sempre insistimos em tentar evitar a síndrome do 'Se não quebrou, não conserte'. Sempre fazemos mudanças em como administramos nosso negócio, em nossa organização e em nossos sistemas. A resistência às mudanças em empresas de sucesso é muito alta, e mesmo assim, temos que fazê-las." O CEO da Logitech estava seguindo esquemas para um sucesso duradouro? Não. Mas tomou decisões cuidadosas sobre escolhas estratégicas — decidindo o que fazer e o que *não* fazer — seguidas por execuções disciplinadas com base em prioridades claras e medidas explícitas.

E por Último

A Logitech sempre prosperará? Provavelmente não. A natureza truculenta do mercado competitivo mostra à Logitech, e a quase todas as outras empresas, que chegar ao topo é difícil — é uma mistura de estratégias inteligentes, execuções excepcionais e boa sorte. Permanecer no topo é ainda mais difícil, porque o sucesso atrai imitadores, alguns dos quais estão dispostos a correr riscos que parecem tolos para os outros — mas que eventualmente geram resultados espetaculares, chegando a causar disrupção em concorrentes já estabelecidos. Mais cedo ou mais tarde, as forças da concorrência, juntamente com as mudanças tecnológicas, abalarão a posição da Logitech. E quando o seu desempenho falhar, seja em dois ou vinte anos, será inevitável que alguém diga que a empresa cometeu um erro grave ou que o seu CEO estragou tudo. Os críticos de plantão dirão que a Logitech deveria ter feito mais daquilo ou menos disso, que errou ao se afastar da sua essência ou que falhou por ficar muito tempo fiel a ela. Decisões que geraram maus resultados serão criticadas como más decisões. Sempre será tentador contar uma história bonita que faça tudo parecer lógico e sensato, e que sugira por que os bons foram bem-sucedidos enquanto os maus ou arrogantes falharam.

Sempre haverá livros que tentam descobrir os elementos que separam as melhores empresas do resto e aconselham os gestores sobre o que fazer para levar suas empresas a grandes alturas, juntar-se ao grupo dos excelentes, vitoriosos, de sucesso excepcional. Alguns serão bons, outros não. Os gestores continuarão a lê-los, ávidos por aprender novas ideias, descobrir novos métodos que possam aplicar. Isso não é apenas inevitável, mas saudável.

A ideia central deste livro é a de que o nosso conceito de negócios é moldado por vários delírios. Espero que esses gestores leiam livros de negócios com mais senso crítico, livres de delírios, temperando suas fantasias e esperanças mais profundas com um pouco de realismo. Eu espero, em especial, que os gestores lembrem:

- Se variáveis independentes não são medidas independentemente, talvez nos encontremos imersos em halos.

- Se os dados estão repletos de halos, não importa quantos tenhamos coletado ou o quanto nossa análise pareça ser sofisticada.

- O sucesso raramente dura tanto quanto gostaríamos — em grande parte, o sucesso de longo prazo é um delírio baseado em seleções após os fatos.

- O desempenho de uma empresa é relativo, não absoluto. Uma empresa pode melhorar e retroceder mais ao mesmo tempo.

- Pode ser verdade que muitas empresas de sucesso fazem apostas arriscadas, mas fazer essas apostas nem sempre leva ao sucesso.

- Qualquer um que alegue ter encontrado as *leis da física dos negócios* entende pouco de negócios, pouco de física, ou de ambos.

- Procurar os segredos do sucesso revela pouco sobre o mundo dos negócios, mas diz muito sobre os seus pesquisadores — suas aspirações e seus desejos por certeza.

O que acontece quando eliminamos esses delírios? Quando se trata de gerir uma empresa para obter alto desempenho, um gestor sensato sabe que:

- Todas as boas estratégias envolvem riscos. Se você acha que a sua estratégia é à prova erro, o errado pode ser você.

- A execução também é incerta — o que funciona em uma empresa com uma força de trabalho pode ter resultados diferentes em outra.

- Muitas vezes, o acaso desempenha um papel maior do que imaginamos, ou do que os gestores de sucesso gostam de admitir.

- O elo entre entradas e resultados é tênue. Resultados ruins nem sempre significam que os gestores cometeram erros; e resultados bons nem sempre significam que eles agiram com acerto.

- Mas, quando os dados são lançados, os melhores gestores agem como se o acaso fosse irrelevante — persistência e tenacidade são tudo.

Tudo isso é garantia de sucesso? Claro que não. Mas acho que aumentará a sua chance de sucesso, que é um objetivo mais sensato para buscar.[20] E você não se verá na praia de uma ilha tropical, perguntando-se por que, apesar de todos os seus esforços sinceros de seguir uma fórmula de sucesso, os aviões de carga ainda não aterrissaram.

CAPÍTULO ONZE

A Ganância e a Grande Recessão

"Uma regra simples determina minhas compras:[1] tenha medo quando os outros estão gananciosos, e seja ganancioso quando os outros estiverem com medo."

Warren E. Buffett, Outubro de 2008

Quando *O Efeito Halo* [o original] foi publicado, em 2007, não imaginávamos que tempos difíceis se aproximavam. A economia caminhava a pleno vapor. A bolha da internet de 2000 tinha desaparecido na memória, e uma nova geração de empresas liderava. O Google abriu o capital em 2004 e mostrava excelentes resultados. A Apple estava em alta com a força do seu iPod; o iPhone era algo novo; e o iPad ainda não tinha sido lançado. O Twitter, criado em 2006, ganhava atenção depressa. O mercado de ações batia novos recordes no verão de 2007, e o índice S&P 500 atingiu uma alta histórica de 1.576 pontos em 11 de outubro.

O exemplo mais comum do efeito halo em 2007? A explicação de que empresas de sucesso seguiam estratégias geniais, realizavam execuções brilhantes com um foco intenso no cliente. O alto desempenho parecia ser o resultado natural de uma excelente gestão. O que fazia sentido.

Todos lembramos o que ocorreu em seguida. Os primeiros efeitos da crise imobiliária foram sentidos em algumas partes do país já em 2007, e a vulnerabilidade das principais instituições financeiras — inchadas por débitos suspeitos e mantendo posições que não conseguiam cobrir — estava começando a ser notada. Depois de seu maior recorde, no outono de 2007, o mercado de ações caiu em grande parte do ano de 2008, o S&P 500 passou de 1.468,36 no começo de janeiro para 1.282,83 no final de agosto, uma queda de 12,5%.

Com a falência da Lehmann Brothers em setembro de 2008, a economia ficou à beira de um colapso, e o mercado financeiro, em queda livre. O índice S&P 500 despencou, e em 20 de novembro fechou em 752.44, em uma perda superior a 40% do seu valor em 2 meses. Os Estados Unidos afundaram na recessão mais profunda e prolongada desde a década de 1930. O S&P 500 só recuperou o terreno perdido em abril de 2013.

No início, a procura de um culpado focou instrumentos financeiros ocultos, como swap de créditos, obrigações da dívida colateralizada (CDOs) e produtos sintéticos respaldados por financiamentos de alto risco. A maioria das pessoas não compreendia o que esses instrumentos faziam ou como puderam causar tanto dano. Além do mais, instrumentos complexos eram igualmente um *sintoma* e uma *causa* da crise financeira. Mesmo que swaps e obrigações de dívidas fossem parcialmente culpados, não explicavam a questão. O que tinha dado origem a esses instrumentos hipnotizantes, para começar? Era necessária uma explicação melhor, mais simples e satisfatória.

Logo a resposta apareceu. O problema real era a *ganância*.

Formadores de opinião concluíram depressa. Em dezembro de 2008, conforme se preparava para assumir a presidência, Barack Obama prometeu: "Eliminaremos essa cultura de ganância e tramoias que nos trouxe a esse ajuste de contas."[2] Do Vaticano, o Papa Bento XVI lamentou "o triunfo da ganância sobre o bem comum".[3]

Houve críticas a quem tinha acumulado muitas dívidas. Harvey Golub, ex-CEO da American Express, culpou a "ganância e estupidez" de compradores ávidos que compraram imóveis que não podiam pagar pela crise das hipotecas de risco.[4] Mas essa era a opinião da minoria, e certamente não era a que o público queria ouvir.

A revolta maior voltou-se aos magos de Wall Street, os banqueiros e engenheiros financeiros que levaram a economia à beira da ruína enquanto cobravam altas taxas e comissões. De acordo com William D. Cohan, o colapso aconteceu devido a uma "combinação fatal de ganância e negligência", que levou a posições enormes em títulos mobiliários lastreados por hipotecas.⁵ Michiko Kakutani, do *New York Times*, afirmou que a crise financeira aconteceu por causa de "ganância combinada com imprudência".⁶

Culpar a ganância fazia um sentido. Banqueiros e financiadores ávidos enriqueceram enquanto causavam incontáveis danos a pessoas comuns em todas as partes. O que mais poderia explicar a traição de Bernard Madoff e o seu círculo de fornecedores e investidores, satisfeitos em acumular altos retornos quando deveriam ter sido mais conscientes?

No decorrer dos próximos anos, a *ganância* foi citada inúmeras vezes. Os livros sobre a crise tinham títulos que exibiam o termo prodigamente:

- *Fool's Gold: The Inside Story of J. P. Morgan and How Wall St. Greed Corrupted Its Bold Dream and Created a Financial Catastrophe* [*O Ouro dos Tolos: Por Dentro da História de J. P. Morgan e Como a Ganância de Wall Street Corrompeu Seu Sonho Ousado e Criou uma Catástrofe Financeira*, em tradução livre, como todos os próximos], de Gillian Tett

- *Crash of the Titans: Greed, Hubris, the Fall of Merrill Lynch and the Near-Collapse of Bank of America* [*Choque de Titãs: Ganância, Arrogância, a Queda da Merrill Lynch e o Quase Colapso do Bank of America*], de Greg Farrell

- *The Sellout: How Three Decades of Wall Street Greed and Government Mismanagement Destroyed the Global Financial System* [*A Liquidação: Como Três Décadas de Ganância de Wall Street e Má Gestão do Governo Destruíram o Sistema Financeiro Global*], de Charles Gasparino

- *Reckless Endangerment: How Outsized Ambition, Greed, and Corruption Led to Economic Armageddon* [*Perigo e Imprudência: Como a Ganância e a Corrupção Desmedidas Levaram ao Armagedom Econômico*], de Gretchen Morgensen e Joshua Rosner

- *Age of Greed: The Triumph of Finance and the Decline of America, 1970 to the Present* [*A Era da Ganância: O Triunfo das Finanças e o Declínio dos EUA, de 1970 até o Presente*], de Jeff Madrick

Gordon Gekko talvez tivesse outra coisa em mente quando disse: "Ganância é bom", mas parece ser verdade, pelo menos, para títulos de livros. No entanto, embora *ganância* aparecesse nos títulos, figurava com menos frequência na obra subsequente. Gillian Tett mencionou o termo no título, mas não nas 253 páginas do texto. O que ela quis dizer com a palavra ganância, e como corrompeu um sonho e levou à catástrofe, nunca foi explicado.

Mesmo assim, culpar a ganância pelo colapso financeiro foi uma explicação satisfatória e aceita. No final de 2011, quando o movimento Occupy Wall Street estava no auge no Parque Zucotti, de Manhattan, uma queixa foi ouvida acima de todas. Uma mulher vestida com um avental azul segurava um cartaz que dizia: "Esta enfermeira está enojada com a ganância de Wall Street." Outro cartaz dizia: "Para onde foi o meu futuro? A ganância o levou."

É tentador ver sinais de ganância quando algo dá errado, mas se não ficarmos atentos, pode ser apenas mais um exemplo do efeito halo, desta vez vinculado ao fracasso e não para explicar o sucesso. Se olharmos para trás, sempre encontraremos evidências da ganância. Em seu livro, Charles Gasparino, da CNBC, alegou que Wall Street assumia riscos excessivos já no início dos anos de 1970. No entanto, se a ganância estava tão presente na época, por que os repórteres precisaram de três décadas para percebê-la? Por que *não* denunciaram a ganância desenfreada se a tinham notado e nos pouparam das dificuldades da recessão? A resposta deveria ser óbvia: enquanto os lucros entravam, poucas pessoas imaginaram que havia algo errado. Banqueiros e financiadores eram aclamados por sua contribuição ao crescimento econômico e elogiados por ajudarem a economia a funcionar sem percalços. Eles ajudaram a elevar o alto padrão de vida, criaram riqueza. Talvez invejássemos o sucesso deles, mas aplaudíamos sua engenhosidade — e como investidores individuais nos beneficiávamos com o aumento de nossos portfólios. Poucos queriam dar um tempo enquanto a música tocava.

Alguns observadores alertaram sobre um desastre iminente, incluindo Nouriel Roubini, da Universidade de Nova York. Mas enquanto a economia parecia equilibrada, essas vozes eram ignoradas, tidas como alarmistas que não entendiam as maravilhas do mercado. Porém, quando o mercado financeiro entrou em colapso — o S&P 500 teve uma baixa de 683,38 em março de 2009, uma perda descomunal de 46% em 6 meses e 56% desde a alta em outubro de 2007, 1 ano e meio antes —, mudamos de ideia. Encaramos os fatos de outra forma. O que parecera ser prosperidade era só ganância — nas palavras de Michiko Kakutani, *ganância combinada com imprudência*.

Nem Tudo o que Reluz É Ganância

Em seus esforços para culpar a ganância pela crise financeira, algumas pessoas reescreveram a história de uma maneira a recordar George Orwell em seu livro *1984*. Ao escrever no *Huffington Post*, Tony Schwartz foi claro: "A ganância no seu auge, triunfa sobre a racionalidade, o julgamento, os pontos de vista, e qualquer preocupação com danos colaterais que possa causar." Para apoiar sua opinião, Schwartz citou um ex-investidor de Wall Street e autor de um best-seller Michael Lewis, que escreveu em um artigo de 2002 "In Defense of the Boom" [Em Defesa da Grande Expansão]: "É loucura um homem que tem bilhões de dólares dedicar a vida para ganhar outro bilhão, mas é o que alguns de nossos cidadãos mais exaltados fazem continuamente."[7] Schwartz deixou implícito que buscar uma riqueza cada vez maior é loucura, mas na verdade Lewis defendeu um ponto de vista *oposto*. Ao escrever após a bolha da internet estourar, Lewis sugeriu que a busca de ganhos era um ingrediente essencial do progresso econômico. O artigo descreveu o que chamava de virtudes do vício. Os mercados funcionam porque se baseiam em um sistema de incentivos "para encorajar um traço humano desprezível: o interesse próprio".[8] Essa é a verdadeira natureza da empresa privada. A economia de livre mercado "eleva o desejo de ganhar dinheiro acima de outros mais nobres". Lewis admite que pode parecer loucura que pessoas ricas busquem ainda mais riquezas, mas ressaltou que esse impulso é precisamente o que lubrifica as rodas de todo o sistema. Visto dessa forma, o dano colateral de bolhas e falências é um preço pequeno a pagar por avanços tecnológicos e o bem maior que trazem para todos nós.

Lewis escreveu depois que a bolha da internet estourou. Oito anos mais tarde, o dano foi maior, e a destruição, generalizada. Após a Grande Recessão, quando a classe média norte-americana perdeu suas casas, e o desemprego atingiu os maiores índices em décadas, a história era outra. (Lewis descreveu o colapso do mercado imobiliário em 2010, em *A Jogada do Século*.)

Sem dúvidas, a busca pelo lucro sempre esteve presente em empresas privadas. Mudaram as medidas que tomamos para mantê-la sob controle. A professora de direito da UCLA, Lynn Stout, citou a Lei de Modernização do Mercado Futuro de Commodities, aprovada pelo Congresso em 2000, que derrubou uma antiga proibição de apostas em derivativos que não protegiam contra riscos preexistentes. Ela explicou: "Ao eliminar essa regra centenária em nome da 'modernização', o Congresso criou problemas enormes de risco moral ao mercado de balcão de derivativos.[9] Por exemplo, se permitirmos que pessoas inescrupulosas comprem seguros contra incêndios para imóveis de terceiros; a incidência de incêndios criminosos aumentaria drasticamente." Stout concluiu: "Infelizmente, a ganância é uma constante na natureza humana. Não a eliminaremos tão cedo, mas ao menos podemos mantê-la controlada." Ela está certa. O estímulo do lucro está *sempre* presente em empresas privadas, e se buscar o lucro é um sinal de ganância, então, a ganância sempre estará presente. As crises financeiras ocorrem menos devido a súbitas ondas de ganância do que à diminuição de nossa disposição de manter o estímulo do lucro sob controle.

Não deveríamos nos surpreender se os autores modernos lutam com o conceito de ganância. No livro de Platão, *Hiparco*, o amigo de Sócrates acredita que entende o conceito claramente: A ganância é "um desejo insaciável de lucro". Mas como Sócrates observou, pessoas racionais buscam lucros, e pessoas irracionais buscam prejuízo. Se a ganância é um desejo de lucro, pessoas racionais podem ser consideradas gananciosas. No final do diálogo, Sócrates dá uma interpretação oposta ao argumento demonstrando ao amigo que "são aqueles que amam o bem que você chama de gananciosos".[10] Na Grécia Antiga, assim como hoje, a ganância é um conceito enganoso. Colocamos rótulos depressa após o fato, quando sabemos como as coisas aconteceram, mas temos dificuldade em vê-las no presente.

Os dicionários também são muito úteis. O *Webster's Dictionary* define *greed* (ganância) como "o estado excessivo ou repreensível de consumo". Os seres humanos são consumistas? Muitos são. Então, quando exatamente o impulso de consumir se torna "excessivo" ou "repreensível"? É ainda mais difícil responder a essa pergunta. O que é racional para uma pessoa, em determinado cenário econômico, pode ser excessivo para outra. A ganância é uma explicação conveniente com implicações morais satisfatórias, mas como motivo lógico para a crise financeira, ela deixa a desejar.

Ganância na Toyota...

Fazer deduções sobre ganância retrospectivamente não se limita ao mundo das finanças. Em 2009, a Toyota era a maior fabricante de carros do mundo e desfrutava de uma reputação sem igual por sua alta qualidade. Ela levou suas técnicas sofisticadas de produção para os EUA com sucesso, onde suas fábricas produziam milhões de carros com padrões de alto nível. Livros foram escritos admirando o "Sistema Toyota", uma abordagem rigorosa de qualidade total, com base em métodos estatísticos e comportamentais avançados. A *Harvard Business Review* publicou vários artigos elogiando a Toyota e os reuniu em um livro em 2009, *Harvard Business Review on Manufacturing Excellence at Toyota* [*A Excelência na Fabricação na Toyota segundo a Harvard Business Review*,[11] em tradução livre], que dedicou 256 páginas ao expoente mais importante do mundo em qualidade. A sobrecapa destaca: "Poucas empresas têm inspirado melhores práticas de gestão de maneira tão sistemática quanto a Toyota. Do projeto operacional estratégico e melhoria da qualidade à integração de desenvolvimento de produtos e treinamento gerencial, a empresa alcançou o sucesso através da inovação constante. Essa coletânea mostra como a Toyota conseguiu — e como você pode aplicar essas lições para promover o sucesso na sua empresa."[12]

Algum sinal de ganância aqui? Nenhum.

Então foi uma surpresa quando foram relatados alguns casos sobre aceleração súbita não intencional (SUA) nos veículos da Toyota. No início, foram só algumas reclamações, insuficientes para despertar preocupação quando considerados os milhões de Toyotas nas ruas. Então, mais casos de SUA foram informados, incluindo um terrível acidente em agosto de 2009 que matou vários passageiros. O problema parecia ser causado pelos tapetes que prendiam o pedal, um problema de baixa tecnologia que pedia uma solução de baixa tecnologia. A Toyota reagiu com um recall maciço, levando 8 milhões de carros para a inspeção. Mas se o recall foi feito para demonstrar o comprometimento da empresa com a segurança, não deu certo. A própria dimensão do recall sugeria que os problemas eram generalizados. (A empresa ficou sem saída. Um recall limitado levaria a denúncias de que a Toyota se negava ou mostrava má vontade em arcar com maiores custos, mas um recall tão amplo parecia confirmar um defeito grave.) Infelizmente, trocar os tapetes não solucionava todas as ocorrências de SUA. O problema era mais complexo, possivelmente associado ao motor ou aos componentes eletrônicos e softwares complicados que fazem parte dos automóveis modernos. Esse era um problema desconcertante sem uma solução clara.

No entanto, o público queria uma resposta satisfatória, e logo a conseguiu. A Toyota foi acusada de *ganância*, de colocar os lucros à frente da segurança. Em um depoimento diante do Comitê de Energia e Comércio da Câmara, uma assistente social aposentada do Tennessee chamada Rhonda Smith descreveu como o seu carro, um Lexus 350, tinha acelerado na Interestadual 40, chegando a mais de 145 km por hora. Ela concluiu: "Você devia se envergonhar, Toyota, por ser tão gananciosa."[13] Surgiu um site, www.toyotacorporategreed.info, para ajudar a espalhar a mensagem. No Missouri, Bill Clark, do *Columbia Daily Tribune*, escreveu um artigo intitulado: "Toyota's Stellar Reputation Sullied by Greed" [A Excelente Reputação da Toyota Manchada pela Ganância].[14] Não importa que Sr. Clark tenha dirigido um Toyota Camry por anos. Agora ele condenava a empresa por sua ganância, embora observasse que compraria um Toyota novamente caso a empresa resolvesse o problema. Já para Rhonda Smith, sua provação acabou quando, como explicou: "Deus interveio", e o motor desacelerou, permitindo-lhe desligar a ignição e o carro parasse aos poucos. Segundo ela, a ganância da Toyota causou o erro e a misericórdia de Deus o corrigiu.

Enquanto isso, na Grã Bretanha, a BBC conduziu uma investigação e resumiu suas descobertas: "Para muitos, a história da Toyota é um conto antiquado de ganância.[15] Começou com uma empresa pequena, cujo objetivo era simples: fazer os melhores produtos. Mas à medida que crescia e se expandia para um mundo complexo e globalizado, o lucro e resultados finais assumiram o controle. Talvez não seja uma história tão antiquada assim."

Em fevereiro de 2010, quando a fúria do público estava no auge, o CEO da empresa, Akio Toyoda, compareceu diante do Congresso para dizer que ele "lamentava profundamente" os acidentes, e se desculpar com as famílias que foram afetadas. Ele reconheceu que a Toyota "talvez tivesse crescido muito rápido"[16] e inadvertidamente comprometido a segurança enquanto buscava volume. Claro, é fácil dizer isso em retrospectiva. Enquanto a Toyota estava se expandindo com êxito, era descrita como ousada e visionária, capaz de combinar qualidade e escala para benefício de todos. Quando surgiu um problema, observadores foram rápidos em deduzir que era gananciosa.

Qual era a real dimensão do problema da Toyota? Um jornalista calculou que dirigir um dos modelos incluídos no recall "aumentava as chances de morrer em um acidente de carro[17] durante os próximos anos de 0,01907% (19 milésimos de 1%, quando arredondado) para 0,01935% (também 19 milésimos de 1%)", uma mudança de apenas 0,00028%. Uma mudança tão minúscula pode ser a diferença entre um erro aceitável e ganância? Claro que não. Se o Congresso quisesse ser rigoroso em relação às mortes nas estradas, abordaria a direção sob efeito de álcool e o uso de celulares, que causam muito mais acidentes do que aceleração súbita não intencional. No entanto, como narrativa, elas têm o mesmo apelo. A ganância é melhor.

... e a Plataforma Deepwater Horizon BP

Apenas algumas semanas depois que o Sr. Toyoda testemunhou em Capitol Hill, uma explosão na plataforma de petróleo, a Deepwater Horizon, da BP, provocou um imenso vazamento de petróleo no Golfo do México, poluindo centenas de quilômetros da costa e causando danos à vida selvagem e à economia de muitos estados. O líder da maioria no senado, Harry Reid, acusou — você adivinhou — a ganância dos executivos da BP como responsável pelo desastre. Ele declarou: "Wall Street não é o único lugar onde a busca irresponsável por lucros mostrou ser destrutiva.[18] A ganância (da BP) provocou onze mortes horríveis e desnecessárias. Prejudicou o setor de turismo, colocou em risco os negócios de incontáveis áreas de pesca e abalou a vida de muitos ao longo da Costa do Golfo."

A explosão da BP ocorreu pouco tempo depois da crise financeira do país e gerou controvérsia na internet: quem era o maior vilão, a Goldman Sachs ou a BP?[19] A opinião na blogosfera estava dividida. Uma das respostas dizia: "Sem dúvida, a Goldman Sachs. Ela operava com uma perspectiva gananciosa sem consideração por seus investidores e, embora a ganância da BP por lucros foi parcialmente responsável pela falta de preparo para esse desastre, ela fornece ao país os recursos de que precisa." A BP também recebeu alguns votos. Alguém observou: "A BP, com sua ganância... causou uma série catastrófica de eventos... Milhões de criaturas marinhas (foram) mortas pela violação deliberada de regras de saúde e segurança por parte da BP a fim de economizar algumas (mesmo que fossem milhões) de libras."

As acusações de ganância da BP se sustentaram depois de uma investigação mais atenta? Não muito. Em novembro de 2010, o principal investigador do painel presidencial que pesquisou o vazamento disse que não encontrou sinais de negligência em relação à segurança. Fred H. Bartlit Jr. contestou qualquer insinuação de que a BP e seus parceiros, Transocean e Halliburton, reduzissem custos para acelerar a conclusão do poço. Bartlit observou: "Até esta data, não tivemos nenhum caso[20] em que um ser humano tomou uma decisão consciente para favorecer dólares em detrimento da segurança." Sobre os engenheiros e trabalhadores na plataforma: "Eles querem ser eficientes, não querem desperdiçar dinheiro, mas também não querem seus amigos mortos." A comissão descobriu que os problemas com a cimentação foram a principal causa do desastre no poço, porém o ponto principal era muito mais simples: um poço em águas profundas é um sistema altamente complicado e a responsabilidade não foi de nenhum erro isolado. As causas são complexas e pedem uma investigação, e melhores medidas de segurança são necessárias, mas quando culpamos a ganância nos conformamos com muito pouco. Perdemos o ponto principal.

Da Ganância à Arrogância

Muitas vezes associada à ganância temos outra palavra: *húbris*. Com origem na mitologia grega, húbris se refere à arrogância punida pelos Deuses. É irresistível pensar na arrogância quando algo dá totalmente errado.[21]

Por que os executivos pagam somas enormes para adquirir outras empresas, quando a experiência mostra que a maioria das aquisições falha? Uma resposta conveniente é a arrogância, a crença inapropriada de que tudo o que fazem pode ter sucesso. Em novembro de 2009, a Dubai World, uma construtora de projetos imobiliários caros e de resorts glamourosos nos Emirados Árabes, enfrentou dificuldades financeiras quando os preços dos imóveis despencaram. Jeremy Warner, do

Telegraph, escreveu: "Não fui o único a considerar o milagre do rápido surgimento de edifícios em Dubai[22] com um alto grau de ceticismo. Como um monumento à vaidade e arrogância do Xeique Mohammed bin Rashid al-Maktoum, Dubai sempre pareceu um acidente iminente." Ele teve dúvidas, mas como a maioria das pessoas, responsabilizou a vaidade e a arrogância após os problemas se tornarem evidentes. Durante os anos de rápido crescimento, Dubai costumava ser descrita como ambiciosa e ousada, e o Xeique al-Maktoum era aclamado como um visionário perspicaz. Ninguém fala de arrogância quando o desempenho é bom. Como costumamos dizer: "A arrogância precede a queda." Ou seja, *Sem queda, não há arrogância*.

A arrogância, como a ganância, é destaque em títulos de livros e ausente nos textos. O aclamado relato sobre o Bear Sterns, de William D. Cohan, foi intitulado *Castelo de Cartas: A Derrocada do Bear Sterns: Uma História de Arrogância e Abuso*,[23] porém, *arrogância* aparece uma vez no texto e em uma citação. O autor nunca usa a palavra em seu livro de 500 páginas. Ficamos sem saber se o colapso financeiro ocorreu por causa da *arrogância e do abuso*.

A arrogância também foi citada nos relatos sobre o vazamento de petróleo da BP. Alguns observadores viram a imagem moderna de uma antiga busca por óleo — óleo de baleia — na caçada autodestrutiva de Moby Dick pelo Capitão Ahab. Randy Kennedy escreveu no *New York Times*: "Nas semanas desde a explosão da plataforma, paralelos entre esse desastre e o protomodernista imaginado por Melville há mais de um século e meio, às vezes, foram impressionantes[24] — e dolorosamente esclarecedores, já que o vazamento torna-se um lembrete diário das limitações da capacidade humana de explorar a natureza para as suas necessidades... Agora, a 80 quilômetros da costa da Louisiana, seus temas de arrogância, destrutividade e busca implacável são mais reveladores do que nunca." Talvez, porém, nas semanas *anteriores à* explosão, não havia nenhuma menção à arrogância. A imprensa enfatizou as tecnologias cada vez mais sofisticadas usadas para explorar fontes cada vez mais remotas de petróleo, e a habilidade de fazê-lo de forma segura e eficiente. Avanços em tecnologia de imagem em quatro dimensões e perfuração direcional não eram apenas impressionantes, mas dignas de elogios — enquanto fossem bem-sucedidas. Quando o desastre acontece, as evidências apontam para a *arrogância protomodernista*.

Ganância e arrogância são explicações atraentes, em parte porque transmitem um julgamento moral. Quando sugerimos que as pessoas exibem ganância ou arrogância, concluímos que elas contribuem para sua queda através da imoralidade. Elas mereceram o destino que tiveram.

Agora já sabemos que existem dois problemas aqui. Primeiro, para que a ganância e a arrogância tenham valor, não podem ser deduzidas apenas após o fato. Temos que as reconhecer quando as virmos, e como já as vimos, elas se mostram problemáticas. Segundo, quando culpamos os pecados da ganância e da arrogância pelo fracasso, imaginamos que evitaremos os infortúnios que ocorreram com os outros.[25] Afinal, achamos que a ganância e arrogância descrevem outras pessoas, não a nós. O colapso do Bear Stearns realmente ocorreu devido à ganância e à arrogância desmedidas? A falência do Lehmann Brothers foi causada pela ganância? Em caso positivo podemos nos tranquilizar — porque esses termos não se aplicam a nós. E esse é um delírio bem mais grave.

CAPÍTULO DOZE

De Volta para o Presente

"Palavras são apenas *ferramentas* para o escritor[1]... Minha principal intenção sempre que me sento para escrever, é *chamar a atenção* de pessoas como você e fazê-las *pensar*."

Hunter S. Thompson, carta para Carrie Neftzger, 1974,
Fear and Loathing in America: The Brutal Odyssey of an Outlaw Journalist, 1968–1976

Com mais alguns anos em que nos basear, podemos atualizar algumas histórias. O que aconteceu com as empresas e os personagens descritos nos capítulos anteriores? Seus halos se apagaram ou conservaram o brilho?

Quando o vimos no Capítulo 10, Andy Grove insistia para que a Intel continuasse se arriscando. Em setores altamente competitivos como o dos semicondutores, em que a tecnologia muda rapidamente, apenas empresas dispostas a correr riscos terão alguma chance de sobreviver para ver um novo dia. A paranoia nem sempre leva ao sucesso, mas como Grove destacou no título de seu livro, *Only the Paranoid Survive* [*Apenas os Paranoicos Sobrevivem*, em tradução livre], qualquer empresa que sobreviva terá exibido algo parecido com paranoia. Isso ocorria em 2006, e ainda mais em 2013, quando a posição da Intel em microprocessadores para PCs estava sob forte pressão devido à grande popularidade dos tablets, smartphones, e computação em nuvem.[2] O CEO Paul Otellini anunciou que deixaria a empresa três anos antes de sua aposentadoria, mencionando a necessidade de uma nova liderança. O presidente da Intel, Andy Bryant, pediu aos funcionários que se preparassem para mudanças maiores. O sucesso do passado não garantia lucros futuros, ele lembrou. Os clientes haviam mudado e a Intel tinha que se reinventar. Nos negócios, o desempenho da empresa é melhor entendido como relativo, e estratégias exigem escolhas feitas diante de incertezas. Como Andy Grove sabia, o maior engano era ser indulgente. A lógica que provou ser bem-sucedida nos anos anteriores ainda era verdadeira.

Algumas das forças que desafiavam a Intel também abalavam o sucesso da Logitech. Com o surgimento dos dispositivos móveis, o cenário competitivo se distanciava dos PCs, tornando o caminho acidentado. Ela continuou a crescer em ritmo rápido durante um tempo, de vendas de US$1,1 bilhão em 2002 para US$2,37 bilhões em 2008, acompanhadas do aumento estável dos lucros. Depois, porém, o crescimento desacelerou. Em 2010, a receita diminuía, o efeito combinado da recessão agravado pela migração dos clientes para os tablets, smartphones, e outros aparelhos que não necessitavam de mouse ou periféricos. Nos anos seguintes o valor das ações da Logitech despencou de US$36, no final de 2007, para menos de US$10, no começo de 2009. Elas voltaram a subir para US$20 no final de 2010, mas caíram novamente para US$6,24, em 2013, antes de se recuperar no final do ano.

Com a perda de mercado de alguns dos produtos tradicionais, a Logitech procurou novos. No começo de 2013, anunciou um compromisso com produtos de mobilidade e jogos online. Quanto a Guerrino de Luca, após atuar como presidente e CEO, de 1998 até 2008, agora era presidente do Conselho de Administração, e ajudou a indicar novas direções para a Logitech, como a criação de teclados para o iPad e projetar uma nova geração de webcams. A Logitech também divulgou o seu Harmony Ultimate Hub, que transforma o iPhone ou o seu celular Android em um controle remoto universal. Foi uma grande troca em sua linha de produtos, reduzindo a dependência dos PCs tradicionais e encontrando novo sucesso com a mudança para tablets e smartphones. Mesmo assim, o controle remoto universal continuou sendo o alvo de muitas startups e outros concorrentes. Matt Burns, da *Tech Crunch*, disse: "Não vai ficar mais fácil para a divisão Harmony."[4] Conforme mais produtores de smartphones incluírem portas IR em seus aparelhos, a concorrência ficará mais difícil. Mas se os maravilhosos Harmony Ultimate e Harmony Ultimate Hub servirem de indicação, os engenheiros e gestores de produtos da Logitech sabem o que estão fazendo." No começo de 2014, essas medidas mostravam resultados e o preço das ações tornou a subir.[3]

Os diferentes caminhos seguidos pela Intel e Logitech não só são compreensíveis, mas quase inevitáveis dada a natureza turbulenta do setor. Mesmo o melhor gestor navegará nessas águas com contratempos. Os melhores precisarão se ajustar e se adaptar, aceitar novos desafios e assumir riscos e então insistir em uma execução disciplinada. Nenhuma delas desfrutou de uma jornada tranquila, mas ambas persistiram e até prosperaram.

A história de Robert Rubin, apresentada no Capítulo 10 como exemplo de uma avaliação sensata, suscita questões diferentes.

Depois de deixar o Departamento do Tesouro no governo Clinton, Rubin se tornou presidente do comitê executivo do Citigroup, contratado por Sandy Weill por um salário anual de mais de US$15 milhões. Dessa posição ele trabalhou em suas memórias, *In an Uncertain World* [*Em um Mundo de Incertezas*, em tradução livre], onde apresentou o seu entendimento do mundo em termos de probabilidades. O temperamento sereno de Rubin lhe foi útil na carreira na Goldman Sachs e também em seu cargo no governo.

Enquanto estava no Tesouro, no fim dos anos 1990, Rubin foi um dos muitos que apoiaram a desregulamentação de transações de derivativos. Outros expressaram sérias preocupações, com Warren Buffett alertando para o "risco de uma megacatástrofe".[5] Nas palavras do sábio de Omaha: "Derivativos são armas financeiras de destruição em massa,[6] carregando perigos que agora estão escondidos, mas são potencialmente letais." Buffett mostrou-se cauteloso, e após a crise financeira de 2008, Robert Rubin deixou o cargo no Citigroup. Ele havia recebido US$126 milhões durante os seus anos de serviço; agora o Citigroup estava destroçado, abalado pelos prejuízos.

Quando testemunhou diante da Comissão de Inquérito da Crise Financeira em Washington, em abril de 2010, Rubin explicou que o comitê que presidia no Citigroup não se reunia com frequência e não tinha participado "de uma parte substantiva do processo da tomada de decisão da instituição." O presidente do comitê, ex-tesoureiro do estado da Califórnia, Phil Angelides, desafiou-o nesse ponto. Ou Rubin estava à frente e enganado sobre os riscos envolvidos, ou ele estava ausente em um momento de suprema importância. "Eu não acho que se possa fazer as duas coisas",[7] Angelides afirmou. "Ou se está manipulando os controles ou dormindo no ponto." Enquanto outros, incluindo o ex-presidente do

Banco Central Alan Greenspan, expressavam publicamente arrependimento por erros que contribuíram para a calamidade financeira, Robert Rubin se absteve de comentários públicos. Para o repórter financeiro William D. Cohan, Rubin foi "o homem que não estava lá",[8] desaparecido em combate quando era mais necessário.

Para os que admiram Robert Rubin — incluindo a mim —, seu papel na crise é problemático. Claro que é fácil fazer atribuições sobre o passado com base em resultados. É tentador dizer que os instintos de Rubin falharam, talvez por causa da arrogância ou do orgulho. O que seria mais lógico, se estamos lidando com um ex-executivo da Goldman Sachs, uma empresa que estava no centro do colapso financeiro que, para alguns, simbolizava a ganância? Essa teoria cria uma história satisfatória, mas é fácil demais. Esse tipo de explicação sugere os mesmos delírios e pensamentos simplistas que tentei revelar neste livro, e também é perigosa, pois gera uma falsa sensação de segurança. Ficamos tranquilos acreditando que não cometeremos os mesmos erros pois, afinal, *nós* não fomos afetados pela arrogância ou pelo orgulho.

Geralmente, parcimônia é uma explicação melhor do que conspiração. Qual é a explicação mais simples aqui?

No decorrer da carreira, Robert Rubin acertou mais que errou. A habilidade de tomar decisões em meio a incertezas, ganhando muitas negociações e perdendo poucas, fez sentido na arbitragem de risco como na transação da Becton-Dickinson descrita no Capítulo 10, ou até mesmo na intervenção no peso em 1995. Mas um padrão diferente é exigido quando se trata de decisões que ameaçam o sistema financeiro como um todo. Não se deve considerar apenas a probabilidade de erro, mas as consequências potenciais.

No filme clássico de Stanley Kubrick, *Dr. Fantástico*, de 1964, um general renegado da Força Aérea envia uma esquadrilha de B-52s para atacar a União Soviética. O presidente dos EUA exige uma explicação de um membro do Estado-Maior Conjunto: "Quando você instituiu os testes de confiabilidade humana, garantiu que não havia nenhuma possibilidade de isso acontecer". A resposta, dada sem um traço de ironia por George C. Scott, é uma obra-prima do humor negro: "Bem, não acho que seja justo condenar todo um programa por causa de um pequeno engano, senhor."[9]

Naturalmente, isso não faz sentido. Quando um único erro pode ser fatal, é *essencial* evitá-lo. Regras normais de gestão de riscos — certificar-se de que, no longo prazo, os ganhos superem as perdas — não se aplicam mais. Nós estamos em um campo diferente. A incapacidade de reconhecer um possível desastre financeiro e se proteger dele é uma acusação ao pensamento convencional — e um importante lembrete sobre as necessidades de entender as consequências do risco.

É justo encontrar falhas em Robert Rubin e seu papel durante a crise, mas, se o culparmos — ou a qualquer outra pessoa —, perderemos a lição mais importante. O ponto principal não é as pessoas serem arrogantes, gananciosas, excessivamente orgulhosas, ou sofrer de outros defeitos que, em nossa opinião, não se aplicam a nós. É fácil fazer esse tipo de atribuição sobre fatos passados, porém nos isenta de analisar a nós mesmos e nosso potencial de erro com mais atenção. A lição mais importante é que mesmo pessoas com um longo histórico de sucesso e habilidade para realizar julgamentos cuidadosos baixam a guarda. Quando as consequências são potencialmente desastrosas, um único erro pode ser fatal. Precisamos nos certificar de que se as coisas derem errado — como podem dar — os danos sejam limitados.

Apple, com Halos Deliciosos e Dourados

Uma coisa é localizar um halo após o fato, mas podemos localizá-lo aqui e agora? Muitas vezes, podemos.

Talvez em nenhum lugar o brilho do efeito halo seja tão intenso como na Apple Inc. Durante anos, a posição de destaque na lista das *Empresas mais Admiradas do Mundo* da revista *Fortune* foi da GE, Walmart, Dell etc. A Apple não era vista nessa lista.

Tudo mudou com o sucesso do iPod e do iPhone. Em 2006, a Apple subiu para 11º lugar na lista da *Fortune*. No ano seguinte, graças a novos resultados excepcionais, a Apple saltou para o sétimo lugar. A GE, eterno astro, estava novamente em primeiro lugar, seguido pela Starbucks e Toyota, cuja reputação de qualidade e excelência na produção ainda estava intacta. A Apple estava um pouco abaixo, mas crescia rapidamente.

Em 2008, a Apple chegou ao primeiro lugar. Nas palavras da *Fortune*: "O criador do iPod e iPhone estabelece um novo padrão fascinante[10] para a inovação e popularidade, conduzido por um CEO obsessivo que quer que os seus produtos sejam praticamente perfeitos em todos os sentidos". A *Fortune* continuou a elogiar a Apple e o seu CEO:

> É uma homenagem ao CEO que a Apple, que há dez anos parecia destinada ao descarte, seja a nº 1 da lista. Steve Jobs sempre foi bom em criar coisas incríveis com silício e software. Contudo, quem diria que ele construiria uma empresa de US$24 bilhões (em vendas) a partir de um jukebox portátil e um computador com uma participação de mercado de um só dígito? Sua proposta, ao alavancar o sucesso do iPod, era muito simples: os produtos Apple funcionam, e se você comprar mais de um, eles funcionam melhor.

A Apple só não estava no topo da classificação geral, como era a primeira no setor por inovação, qualidade de produtos e gestão de pessoal. Em relação a investimentos de longo prazo, ao uso inteligente de recursos empresariais e à qualidade de gestão estava em 3º lugar, e em 5º em responsabilidade social.

A Apple se manteve no topo em 2009, com vendas e lucros crescentes. O setor enfrentava dificuldades na recessão, mas a Apple ainda estava em alta. Classificou-se entre o 1º e o 2º lugar nos 9 quesitos. Não era só admirada por seus produtos e pessoal; seu valor como investimento também era reconhecido. Até a responsabilidade social, que nunca tinha sido uma prioridade, recebeu uma pontuação elevada. Esta é a essência do efeito halo — quando uma percepção geral se espalha e deturpa julgamentos específicos.

A partir de então, a história fica cada vez melhor. A Apple permanece no topo em 2010 quando o iPad é lançado, com um sucesso impressionante. A *Fortune* alardeou: "Steve Jobs acertou de novo: a Apple conquista o título de Mais Admirada por três anos consecutivos." E não era só isso, ganhou pela maior margem já registrada: "O que faz a Apple ser tão admirada?[11] Seus produtos. Essa é a empresa que mudou como fazíamos tudo, desde comprar música até projetar produtos para nos envolvermos com o mundo ao nosso redor. Seu histórico de inovação e total fidelidade ao consumidor se traduz em um enorme respeito em todos os níveis do mundo dos negócios."

No ano seguinte, 2011, a Apple ficou em primeiro lugar pela quarta vez consecutiva. O preço de suas ações oscilou algum tempo em janeiro, quando Steve Jobs anunciou uma segunda licença médica, mas fora isso a empresa continuou sem perder o ritmo. Os lucros dobraram em relação ao ano anterior, e o iPad2 mostrou que o pipeline do produto estava completo. Não havia adversários fortes para o título de *Empresa Mais Admirada do Mundo*. Ninguém se aproximava.

Em agosto de 2011, a saúde de Steve Jobs piorou e ele anunciou a sua saída da empresa. Não se podia mais imaginar que seria uma saída temporária; ficou claro que Jobs não retornaria. Contudo, se os observadores esperavam que as ações da empresa despencassem, não precisaram se preocupar. Steve Jobs já havia associado sua persona à da Apple, de modo que em 2011 um halo lançou seu brilho sobre a empresa, quer seu fundador visionário estivesse ou não presente. Quando ele faleceu, em outubro de 2011, investidores e consumidores não se abalaram, atentos às receitas e aos lucros da Apple, que permaneciam extraordinariamente fortes.[12]

Em 2012, sob a nova liderança de Tim Cook, a Apple foi nomeada pela quinta vez consecutiva a *Empresa Mais Admirada do Mundo*, um recorde. Atrás dela estavam outros líderes da tecnologia, o Google e a Amazon.com, admiradas por seus próprios méritos, mas não na mesma classe da Apple. De fato, pela primeira vez a Apple se deu bem em todos os noves quesitos. Não era só a primeira no cômputo geral, mas a melhor em seu setor em todas as nove categorias. A Apple era vista como melhor em tudo — dos produtos às pessoas ao valor como investimento e até responsabilidade social. A reputação positiva da Apple se estendia a todos os quesitos.

Em 2013, a Apple ficou em primeiro lugar pelo sexto ano consecutivo e, mais uma vez, ficou no topo nos nove quesitos. No entanto, a situação começou a mudar. Mesmo a *Fortune*, que elogiava a longa permanência da empresa no topo, reconheceu que a reputação da empresa ultrapassava a realidade. À medida que os produtos da concorrência diminuíam a diferença em relação aos da Apple, os investidores ficavam menos otimistas e as ações da companhia sofreram uma queda de 35% comparadas ao mês de setembro anterior, mesmo com um mercado em alta. A *Fortune* comentou:

Pelo sexto ano consecutivo,[13] a Apple chegou ao primeiro lugar na votação anual da *Fortune* em que executivos identificam as empresas que mais admiram. Para alguns, a notícia será uma surpresa. Manchetes recentes têm previsto a queda da Apple, comparando-a à Microsoft (o terror) e imaginando se a Apple perdeu seu fator de atração.[14]

Os seus produtos, apesar das vendas consistentes, perderam participação de mercado para a concorrência e incluíram mais um fracasso: — o péssimo serviço de localização. Além disso, a empresa está à deriva sem o seu famoso líder, Steve Jobs, que faleceu no final de 2011, deixando para trás uma equipe de gestores pouco conhecida pelo público.

Nada disso é uma surpresa. A natureza da concorrência — onde sabemos que o desempenho é relativo e não absoluto — significa que ninguém fica à frente para sempre, pelo menos, não em um setor de mudanças tecnológicas rápidas. A Samsung hoje é um concorrente forte em celulares, assim como a Huawei. A Microsoft lançou um tablet próprio com aspecto e sensação totalmente novos, e pareceu se inspirar no design harmonioso da Apple, em vez de tentar modificar o Windows outra vez.

No entanto as percepções perduram além do que está assegurado. O desempenho fora de série aumenta as percepções em geral e se começa a vacilar, elas com frequência também pioram. Quando o incrível crescimento da Apple desacelerar, o que inevitavelmente ocorrerá, ela recuará em muitos quesitos. O halo dá e o halo tira.

A *Fortune* afirma que a pesquisa sobre a *Empresa Mais Admirada do Mundo* é "o registro definitivo das reputações corporativas". O trabalho dedicado às avaliações é impressionante. O Hay Group pesquisa a avaliação de 15 mil executivos em 9 quesitos. Entretanto, a *Fortune* não os mede de forma objetiva e lida apenas com percepções. O Hay Group orienta os entrevistados da seguinte forma: "Somente a lista dos quesitos como mostrada acima é fornecida na pesquisa.[15] Nós simplesmente dizemos que 'a pontuação deve se basear em seu conhecimento das empresas ou em qualquer fato que observou ou ouviu falar sobre elas'. Assim, a interpretação do significado dos quesitos em um setor específico é deixada para os entrevistados."

Tal abordagem causa dois problemas.

Primeiro, apesar da aparência de pesquisa rigorosa — milhares de executivos fornecem respostas a nove perguntas diferentes que são combinadas para uma classificação geral —, existe um grave efeito halo. Os entrevistados respondem a nove perguntas, mas é improvável que tenham nove opiniões diferentes sobre a empresa. É mais provável que algumas impressões gerais sejam expressas várias vezes. Além disso, a opinião mais importante tende a se basear no desempenho financeiro geral. Ao analisar uma empresa com receitas e lucros elevados, é possível concluir que ela tem uma boa gestão, produtos de alta qualidade etc. Quanto mais brilhante o halo, mais os quesitos se moverão em conjunto. E foi o que aconteceu na Apple, onde resultados financeiros excepcionais ajudaram a torná-la a empresa mais admirada do mundo. No início, a nota de responsabilidade social era menor que a dos demais quesitos e depois se alinhou, levando a Apple ao primeiro lugar nessa categoria e em todas as outras. A Apple realmente passou a se interessar mais pelas condições de trabalho que fabricantes como a Foxconn, onde o assédio e suicídio de funcionários chegaram às manchetes? Ela buscou meios de trazer mais empregos de volta aos EUA? De jeito nenhum. Sua alta classificação em responsabilidade social foi apenas o resultado de um forte halo. Para a maioria das pessoas, uma empresa com desempenho deve ser boa em todos os quesitos. Acreditar no contrário — reconhecer que é excepcional em algumas categorias, mas é fraca em outros — é um pensamento desagradável, um exemplo de dissonância cognitiva.

Segundo, e mais sério, é que essa pesquisa dá uma falsa ideia do que as empresas podem fazer para melhorar sua classificação. Na edição de 2013, a *Fortune* resumiu as descobertas dos 15 anos anteriores. Alguns destaques:

- 90% das *Empresas Mais Admiradas do Mundo* tiveram sucesso no alinhamento de várias unidades de negócios/subsidiárias em torno de uma visão estratégica em comparação com 78% das outras.

- 94% dos gestores e funcionários das *Empresas Mais Admiradas do Mundo* são encorajados a assumirem riscos razoáveis para melhorar a eficiência em comparação com 77% das outras empresas.

- 79% dos gestores das *Empresas Mais Admiradas do Mundo* compreendem suas responsabilidades e papéis ao implementar estratégias em comparação com 58% das outras empresas.

- 61% das *Empresas Mais Admiradas do Mundo* usam atribuições de planejamento de carreiras para desenvolver futuros líderes de alto potencial em comparação com 35% das outras empresas.

- 82% das *Empresas Mais Admiradas do Mundo* reforçam filosofias de recompensas na comunicação com os funcionários regularmente em comparação com 64% das outras empresas.

- 94% das *Empresas Mais Admiradas do Mundo* sentem que seus esforços de engajar os funcionários reduzem a taxa de *turnover* em comparação com 67% das outras empresas.

E assim, por consequência, concluímos que empresas que desejam estar entre as *Mais Admiradas* devem alinhar as suas unidades em torno de uma visão estratégica comum, encorajar a tomada de riscos razoável, assegurar que os gestores entendam seus papéis e responsabilidades etc. Como as empresas classificadas adotam essas medidas, é lógico supor que quem melhorar essas características tenha uma boa chance de entrar para essa ilustre lista.

Contudo, sem uma medida independente, ou algo além dos dados coletados em um único ponto do tempo, não temos como determinar se eles conduzem à admiração geral ou se a direção da causalidade é exatamente o inverso, e empresas de sucesso são altamente admiradas no todo, portanto percebidas como se desempenhando bem nesses quesitos.

O bom alinhamento das unidades organizacionais e uma clara compreensão de papéis e responsabilidades geram melhor desempenho? Não há indícios que corroborem esse fato. Ou o inverso é verdadeiro, onde o alto desempenho nos leva a admirar empresas que percebemos como estando alinhadas e comunicando claramente papéis e responsabilidades? Esta é a explicação mais provável.

Mas nem tudo está perdido. Sempre podemos retornar às lições do Capítulo 10. Não existe uma fórmula para garantir o alto desempenho, mas existem duas maneiras de melhorar as *chances* de sucesso: escolha estratégica inteligente e execução rigorosa — não apenas deduzidas a partir do desempenho, mas medidas separadamente. Adote essas medidas aumentará as chances de sucesso.

De volta aos Blocos

Para completar a história, voltaremos ao exemplo do início deste livro. Quando falamos a primeira vez sobre a Lego, um fabricante de brinquedos dinamarquês, no Capítulo 1, seu desempenho tinha piorado consideravelmente. As vendas tinham despencado 26% de 11,4 bilhões de coroas dinamarquesas, em 2002 para 8,4 bilhões de coroas, em 2003, e depois caíram mais 20%, para 7,9 bilhões de coroas, em 2004. Disseram que a Lego tinha *se afastado da sua essência*, tinha perdido de vista o que a tinha tornado grande. Consultores e especialistas do setor ofereceram várias sugestões para melhoria visando restaurar o fator Uau.

Esses acontecimentos criaram uma história maravilhosa, porém um exame mais atento mostrou o contrário. Na verdade, a Lego nunca abandonou sua essência. Sempre conservou o que a tornou um grande sucesso — pequenos brinquedos que encantaram as crianças, agora incluindo eletrônicos e associada a filmes populares como *Star Wars* e a saga *Harry Potter*.

O maior problema da Lego era mais simples: seus custos elevados a impediam de atender os clientes de maneira rentável. As sementes tinham sido plantadas há muito tempo. Ela se expandiu nos anos de crescimento, montou fábricas em todo o mundo com o objetivo de ficar próxima dos clientes. Em 2003, havia várias fábricas, nenhuma delas grande o suficiente para ser eficaz pelos padrões mundiais. Quando os conjuntos de Lego ficaram mais complexos — certamente um esforço para dar aos clientes o que eles queriam —, a empresa fabricava 12.500 SKUs (unidades de manutenção de estoque ou itens diferentes) em mais de 100 cores, e dependia de um espantoso grupo de 11 mil fornecedores. Com a produção espalhada, ela precisava de 4 centros de distribuição regional somente na Europa — dois na França, um na Alemanha, e um na Dinamarca — que faziam entregas para mais de 14 mil atacadistas e varejistas. Na Europa, a Lego cuidava de 11 operações logísticas para administrar o fluxo dos produtos e trabalhava com 60 transportadoras para levar esses produtos de um lugar a outro. As crianças ainda amavam os produtos da Lego, mas a cadeia de suprimentos da empresa estava obsoleta. Os produtos continuavam com alta qualidade, mas a fabricação e expedição não eram mais adequadas. A Lego também não conseguia responder às oscilações sazonais da demanda em tempo hábil. O processo complexo permitia que as fábricas funcionassem com apenas 70% da capacidade. O próprio lema da empresa — "Apenas o melhor é bom o bastante" — tinha levado o foco para a qualidade com um efeito colateral inesperado e desafortunado, uma enorme falta de eficiência.

A partir de 2004, com o novo presidente e CEO Jørgen Vig Knudstorp, a Lego lançou um plano de ação para transformar totalmente as atividades. Nenhuma delas envolveu repensar a sua essência. Entre as mudanças mais importantes estavam a "redução de custo substancial e medidas para melhorar a eficiência".[16] Primeiro, a Lego tomou a difícil decisão de terceirizar ou realocar a produção, fechou muitas fábricas e montou novas no Leste Europeu e México. Mais de novecentos empregos foram perdidos na cidade natal da empresa, Billund, Dinamarca. Uma grande fábrica na República Tcheca foi terceirizada para a Flextronics. Ela também reformulou as operações de logística e distribuição. Vários centros de distribuição foram reunidos em um único local na República Tcheca, cuja responsabilidade operacional foi dada à DHL, uma empresa global de logística.[17]

Graças a essas medidas vigorosas, o desempenho melhorou rapidamente, e os lucros logo retornaram. Já em 2006, a Lego atingiu sua meta de margem operacional de 13,5%. Em 2009, registrou um recorde de vendas de 11,5 bilhões de coroas e lucros de 2,8 bilhões de coroas, um aumento de quase 40% em relação a 2008. Com inovação contínua de produtos apoiada por uma cadeia de suprimentos eficiente, a Lego prosperava. No relatório anual de 2010, a empresa observou, em exemplo de moderação dinamarquesa, que "O resultado é altamente satisfatório."[18] Os resultados do ano seguinte foram ainda mais impressionantes, alcançando um recorde de vendas, 16 bilhões de coroas, assim como lucros de 3,7 bilhões de coroas. À medida que as vendas aumentavam, foi acrescentada capacidade às duas maiores fábricas na República Tcheca e no México. A transformação de uma empresa dinamarquesa em uma operação global de classe mundial estava completa.

A recuperação da Lego ocorreu, em grande parte, devido à melhoria da eficiência das operações e excelência na execução. Porém, não devemos imaginar que qualquer empresa com vendas e lucros elevados *tem* que ser eficiente, mas que *tem* que executar bem e *tem* que focar o cliente. Observe qualquer empresa com receitas e lucros impressionantes e poderá dizer que os projetistas de seus produtos conseguiram restaurar o fator Uau. Essa é uma maneira de pensar muito simplista, em que analisamos resultados e fazemos deduções causais. Na verdade, a excelência da Lego nas operações *não* foi simplesmente deduzida a partir dos resultados, mas foi objetivamente medida — com indicadores como qualidade de produto, velocidade de processamento, taxa de atendimento de pedidos, custo por unidade etc.

Hoje, a Lego é uma empresa diferente da descrita no início deste livro. É tentador dizer que a Lego tem uma liderança melhor, mas isso só nos faz recuar um passo na questão. A diferença foi resultado do que o novo CEO e os seus altos executivos *fizeram*. Da mesma forma, é conveniente afirmar que a Lego passou a focar mais o cliente, mas um olhar mais atento mostra que ela sempre focou os clientes; o que fez a diferença foi uma melhoria no foco interno, na eficiência operacional. Podemos também alegar que a cultura da Lego melhorou, e muito provavelmente uma pesquisa interna mostraria que o moral está mais alto, porém esse certamente é o *resultado* da melhoria no desempenho e não a *causa*. É previsível que os funcionários se mostrem mais satisfeitos e comprometidos do que eram em 2004. Naturalmente, quando tudo mais é constante, os funcionários de empresas com alto desempenho sempre estarão mais satisfeitos.

O que impulsiona o desempenho de uma empresa? Medidas básicas devem ser tomadas A estratégia trata de fazer escolhas inteligentes e a execução, de implementá-las com firmeza. O foi precisamente o que a Lego fez.

Atribua todos os halos que desejar, como gurus, jornalistas e experts autodesignados sempre estarão prontos a fazer, mas a verdade costuma ser mais simples. Nossa tarefa é ver essa verdade mais claramente.

Apêndice

As tabelas nas próximas páginas apoiam as análises do desempenho financeiro das empresas descritas em *Vencendo a Crise* e em *Empresas Feitas para Vencer*, como discutido no Capítulo 6.

Tabela 1A

Esta tabela mostra o retorno total aos acionistas (mudança no preço da ação com todos os dividendos reinvestidos, valores em porcentagem) de 35 empresas *excelentes* durante 5 e 10 anos após o fim do estudo de Peters e Waterman. O índice de mercado Standard & Poor's 500 aumentou 99,47% de 1980 a 1984, e 403,40% de 1980 a 1989. O crescimento de cada empresa é demonstrado para cada período e indicado com um "+" se maior que o S&P 500 e com "–" se menor. Ao todo, 12 empresas superaram o S&P 500 de 1980 a 1984, enquanto 23 seguiram o mercado; de 1980 a 1989, 13 empresas tiveram desempenho melhor que a média do mercado, enquanto 18 tiveram desempenho pior.

Retorno Total aos Acionistas de 35 Empresas *Excelentes*
1980–1984 e 1980–1989
(Valores Percentuais)

		1980–1984		1980–1989	
	S&P 500	99,47%		403,40%	
1	3M	99,06	–	380,79	–
2	Allen-Bradley	206,89	+	460,36	+
3	Amdahl	11,38	–	149,76	–
4	Avon Products	–15,35	–	95,32	–
5	Bristol-Myers	235,09	+	750,96	+
6	Caterpillar Tractor	–29,62	–	40,61	–
7	Chesebrough-Pond's	94,47	–		

		1980–1984		1980–1989	
8	Dana	104,46	+	225,68	–
9	Data General	114,12	+		
10	Digital Equipment	60,80	–	138,11	–
11	Dow Chemical	15,92	–	438,65	+
12	Dupont	66,79	–	408,84	+
13	Eastman Kodak	90,70	–	203,55	–
14	Emerson Electric	141,69	+	478,65	+
15	Flour	–34,76	–	72,64	–
16	Frito-Lay (PepsiCo)	114,06	+	967,85	+
17	Hewlett-Packard	135,08	+	237,46	–
18	Hughes Aircraft	–39,80	–		
19	IBM	141,02	+	119,70	–
20	Intel	65,93	–	206,68	–
21	Johnson & Johnson	56,45	–	476,32	+
22	Kmart	83,99	–	227,08	–
23	Levi Strauss	–11,39	–		
24	Maytag	156,85	+	459,34	+
25	McDonald's	189,85	+	822,66	+
26	Merck	53,57	–	750,88	+
27	National Semiconductor	54,33	–	–5,78	–
28	Procter & Gamble	95,17	–	474,78	+
29	Raychem	1,81	–	91,94	–
30	Schlumberger	0,27	–	52,10	–
31	Standard Oil (Indiana)	74,75	–	368,07	–
32	Texas Instruments	48,91	–	45,74	–
33	Wal-Mart	800,28	+	4.269,51	+
34	Walt Disney	46,90	–	1.038,73	+
35	Wang Laboratories	213,97	+	–34,2	–
	Acima do S&P 500		12		13
	Abaixo do S&P 500		23		18

Fonte: Compustat

Tabela 1B

Esta tabela compara o desempenho de lucro (receita operacional como porcentagem dos ativos totais) de 35 empresas *excelentes* nos 5 anos antes do fim do estudo de Peters e Waterman, 1975–1979, com os 5 anos após o fim do estudo. E 30 das 35 empresas tiveram queda na lucratividade após o fim do estudo, coerente com a ideia de que empresas selecionadas com base no alto desempenho tendem a regredir em épocas subsequentes. Somente cinco empresas — Allen-Bradley, Hewlett-Packard, IBM, McDonald's e Walmart — tiveram aumento na lucratividade.

Desempenho de Lucro de 35 Empresas *Excelentes*
1975–1979 e 1980–1984
(Valores Percentuais)

		1975–1979	1980–1984	
1	3M	21,9%	21%	–
2	Allen-Bradley	9,3	10,3	+
3	Amdahl	21,2	5,7	–
4	Avon Products	33,8	20,4	–
5	Bristol-Myers	21,6	21,2	–
6	Caterpillar Tractor	18,1	3,2	–
7	Chesebrough-Pond's	20,7	19,5	–
8	Dana	18,2	11,6	–
9	Data General	20,6	9,4	–
10	Digital Equipment	14,9	11,9	–
11	Dow Chemical	14,5	6,5	–
12	DuPont	14	13,8	–
13	Eastman Kodak	21,6	16,9	–
14	Emerson Electric	24,1	22,8	–
15	Flour	16,1	7,3	–
16	Frito-Lay (PepsiCo)	16,6	14,8	–
17	Hewlett-Packard	18,8	19,4	+
18	Hughes Aircraft	17,5	10,6	–
19	IBM	23,4	23,7	+
20	Intel	29,8	10,1	–
21	Johnson & Johnson	20,1	17,4	–
22	Kmart	16,2	9,7	–
23	Levi Strauss	29,4	20	–
24	Maytag	37,3	27,5	–
25	McDonald's	17,8	18,1	+
26	Merck	24,4	18,5	–

		1975–1979	1980–1984	
27	National Semiconductor	16,1	5	–
28	Procter & Gamble	18,3	17,4	–
29	Raychem	15	13,2	–
30	Schlumberger	23,2	20,2	–
31	Standard Oil (Indiana)	19,4	15,8	–
32	Texas Instruments	15,4	8,4	–
33	Wal-Mart	18,4	19,8	+
34	Walt Disney	15,7	10	–
35	Wang Laboratories	15,3	13,8	–

Aumentaram	5
Reduziram	30

Fonte: Compustat

Tabela 2A

Esta tabela mostra o retorno total aos acionistas (mudança no preço da ação com todos os dividendos reinvestidos, valores em porcentagens) de 17 empresas *visionárias* por 5 anos e 10 anos após o fim do estudo de Collins e Jerry. (Nota: O estudo de Collins e Jerry terminou no final do ano 1990, de modo que o período subsequente do estudo começa em janeiro de 1991; em contraste, o de Peters e Waterman terminou no fim do ano de 1979, de modo que o período subsequente começa em janeiro de 1980.) O índice do mercado Standard & Poor's 500 aumentou 115,44% de 1991 a 1995 e 399,78% de 1991 a 2000. E 8 empresas superaram o S&P 500 de 1991 a 1995 enquanto 9 seguiram o mercado; de 1991 a 2000, 6 tiveram desempenho melhor que a média do mercado, enquanto 10 tiveram desempenho pior.

Desempenho do Mercado de 17 Empresas *Visionárias*, 1991–1995 e 1991–2000
(Valores Percentuais)

		1991–1995		1991–2000	
	S&P 500	115,44%		399,78%	
1	3M	82,32	–	290,10	–
2	American Express	168,03	+	1.027,59	+
3	Boeing	92,96	–	245,81	–
4	Citicorp	480,49	+		
5	Ford	167,66	+	611,18	+
6	General Electric	76,61	–	152,42	–
7	Hewlett-Packard	456,53	+	884,07	+
8	IBM	–4,95	–	266,39	–
9	Johnson & Johnson	163,71	+	593,59	+
10	Merck	149,37	+	675,95	+
11	Motorola	352,69	+	399,69	–
12	Nordstrom	91,10	–	82,12	–
13	Philip Morris	114,53	–	302,09	–
14	Procter & Gamble	114,28	–	338,25	–
15	Sony	65,26	–	283,58	–
16	Wal-Mart	51,11	–	643,67	+
17	Walt Disney	139,46	+	264,76	–
	Acima do S&P 500	8		6	
	Abaixo do S&P 500	9		10	

Fonte: Compustat

Tabela 2B

Esta tabela compara o desempenho de lucro (receita operacional como uma porcentagem dos ativos totais) de 17 empresas *Visionárias* nos cinco anos antes do estudo de Collins e Jerry com cinco anos após o fim do estudo. Cinco das empresas *Visionárias* tiveram aumento de lucratividade, enquanto 11 tiveram redução e uma ficou inalterada.

Desempenho de Lucro de 17 Empresas *Visionárias*
1986–1990 e 1991–1995
(Valores Percentuais)

		1986–1990	1991–1995	
1	3M	20,3	16,9	–
2	American Express	5	1,5	–
3	Boeing	5,2	8,3	+
4	Citicorp	2,5	3,8	+
5	Ford	9,7	5,3	–
6	General Electric	6,3	3,7	–
7	Hewlett-Packard	12,6	12,2	–
8	IBM	12,5	5,5	–
9	Johnson & Johnson	19,4	19,4	inalterada
10	Merck	28,2	24,5	–
11	Motorola	9,3	11,4	+
12	Nordstrom	15,4	13,1	–
13	Philip Morris	17,4	18,6	+
14	Procter & Gamble	11,8	13,3	+
15	Sony	5,1	3,1	–
16	Wal-Mart	20,1	13,4	–
17	Walt Disney	16,6	13,1	–

Aumentaram 5
Reduziram 11

Fonte: Compustat

Apêndice

Tabela 3A

Esta tabela, semelhante à tabela 2A, mostra o retorno total aos acionistas (mudança no preço das ações com todos os dividendos reinvestidos, em porcentagens), mas para as empresas de *Comparação* no estudo de Collins e Jerry. Menos empresas são incluídas aqui do que para as empresas *Visionárias*, já que algumas eram de capital fechado e outras foram adquiridas, tornando difícil uma comparação direta entre os dois grupos. Mesmo assim, os dados mostram que 7 empresas de *Comparação* superaram o S&P 500 de 1991 a 1995, enquanto 5 seguiram o mercado; para 1991 a 2000, 6 tiveram desempenho melhor do que a média do mercado, enquanto 3 tiveram desempenho pior.

Desempenho de Mercado de 13 Empresas de *Comparação*
1991–1995 e 1991–2000
(Valores Percentuais)

		1991–1995		1991–2000	
	S&P 500	115,44 %		399,78 %	
1	Wells Fargo	269	+	1.288,97	+
2	McDonnell Douglas	683,86	+		
3	Chase Manhattan	630,98	+		
4	General Motors	76,61	–	152,41	–
5	Westinghouse	–32,41	–	148,94	–
6	Texas Instruments	192,22	+	2.112,43	+
7	Burroughs/Unisys	120	+	485	+
8	Bristol Myers	57,63	–	500,09	+
9	Pfizer	250,94	+	1.521,54	+
10	Zenith	3,77	–		
11	Melville	–12,43	–	310,21	–
12	Colgate Palmolive	115,65	+	755,90	+

Acima do S&P 500 7		6
Abaixo do S&P 500 5		3

Fonte: Compustat

Tabela 3B

Esta tabela, semelhante à Tabela 2B, compara o desempenho de lucro (receita operacional como uma porcentagem dos ativos totais) de 12 empresas de *Comparação* nos 5 anos antes do fim do estudo de Collins e Jerry com os 5 anos após o fim do estudo. Todos os valores estão em porcentagem. Os dados mostram que 8 das empresas tiveram aumento de lucratividade nos 5 anos após o fim do estudo, enquanto 4 mostraram um declínio no desempenho.

Desempenho de Lucro de 12 Empresas de *Comparação*
(Valores Percentuais)

		1986–1990	1991–1995	
1	Wells Fargo	2,1	3	+
2	McDonnell Douglas	5,1	8,2	+
3	Chase Manhattan	1,3	1,7	+
4	General Motors	5,3	4,1	–
5	Westinghouse	9,1	5,9	–
6	Texas Instruments	4,5	9,6	+
7	Burroughs/Unisys	4,4	6,2	+
8	Bristol Myers	22,8	26,2	+
9	Pfizer	13,6	16,6	+
10	Zenith	–0,8	–7,4	–
11	Melville	21,6	13,1	–
12	Colgate Palmolive	11,3	14,5	+

Aumentaram 8
Reduziram 4

Fonte: Compustat

Notas

Prefácio

1. O Teorema da Viagem de Herbert Simon é de Simon, Herbert A., *Models of My Life*, Nova York: Basic Books, 1991, pp. 306-307.
2. "Se eles explicassem que esse é o seu melhor palpite". Feynman, Richard P., *The Pleasure of Finding Things Out: The Best Short Works of Richard P. Feynman*, Londres: Penguin Books, 1999, p. 195.

Capítulo Um

1. "How Little We Know (How Little It Matters)". Letra de Carolyn Leigh, música de Philip Springer, © 1956, Edwin H. Morris & Company. © Renewed 1984, EMI Carwin Catalog Inc. e Tamir Music. Todos os direitos reservados. Reproduzido com permissão.
2. "no potencial atrativo dos nossos produtos básicos". Clare MacCarthy, "Deputy Chief Sacked as Lego Tries to Rebuild", *Financial Times*, 9 de janeiro de 2004, p. 25.
3. Zook, Chris, com James Allen, *Profit from the Core: Growth Strategy in an Era of Turbulence*, Boston: Harvard Business School Press, 2001, p. 74.
4. Hjelt, Paola, "The World's Most Admired Companies", *Fortune*, 14 de março de 2005, pp. 41-45; Coggan, Philip, "World's Most Respected Companies", *Financial Times, Special Report*, 18 de novembro de 2005.
5. Toda as citações sobre o que a Lego poderia fazer vem de Doonar, Joanna, "Brand MOT: Lego", *Brand Strategy*, 10 de fevereiro de 2004.
6. Eu me deparei com este episódio sobre Ted Williams anos atrás, mas não descobri a fonte exata. O foco do descontentamento de Ted era Joe Cronin, treinador do Red Sox de 1935 a 1947. Em um artigo de 2000 intitulado "Pitching in the Big Leagues the Underhand Way", de Jim Sargent, o ex-arremessador do Red Sox Eldon Auker escreveu: "Cada vez que eu andava no montinho para arremessar uma bola, (Cronin) ficava a maior parte do tempo no monte dizendo como arremessar. Ele dizia: 'Não lhe dê um bom arremesso, mas não ceda um *walk*.'" Quem tiver a fonte exata do comentário de Williams, contate um autor grato: phil@the-halo-effect.com.
7. Citações sobre a Mattel e seus problemas com a Barbie: Moore, Angela, "Mattel Earns Rise, but Barbie Sales Snag", Reuters, 19 de julho de 2004.

8. "se tornou vulnerável para a concorrência". Clark, Nicola, "Fraying Brand Image at Britain's WH Smith", *International Herald Tribune*, 26 de abril de 2004, p. 9.
9. "até sistemas complexos sem fio para grandes empresas". Andy Reinhardt, "Can Nokia Get the Wow Back?", *Business Week*, 31 de maio de 2004, pp. 18–21.
10. O poder da Walmart de censurar o gosto social foi visto em novembro 2004, quando se recusou a vender o livro de George Carlin, *When Will Jesus Bring the Pork Chops?*, alegando que não seria interessante para os clientes da Walmart. O livro começou em segundo lugar na lista de best-sellers do *New York Times* e vendeu milhões. Um livro altamente irreverente? Sim. Profano? Com certeza. Mas não interessante para os milhões de clientes da Walmart? Improvável.
11. "são mais seres *racionalizantes*" é de Eliot Aronson, *The Social Animal*, 5ª ed., Nova York: W. H. Freeman & Company, 1988, p. 119.
12. Duas citações de Richard Feynman, "perguntas que podem ser colocadas da seguinte forma: *Se eu fizer isso, o que acontecerá?*" e "vai juntar uma grande quantidade de informações dessas experiências": Feynman, 1999, p. 255.
13. "O progresso científico deve muito ao refinamento cuidadoso e gradual dos experimentos". O físico John R. Platt escreveu que o progresso científico é mais rápido quando um certo método de raciocínio é seguido, "um método cumulativo de inferência indutiva que é tão eficaz que acho que deveria receber o nome de 'inferência forte'". Sua essência é um processo em quatro passos de descobrir hipóteses alternativas; planejar experimentos com resultados alternativos possíveis que possam excluir uma ou mais das hipóteses; conduzir os experimentos; e repetir o processo com hipóteses recém-refinadas. Platt, John R., "Strong Inference", *Science* 146, nº 3642 (outubro de 1964): 16.
14. A passagem sobre Harrah's vem de Loveman, Gary, "Diamonds in the Data Mine", *Harvard Business Review*, maio de 2003, pp. 109–113.
15. "as escolas de negócio são escolas profissionais — ou deveriam ser". Bennis, Warren e James O'Toole, "How Business Schools Lost Their Way", *Harvard Business Review*, maio de 2005.
16. "Elas são mais bem descritas como *pseudociência*". John Platt, usando uma terminologia semelhante, escreveu que os resultados desses esforços "não são ciência, mas fé; não são teoria, mas teologia". Ver Platt, 1964.
17. O episódio de Feynman sobre a Ciência de Culto à Carga é de Feynman, 1999, p. 209.

Capítulo Dois

1. Valores de capitalização de mercado de "Fortune 500 Largest U.S. Corporations", *Fortune*, 18 de abril de 2005.
2. "a 450m, no laboratório de ciência da computação". Waters, John K., *John Chambers and the Cisco Way: Navigating Through Volatility*, Nova York: John Wiley & Sons, 2002.
3. "E tudo o que mais fazem é sorrir". Flower, Joe, "The Cisco Mantra", *Wired* 5.03, março de 1997.
4. "e a Intel, para os chips". Reinhardt, Andy, e Peter Burrows, "Crunch Time for the High Tech Whiz", *Business Week*, 28 de abril de 1997, p. 80.
5. "aquisições rápidas como um raio". Schlender, Brent, "Computing's Next Superpower", *Fortune*, 12 de maio de 1997, pp. 64–71.
6. "e 80% de roteadores de alto nível". Quick, Rebecca, "Tiny Dogs and a Dream: Beating Cisco", *Wall Street Journal*, 4 de junho de 1998.

Notas

7. "com executivos sorridentes de sapatos reluzentes" é uma frase da peça de 1949 de Arthur Miller, *Morte de um Caixeiro Viajante:* "Ele é um homem surgido do nada, sorridente e com sapatos reluzentes."
8. "viu sua capitalização de mercado ultrapassar US$100 bilhões". Gomes, Lee, "Cisco Tops $100 Billion in Market Capital—Passing Milestone in 12 Years May Be Speed Record", *Wall Street Journal*, 20 de julho de 1998.
9. "no que há de mais próximo de uma aposta certeira nos negócios de tecnologia" e "e quando você dá a ela uma vantagem é quase impossível de alcançá-la". Kupfer, Andrew, "The Real King of the Internet", *Fortune*, setembro de 1998.
10. "Eles estão apenas começando". Thurm, Scott, "Cisco Profit Before Charges Rises 33% as Revenue Growth Keeps Accelerating", *Wall Street Journal*, 3 de fevereiro de 1999.
11. "E não quero passar por isso de novo". Schlender, 1997.
12. "para lidar com a sobrecarga do tráfego da internet". Goldblatt, Henry, "Cisco's Secrets", *Fortune*, 8 de novembro de 1999.
13. O caso da Escola de Administração de Empresas de Harvard era "Cisco Systems, Inc.: Acquisition Integration for Manufacturing (A)": Nicole Tempest e Christian G. Kasper, Harvard Business School Case Study 9-600-015, 1999.
14. "'replantar' startups na empresa maior". Schlender, 1997.
15. "gestão da experiência dos funcionários adquiridos". Tempest e Kasper, 1999, p. 4.
16. "nas fusões é de apenas 2,1% contra uma média do mercado de 20%". Goldblatt, 1999.
17. "como a fusão do sistema de informação e a adoção de métodos de produção". Tempest e Kasper, 1999, p. 8.
18. Uma pesquisa com clientes sobre boas políticas de fusões e aquisições foi citada em Thurm, Scott, "Joining the Fold: Under Cisco's Systems, Mergers Usually Work", *Wall Street Journal*, 1º de março de 2000.
19. Todas as citações de O'Reilly e Pfeffer vêm de O'Reilly, Charles III e Jeffrey Pfeffer, *Hidden Value: How Great Companies Achieve Extraordinary Results with Ordinary People*, Boston: Harvard Business School Press, 2000, pp. 49-77.
20. Todas as citações do artigo da *Fortune* de maio vêm de Serwer, Andy, "There's Something About Cisco", *Fortune*, 15 de maio de 2000.
21. Pesquisa de opinião anual da *Fortune*: "Global Most Admired: The World's Most Admired Companies", *Fortune*, 2 de outubro de 2000.
22. "procurar oportunidades mais lucrativas". Thurm, Scott, "Superstar's Pace: Cisco Keeps Growing but Exactly How Fast Is Becoming an Issue—As Debate over Its Stock Mounts, the Outcome Could Have Big Ripples", *Wall Street Journal*, 3 de novembro de 2000.
23. Todas as citações dessa seção vêm de Manette, Nicole, "Cisco Fractures Its Own Fairy Tale", *Fortune*, 14 de maio de 2001.
24. "era vulnerável ao desaquecimento da economia como qualquer outra empresa". Weber, Joseph, Peter Burrows e Michael Arndt, "Management Lessons from the Bust", *Business Week*, 20 de agosto de 2001.
25. "a empresa mais valiosa do planeta". Byrne, John A. e Ben Elgin, "Cisco Behind the Hype", *Business Week*, 21 de janeiro de 2002.
26. "Acho que existe um efeito pêndulo, e que possivelmente todos nós fomos pegos por ele e, assim, talvez tenhamos exagerado o que estava acontecendo". Correspondência por e-mail com Andy Serwer, 15 de março de 2004.
27. Todas as citações são de Burrows, Peter, "Cisco's Comeback", *Business Week*, novembro de 2003.
28. "e principalmente durante a maior alta de todas, que foi no final dos anos 1990". Correspondência por e-mail com Peter Burrows, 27 de agosto de 2004.

Capítulo Três

1. Uma versão anterior deste capítulo foi publicada como "What Do We Think Happened at ABB?: Pitfalls in Research About Firm Performance", Philip M. Rosenzweig, *International Journal of Management and Decision Making* 5, n° 4 (2004): 267–81.
2. "o novo modelo de empreendimento competitivo". Taylor, William, "The Logic of Global Business: An Interview with Percy Barnevik", *Harvard Business Review*, março/abril 1991, pp. 91–105.
3. "decisões ágeis e confiantes é da maior importância". Kennedy, Carol, "ABB: Model Merger for the New Europe", *Long Range Planning* 25, n° 5 (outubro de 1992): 10–17.
4. "a maior fusão transnacional desde que a Royal Dutch se associou com a Shell, em 1907". Rapoport, Carla, e Kevin Moran, "A Tough Swede Invades the U.S.", *Fortune*, 29 de junho, 1992, pp. 76–79.
5. "Chamem de planeta Barnevik. O executivo ambicioso da ABB…" e citações subsequentes são de Schares, Gail E., "Percy Barnevik's Global Crusade", *Business Week*, 6 de dezembro de 1993, pp. 56–59.
6. "anima a conversa com um ocasional palavrão norte-americano". Karlgaard, Rich, "Interview with Percy Barnevik", *Forbes*, 5 de dezembro de 1994, pp. 65–68.
7. "extraordinariamente atualizado, dinâmico e envolvente". McClenahen, John S., "Percy Barnevik and the ABBs of Competition", *Industry Week*, 6 de junho de 1994, pp. 20–24.
8. "Ele minimizava sua contribuição para o sucesso da ABB". Kets de Vries, Manfred, "Making a Giant Dance", *Across the Board* 31, n° 9 (outubro de 1994): 27–32.
9. "trabalho para o banheiro". Kennedy, Carol, "ABB's Sun Rises in the East", *Director*, setembro de 1996, pp. 40–44.
10. "foi eleito o CEO/presidente da empresa mais respeitada da Europa". Tomlinson, Richard, e Paola Hjelt, "Dethroning Percy Barnevik", *Fortune*, 1° de abril de 2002, pp. 38–41.
11. A menção da Associação Coreana de Administração nomeando Barnevik como "o alto gestor mais homenageado do mundo" consta no relatório anual da ABB, 1997.
12. "não tomar a iniciativa (e perder oportunidades) é o único comportamento inaceitável". Bartlett, Christopher A., "ABB's Relays Business: Building and Managing a Global Matrix", Harvard Business School Case Study 9-394-016, 1993.
13. "A única coisa que não podemos aceitar são pessoas que não fazem nada". Tomlinson e Hjelt, 2002.
14. uma necessidade simultânea de ser "global e local, grande e pequena, e radicalmente descentralizada com controle e relatórios centrais". Barham, Kevin, e Claudia Heimer, *ABB: The Dancing Giant*, Londres: FT Pitman Publishing, 1998.
15. "para que os técnicos de energia na Suécia fizessem mudanças nos projetos que possibilitassem as fábricas na Índia alterarem os métodos de produção por conta própria". Relatório anual da ABB, 1988.
16. "dificultar o foco no cliente". McClenahen, 1994.
17. "e os lucros decolaram". Schares, 1993.
18. "fazer a ABB funcionar". Peters, Tom, *Liberation Management: Necessary Disorganization for the Nanosecond Nineties*, Londres: Pan Books, 1992.
19. Bartlett, Christopher A., "ABB's Relays Business: Building and Managing a Global Matrix", Harvard Business School Case Study 9-394-016, 1993.
20. considera a organização da ABB um modelo a ser copiado é de Kets de Vries, Manfred, "Making a Giant Dance", *Across the Board* 31, n° 9 (outubro de 1994): 27–32; descrever a ABB como uma "organização pós-industrial prototípica" é de Kets de Vries, Manfred, "Leaders Who Make a Difference", *European Journal of Management* 14, n° 5 (1996): 486–93.

21. "particularmente elogiado por seu olhar estratégico e foco". De Jonquieres, Guy, "Europe's Most Respected Companies", *Financial Times*, 18 de setembro de 1996, p. 1 da pesquisa.
22. "até (duas vezes) chefe da mais respeitada empresa europeia". Micklethwait, John, e Adrian Wooldridge, *The Witch Doctors: What the Management Gurus Are Saying, Why It Matters, and How to Make Sense of It*, Londres: Heinemann, 1996, p. 243.
23. Referência a "nova forma de organização global" e as "cinco guias" da ABB são de Barham, Kevin, e Claudia Heimer, "Creating the Globally Connected Corporation", *Financial Times Mastering Management*, junho de 1997, pp. 12–14.
24. "reduzirá a exposição a algumas oscilações cíclicas às quais estava vulnerável no passado". Relatório anual, 1999.
25. "observou um desses analistas". Morosini, Piero, "ABB in the New Millenium: New Leadership, New Strategy, New Organization", IMD Case Study 3-0829, 2000.
26. O novo formato da organização foi descrito por Woodruff, David, "ABB Unveils New Board, Overhaul — Structural Plan Aims to Shift Focus from Products to Corporate Customers", *Wall Street Journal Europe*, 12 de janeiro de 2001.
27. Especulações sobre os motivos por trás da saída de Lindahl são de Woodruff, David, "Shares of ABB slide 8.5% in Zurich on Disappointing Report of Results—New Chairman Vows to Boost Earnings, Revenue at Industrial Conglomerate", *Wall Street Journal Europe*, 14 de fevereiro de 2001.
28. "campos de alta tecnologia orientados por conhecimento pareceu dar errado enquanto os lucros caíam". Fleming, Charles, "New Chairman of ABB Aims to Tighten Business Focus", *Wall Street Journal Europe*, 23 de novembro de 2001.
29. O histórico de transição de Centerman para Dormann é de Bilefsky, Dan, Goran Mijuk e Brandon Mitchener, "In a Surprise Move, ABB Replaces CEO—Appointment of Successor to Centerman Raises Questions on Management", *Wall Street Journal Europe*, 6 de setembro de 2001; e Fleming, Charles, "New Chairman of ABB Aims to Tighten Business Focus", *Wall Street Journal Europe*, 23 de novembro de 2001.
30. Especulação de que a empresa estava falindo: Tomlinson e Hjelt, 2002.
31. "A empresa não foi disciplinada o suficiente", "problemas de comunicação entre os departamentos", "compartilhamento de dados se tornou um pesadelo" e a alegação de obsessão de se igualar no tamanho e sucesso da General Electric são de Bilefsky, Dan, e Anita Raghavan, "How ABB Tumbled Back Down to Earth", *Wall Street Journal Europe*, 23 de janeiro de 2003.
32. "vasta duplicação de esforços". Tomlinson e Hjelt, 2002.
33. "círculo vicioso de narcisismo". Woodruff, David e Almar Latour, "Barnevik Gets Harsh Verdict in Court of Public Opinion — Former ABB Chief Is Disgraced in Pension Row", *Wall Street Journal Europe*, 18 de fevereiro de 2002.
34. "seus sucessores estão questionando o seu legado empresarial". Tomlinson e Hjelt, 2002.
35. "deveria ter visto há treze anos riscos que ninguém mais via". Bilefsky e Raghavan, 2003.
36. "quanto da culpa ele deveria carregar". Tomlinson e Hjelt, 2002.
37. Arquivamento do processo contra Barnevik e Lindahl é de Mijuk, Goran, "Pensions Case Against Ex-CEOs of ABB Is Ended", *Wall Street Journal Europe*, 6 de outubro de 2005.

Capítulo Quatro

1. Thorndike, Edward L. "A Constant Error in Psychological Ratings", *Journal of Applied Psychology* 4 (1920): 469–77. Thorndike também observou que soldados considerados inferiores no geral também eram julgados como sendo ruins em critérios específicos e chamou isso de Efeito do Diabo.

2. Para uma revisão detalhada do efeito halo e pesquisas associadas, veja William H. Cooper, "Ubiquitous Halo", *Psychological Bulletin* 90, nº 2 (1981): 218-44. Cooper descreve diversas fontes de halos: "Amostra insuficiente, envolvimento, concretude insuficiente, motivação e conhecimento insuficientes do avaliador, distorções cognitivas e pontuações verdadeiras correlatas." As duas mais pertinentes a este livro são "concretude insuficiente", enquanto percepções de coisas que são vagas e ambíguas, mas não concretamente definidas são moldadas por variáveis mais concretas, tais como desempenho financeiro; aumentadas por "motivação e conhecimento insuficiente do avaliador", a saber, o fato de que jornalistas e pesquisadores se contentam com a história que os halos oferecem e não são motivados a sondar mais profundamente.

3. As avaliações do President Bush em pesquisas de 2001 foram citadas por Walczak, Lee, Richard S. Dunham, e Mike McNamee, "Selling the Ownership Society", *Business Week*, 6-13 de setembro de 2004, com base em dados de Pew Research Center for the People & the Press. O mesmo efeito é descrito por "The Effects of Government-Issued Terror Warnings on Presidential Approval Ratings", *Current Research in Social Psychology* 10, nº 1 (2004).

4. "Poll: Bush Ratings Hit New Low", CBS News Poll, 6 de outubro de 2005.

5. O estudo de Staw é relatado em Staw, Barry M., "Attribution of 'Causes' of Performance: A General Alternative Interpretation of Cross-Sectional Research on Organizations", *Organizational Behavior and Human Performance* 13 (1975): 414-32. Staw conduziu outros estudos sobre o tema do desempenho organizacional, incluindo Staw, Barry M., Pamela I. McKechnie, e Sheila M. Puffer, "The Justification of Organizational Performance", *Administrative Science Quarterly* 28 (1983): 592-600.

6. O estudo de Downey é relatado em Downey, H. Kirk, Thomas Chacko, e James C. McElroy, "Attributions of the 'Causes' of Performance: A Constructive, Quasi-Longitudinal Replication of the Staw (1975) Study", *Organizational Behavior and Human Performance* 24 (1979): 287-99.

7. As citações de John Opel vêm de Perry, Nancy J., "America's Most Admired Corporations", *Fortune*, 9 de janeiro de 1984.

8. "cultura convencional", "burocracia inflexível" e "executivos complacentes" foram citados em *Kirkus Reviews*. Carroll, Paul, *Big Blues: The Unmaking of IBM*, Nova York: Crown, 1993.

9. *The Economist*, "Tough at the Top: A Survey of Corporate Leadership", 25 de outubro de 2003. A lista completa: "Ética sólida; capacidade de tomar decisões desagradáveis; clareza e foco; ambição; boa comunicação; bom julgamento; dom para desenvolver pessoas; autoconfiança; adaptabilidade; carisma."

10. "e sua capitalização de US$40 bilhões despencou para US$4 bilhões". George, Bill, *Authentic Leadership: Rediscovering the Secrets to Creating Lasting Value*, São Francisco: Jossey-Bass, 2003, p. 168.

11. "com todas as suas forças, para não a ver desintegrada". George, 2003, p. 117.

12. "danos significativos nos negócios e na reputação". Yoffie, David B., e Mary Kwak, "Playing by the Rules: How Intel Avoids Antitrust Litigation", *Harvard Business Review*, junho de 2001, pp. 119-22.

13. "e imagem manchada. Veja Bill Gates". Yoffie e Kwak, 2001, p. 120.

14. Descrições da Microsoft como "belicosa e rude" e usando bullying e outras "táticas desleais para concorrer em mercados nos quais sua tecnologia era inferior". Markoff, John, "Papers Shed New Light on Microsoft Tactics", *International Herald Tribune*, 25 de março de 2004, p. 11.

15. O estudo de caso foi chamado de "Bill Gates and the Management of Microsoft", Philip M. Rosenzweig, Harvard Business School Case Study 392-019, 1992.
16. Algumas das mais importantes obras de James Meindl neste fluxo incluem Meindl, James R., Sanford B. Ehrlich e Janet M. Dukerich, "The Romance of Leadership", *Administrative Science Quarterly* 30 (1985): 78–102; Meindl, James R. e Sanford B. Ehrlich, "The Romance of Leadership and the Evaluation of Organizational Performance", *Academy of Management Journal* 30, n° 1 (1987): 91–109 e Salancik, Gerald R., e James R. Meindl, "Corporate Attributions as Strategic Illusions of Management Control", *Administrative Science Quarterly* 29 (1984): 238–54.
17. Da opinião do Juiz Potter Stewart em *Jacobellis v. Ohio*, 378 U.S. 184 (1964). O parágrafo completo diz o seguinte: "Sob a Primeira e Décima Quarta Emendas, as leis criminais nesta área são constitucionalmente limitadas à pornografia hardcore. Eu não tentarei hoje definir ainda mais os tipos de materiais que entendo estarem abrangidos dentro desta descrição abreviada; e talvez eu jamais conseguiria fazer isso de forma inteligível. Mas eu reconheço quando o vejo, e o filme envolvido neste caso não trata disso."
18. Pesquisa anual da *Fortune* era chamada de *America's Most Admired Companies*; hoje a pesquisa é chamada de *World's Most Admired Companies*.
19. "exatamente o que se espera ao considerar a natureza notável e tangível dele". Brown, Brad, e Susan Perry, "Removing the Financial Performance Halo from Fortune's *Most Admired Companies*", *Academy of Management Journal* 37, n° 5 (1994): 1347–59.
20. Os dois estudos que mostraram que o desempenho financeiro de uma empresa explicava entre 42% a 53% da variação classificação geral são Fombrun, Charles e Mark Shanley, "What Is in a Name?: Reputation Building and Corporate Strategy", *Academy of Management Journal* 33: pp. 233–58; e McGuire, Jean B., Thomas Schneeweis e Ben Branch, "Perceptions of Firm Quality: A Cause or Result of Firm Performance", *Journal of Management* 16, n° 1 (1990): 167–80.
21. Hjelt, Paola, "The World's Most Admired Companies", *Fortune*, 8 de março de 2004, pp. 30–37.
22. Carvajal, Doreen, "Champion in Hearts of Employees", *International Herald Tribune*, 11 de agosto de 2004, p. 11. Se o portfólio tivesse mudado a cada ano para incluir a lista atual de empresas, o retorno teria sido de 15,21% — presumindo que ignoramos os custos da transação.
23. As formas como conceitos tais como "respeito" foram medidos foram encontradas no site *Great Place to Work*, www.greatplacetowork.com (conteúdo em inglês).
24. A classificação da Cisco como *Ótimo Lugar para Trabalhar* foi listada no site.

Capítulo Cinco

1. Narver, John C., e Stanley F. Slater, "The Effect of Market Orientation on Business Performance", *Journal of Marketing*, outubro de 1990, pp. 20–35. Na passagem, usei "foco no cliente " e "foco no mercado" de forma cambiável.
2. "administrar a crise de forma eficaz como fizemos". Aguilar, Francis, e Arvind Bambri, "Johnson & Johnson, Philosophy and Culture (A)", Harvard Business School Case Study 384-053, 1983.
3. Em 2004, os valores compartilhados da Johnson & Johnson pareciam mais fortes do que nunca. Ver Londres, Simon, "J&J Stands Proudly by Its Leader's Words", *Financial Times*, 31 de agosto de 2004, p. 10.
4. "valores e métodos relativamente padronizados de fazer negócios". Kotter, John, e James Heskett, *Corporate Culture and Performance*, Nova York: Free Press, 1992, p. 16.

5. "o que era esperado devido ao efeito halo". Kotter e Heskett, 1992, pp. 20–21. Na carta, aconselharam aos entrevistados: "Por favor avaliem as empresas listadas na folha anexa em uma escala de um a cinco, atribuindo um à empresa que você acredite ter uma cultura forte. Tente dissociar as suas avaliações do desempenho dessas empresas nos últimos anos." Esta última advertência reconheceu o potencial de atribuições baseadas no desempenho, mas se ela seria suficiente para neutralizar a tendência dos halos, dado o que vimos em outros ambientes, é questionável e não foi testado pelos autores.
6. "enquanto empresas de baixo desempenho tinham uma pontuação média de 3,7/7". Kotter e Heskett, 1992, p. 37.
7. "pode proporcionar uma grande recompensa". Análise do site Amazon.com, julho de 2004.
8. "deveriam superar o desempenho das que não o fazem". Claro que existem argumentos contrários, notadamente o trabalho de Clayton Christensen sobre tecnologias disruptivas, que sugere que empresas podem fracassar se permanecerem focadas *demais* nos clientes atuais e negligenciarem as necessidades de potenciais futuros clientes. Veja Christensen, Clayton M., *The Innovator's Dilemma: When New Technologies Cause Great Firms to Fail*, Boston: Harvard Business School Press, 1997.
9. "Uma correlação, por si só, não explica nada". Locke, Edwin A., "The Nature and Causes of Job Satisfaction", em M. D. Dunnette (org.), *Handbook of Industrial and Organizational Psychology*, Chicago: Rand McNally, 1976, pp. 1297–1349. Steven Levitt e Stephen Dubner, na p.10 do best-seller, *Freakonomics: O Lado Oculto e Inesperado de Tudo que nos Afeta*, Rio de Janeiro: Campus, 2007, apresentou argumento similar: "O fato de duas coisas estarem correlacionadas não significa que uma causa a outra. Uma correlação simplesmente significa que um relacionamento existe entre dois fatores — vamos chamá-los de X e Y — mas nada informa sobre a direção deste relacionamento. É possível que X cause Y; também é possível que Y cause X; pode ser que X e Y sejam ambos causados por algum outro fator, Z."
10. A declaração da The Bain & Company de que "Os clientes da Bain superaram o mercado de ações a uma taxa de 4 contra 1" foi encontrada em janeiro de 2006 em www.bain.com/bainweb/About/what_we_do.asp (conteúdo em inglês). Que cada ponto representava uma comparação trimestre por trimestre de um portfólio de clientes da Bain naquele trimestre com o mercado foi explicado por e-mail em janeiro de 2006 pelo chefe de relações de imprensa da Bain, Cheryl Krauss.
11. Um projeto longitudinal pode ajudar a superar erros simples de correlação e causalidade, mas não prova definitivamente a causalidade. Se retrocedermos até David Hume e outros filósofos da ciência, temos que admitir que a causalidade nunca pode ser provada de forma definitiva; tudo o que temos são observações e experiência. Sou grato a Michael Raynor por esse ponto.
12. O desempenho financeiro, medido através do retorno sobre ativos e lucro por ação, tem um efeito mais poderoso na satisfação do funcionário do que o contrário, é de Schneider, Benjamin, Paul J. Hanges, D. Brent Smith, e Amy Nicole Salvaggio, "Which Comes First: Employee Attitudes or Organizational, Financial, and Market Performance?", *Journal of Applied Psychology* 88, nº 5 (outubro de 2003): 836–51.
13. Jaworski, Bernard J. e Ajay K. Kohli, "Market Orientation: Antecedents and Consequences", *Journal of Marketing* 57 (julho/agosto de 1993): 53–70.
14. "devem se esforçar para melhorar seu foco no mercado". Jaworski e Kohli, 1993, p. 64.
15. "podem ter mais recursos para investir em responsabilidade social". Veja, por exemplo, pp. 52–54 de Paine, Lynn Sharp, *Value Shift: Why Companies Must Merge Social and Financial Imperatives to Achieve Superior Performance*, Nova York: McGraw-Hill, 2003.

16. "têm impactos financeiros imediatos e prolongados". Ruf, Bernadette M., Krishamurty Muralidhar, Robert M. Brown, Jay Janney, e Karen Paul, "An Empirical Investigation of the Relationship Between Change in Corporate Social Performance and Financial Performance: a Stakeholder Theory Perspective", *Journal of Business Ethics* 32 (2001): 143–56. Outro estudo sobre RSC que usou dados KDL e achou um relacionamento positivo foi Shawn L. Berman, Andrew C. Wicks, Suresh Kotha e Thomas M. Jones, "Does Stakeholder Orientation Matter?: The Relationship Between Stakeholder Management Models and Firm Financial Performance", *Academy of Management Journal* 42, nº 5, outubro de 1999.
17. *The Economist* sugeriu que muitas iniciativas RSC foram pouco mais do que exemplos de "boa administração". "The Good Company: A Review of Corporate Social Responsibility", *The Economist*, 22 de janeiro de 2005.
18. "para evitar problemas de correlação e causalidade". Eles observam, por exemplo, o problema da "avaliação gerencial da eficácia da ARH" — um reconhecimento de que o efeito halo pode deturpar as avaliações.
19. "três indicadores amplamente seguidos do desempenho da empresa". Huselid, Mark A., Susan E. Jackson, e Randall S. Schuler, "Technical and Strategic Human Resource Management Effectiveness as Determinants of Firm Performance", *Academy of Management Journal* 40, nº 1 (1997): 184.
20. "são uma fonte potencial de vantagem competitiva". Huselid, Jackson, e Schuler, 1997, p. 186.
21. Wasserman, Noam, Nitin Nohria e Bharat Anand, "When Does Leadership Matter?: The Contingent Opportunities View of CEO Leadership", documento de trabalho da Harvard Business School, 2001.
22. "a escolha de um CEO é crucial". Citado em Joyce, William F., Nitin Nohria, e Bruce Roberson, *What Really Works: The 4+2 Formula for Sustained Business Success*, Nova York: HarperBusiness, 2003, p. 200.
23. "ou simplesmente um reflexo de uma melhor gestão geral". Huselid, Mark A. e Brian E. Becker, "Methodological Issues in Cross-Sectional and Panel Estimates of the Human Resource-Firm Performance Link", *Industrial Relations* 35, nº 3 (julho de 1996): 403.
24. A observação de Pinker é da p. 38 de Pinker, Stephen, *Como a Mente Funciona*, São Paulo: Companhia das Letras, 2018.
25. Esta última categoria, que eles chamaram de "efeitos específicos do segmento", capta as práticas da empresa, a eficácia da organização e as habilidades de seus gestores. McGahan, Anita, e Michael E. Porter, "How Much Does Industry Matter, Really?", *Strategic Management Journal* 18 (1997): 15–30. A frase exata foi: "Esta última categoria, efeitos específicos do segmento, engloba todas as diferenças dos segmentos de negócios incluindo diversidade em participação no mercado, diferenciação, heterogeneidade em ativos fixos, diferenças em práticas organizacionais, diferenças na eficácia organizacional, heterogeneidade nas configurações de atividades, anomalias em práticas contábeis e diferenças em competências gerenciais."

Capítulo Seis

1. Twain, Mark (Samuel L. Clemens), *Aventuras de Huckleberry Finn*, Rio de Janeiro: Zahar, 2019.
2. "que estruturam este livro". Peters, Thomas J., e Robert H. Waterman Jr., *Vencendo a Crise: Como o Bom Senso Empresarial Pode Superá-la*, São Paulo: Harbra, 1983, p. 24.

3. "O que está completamente errado". Peters, Tom, "Tom Peters' True Confessions", *Fast Company*, dezembro de 2001, p. 81.
4. "Não havia nenhuma teoria que eu estivesse determinado a provar". Peters, 2001, p. 81.
5. "Eles foram os oito princípios do *Vencendo*". Peters, 2001, p. 84.
6. "não se consegue nada disso sem o comprometimento de todos os envolvidos". Peters e Waterman, 1982, p. 17.
7. "achamos que teríamos que apresentar algumas medidas quantitativas de desempenho" e "nós falsificamos os dados". Peters, 2001, p. 84.
8. "conduzir inúmeros workshops para milhares de gestores". Peters e Waterman, 1982, p. 25.
9. "sofrido quedas significativas nos lucros causados por sérios problemas nos negócios, problemas de gestão ou ambos" e "que ficaram pelo caminho enfatizaram alguns atributos e ignoraram outros" de "Who's Excellent Now?", *Business Week*, 5 de novembro de 1984.
10. "Você sempre pode se preocupar em provar os fatos mais tarde". Peters, 2001, p. 86.
11. "*princípios fundamentais* e padrões atemporais subjacentes que poderiam ser aplicados em diferentes épocas". Collins, James C., e Jerry I. Porras, *Feitas para Durar: Práticas Bem-sucedidas de Empresas Visionárias*, Rio de Janeiro: Alta Books, 2020.
12. "fazer placas de Petri das empresas, mas não podemos; temos que pegar o que a história nos fornece e tirar o melhor proveito disso". Collins e Jerry, 2020.
13. Vastas quantidades de dados são mencionadas em Collins e Jerry, 2020.
14. "Collins e Jerry reconheceram". Collins e Jerry.
15. "O *Vencendo a Crise* dos anos 1990 chegou. E é o livro *Feitas para Durar*". Collins e Jerry, citação interna na segunda página da edição de bolso de 1997.
16. "um projeto magistral para construir empresas que prosperarão por um longo tempo no futuro". *Feitas para Durar*, quarta capa da edição de bolso de 1997.
17. "Você pode construir uma empresa visionária". Collins e Jerry.
18. "uma revolução em como compreendemos o que torna as empresas bem-sucedidas no longo prazo". Collins e Jerry, citação interna na segunda página da edição de bolso de 1997.
19. "Deixem que os indícios falem por si mesmos". Collins e Jerry.
20. Gary Hamel e Liisa Välikangas compararam as dezoito empresas visionárias com o Dow Jones Industrial Average em vez do S&P 500, mas obtiveram resultados semelhantes. Em "The Quest for Resilience", *Harvard Business Review*, setembro de 2003, pp. 52–63, eles escrevem: "Nos últimos dez anos, apenas seis dessas empresas conseguiram superar o desempenho do Dow Jones Industrial Average".
21. "sua longevidade, sua capacidade de durar". Foster, Richard N. e Sarah Kaplan, *Creative Destruction: Why Companies That Are Built to Last Underperform the Market—And How to Successfully Transform Them*, Nova York: Random House, p. 8.
22. "No longo prazo, os mercados sempre vencem". Foster e Kaplan, pp. 8–9.
23. "de fato, sob a hipótese de que existe uma calmaria perene". Schumpeter, Joseph A., *Capitalismo, socialismo e democracia*, São Paulo: Editora Unesp, 2017 (orig. pub. 1942).
24. Ghemawat, Pankaj, *Commitment: The Dynamics of Strategy*, Nova York: Free Press, 1991.
25. "as forças erosivas da imitação, competição e expropriação". Waring, Geoffrey F., "Industry Differences in the Persistence of Firm-Specific Returns", *American Economic Review*, dezembro de 1996, pp. 1253–65.
26. McGahan, Anita M., "Competition, Strategy, and Business Performance", *California Management Review* 41, n° 3 (Primavera de 1999).
27. A maioria das pessoas não capta intuitivamente o fenômeno da regressão à média. Amos Tversky e Daniel Kahneman, psicólogos pioneiros em muitas pesquisas do julgamento humano sobre incertezas, explicaram: "Nós sugerimos que o fenômeno da regressão permanece misterioso porque é incompatível com a crença de que o resultado deveria ser a

representação máxima da entrada, e, portanto, que o valor da variável resultante deveria ser tão extremo quanto o valor da variável de entrada." "Judgment Under Uncertainty: Heuristics and Biases", *Science* 185 (1974): 1124–31.
28. Os estudos de Ghemawat e McGahan são apenas dois entre os muitos que mostraram a mesma tendência geral. Robert Wiggins, da Universidade de Memphis, e Timothy Ruefli, da Universidade do Texas, em Austin, examinaram muitos desses estudos e concluíram não apenas que os lucros se desgastam, mas que o ritmo desse desgaste está cada vez mais rápido — devido "às pressões competitivas crescentes, às vezes chamadas de hipercompetição". Eles citam Schumpeter: "Praticamente toda empresa (é) ameaçada e posta na defensiva assim que passa a existir." Wiggins, Robert R. e Timothy W. Ruefli, "Schumpeter's Ghost: Is Hypercompetition Making the Best of Times Shorter?", *Strategic Management Review* 26 (2005): 887–911.

Capítulo Sete

1. Bing, Stanley, "Quantum Business", *Fortune*, 4 de outubro de 2004, p. 104.
2. Diversas citações diretas vêm de Joyce, William F., Nitin Nohria, e Bruce Roberson, *What Really Works: The 4+2 Formula for Sustained Business Success*, Nova York: Harper Business, 2003: "Mas nenhum é maior que este: o que de fato funciona?" é da p. 3; "aquelas que realmente importam" é da p. 5; "com rigor científico e verificado por fatos mensurados" é da p. 6; e "o vínculo entre as práticas 4+2 e empresas bem-sucedidas era surpreendente" é da p. 15.
3. Kirby, Julia. "Toward a Theory of High Performance", *Harvard Business Review*, julho/agosto 2005, pp. 30–39. Kirby discute vários dos estudos abordados neste livro — incluindo Peters e Waterman, Collins e Jerry, Kotter e Heskett, Zook e Allen, Joyce, Nohria, e Roberson, e Foster e Kaplan. O artigo tem vários bons argumentos, mas não aborda dois problemas fundamentais: a dependência de dados de fontes que tendem a ser moldados pelo efeito halo e a natureza relativa do desempenho da empresa.
4. Todos esses pontos em bullets vêm de Alex Brown, exceto a menção de "Implementou uma sofisticada tecnologia cliente/servidor que melhorou a gestão de mercadorias e economizou US$240 milhões", que é de Santosus, Megan, "A Seasoned Performer", *CIO*, 15 de janeiro de, 1995.
5. "divulguem retornos maiores do que a Kmart". Buchanan, R. F., "Kmart Corporation—Company Report", 9 de outubro de 1990, Alex. Brown & Sons, The Investor Group, Boston, p. 4.
6. "porém a Walmart o fizera 2 anos antes". Foley, Sharon, mas "Wal-Mart Stores, Inc.", Harvard Business School Case Study 9-794-024, rev. 1996, p. 6.
7. Para informações da General Motors e sua participação no mercado em queda, veja Welch, David e Dan Beucke, "Why GM's Plan Won't Work", *Business Week*, 9 de maio de 2005.
8. A capa declarou: "O estudo revolucionário de cinco anos dos segredos das melhores empresas do mundo." "dizer que melhorar práticas específicas quase garante um desempenho superior para a empresa": Joyce, Nohria, e Roberson, 2003, p. 12.
9. "marcha fúnebre da análise financeira" e a descrição de quinze anos de retornos do mercado de ações perto da média geral, "marcados por um ponto de transição", e "mesmo em situações improváveis" são todos de Collins, 2001, p. 6.
10. "índices financeiros à rotatividade de gestores". Collins, 2001, p. 9.
11. Em *Feitas Para Vencer*, Collins aborda questões sobre importância estatística, considerando que havia apenas onze empresas no estudo. Ele escreve que sua equipe consultou um estatístico da Universidade do Colorado, que observou que o problema da importância

estatística aplica-se apenas quando a amostragem de dados está envolvida, mas que, em vez disso, Collins fez uma seleção objetiva para chegar àquelas onze empresas. Isso é verdade, mas não é necessariamente um argumento a favor desse projeto de pesquisa. Selecionar empresas com base em resultados não seria problemático se houvesse independência entre variáveis independentes e dependentes, mas este não é o caso, já que muitos dados vêm de fontes comumente distorcidas pelo efeito halo. Em seguida, Collins cita um professor de matemática aplicada da Universidade do Colorado, que concluiu que "não havia nenhuma chance de que simplesmente achássemos onze eventos aleatórios que acabaram de acontecer para mostrar os padrões de bom para ótimo que estávamos procurando. Podemos concluir com confiança que as características que achamos estão fortemente associadas com transformações de bom para ótimo". *Associadas*, sim, mas não da maneira causal que Collins tão fortemente implica quando afirma ter explicado por que algumas empresas fazem o salto de bom para ótimo enquanto outras não fazem. As características observadas *levam a* transformações de bom para ótimo, ou as empresas que passaram por essas transições tendem a ser descritas como tendo essas características? O argumento fundamental deste livro é que a última explicação é a mais provável, dada a possibilidade de halos nesse conjunto de dados.

12. Perguntas das entrevistas são de Collins, 2001, pp. 240–41.
13. O autorrelato pode ser valioso quando usado associado a outros dados e quando conduzido de maneira a minimizar as distorções da retrospecção. Veja, por exemplo, a discussão de Robert K. Yin em *Case Study Research: Design and Methods*, Newbury Park, CA: Sage Publications, 1984. Collins e sua equipe não mostram indícios de reconhecer as limitações de seus métodos, que dependeram de entrevistas retrospectivas, artigos de revistas e outros desses relatos, nem mostram qualquer esforço para compensar os problemas inerentes a esses dados.
14. "e reconstruindo-a". Collins, 2001, p. 10. Collins lembrou que ele "faria uma apresentação para a equipe sobre aquela empresa específica, tirando conclusões potenciais e fazendo perguntas. Depois vamos debater, discordar, bater na mesa, elevar as nossas vozes, fazer uma pausa para refletir, debater mais um pouco, fazer uma pausa e pensar, discutir, resolver, questionar, e debater novamente sobre 'o que tudo isso significa.'" Como sabemos da pesquisa de Barry Staw, esse tipo de discussões tende a ser permeado com o efeito halo.
15. "pôr ordem na bagunça — ir do caos para o conceito". Collins, 2001, p. 11.
16. Eu peguei uma imagem de *Ulisses*, de James Joyce, que também descreve um taco de hockey celestial: "E eles O contemplaram mesmo, Ele, próprio, ben Bloom Elias, por entre nuvens de anjos ascender à glória do esplendor em um ângulo de 45 graus por cima do bar do Donohoe na Little Green street que nem uma pedrada de estilingue." Joyce, James, *Ulisses*, Rio de Janeiro: Civilização Brasileira, 1993.
17. "basicamente uma questão de escolha consciente". Collins, 2001, p. 11.
18. Um olhar mais atento nas onze *Ótimas* empresas mostra que, nos quinze anos antes do ponto de inflexão, elas realmente *decaíram* ligeiramente em relação ao mercado. A mensagem? *Não se preocupe se você não está indo bem agora. A sua empresa também pode ir do meramente bom para o realmente ótimo.*
19. Berlin, Isaiah, *The Hedgehog and the Fox: An Essay on Tolstoy's View of History*, Chicago: Elephant Paperback, 1993.
20. Tetlock, Philip E., *Expert Political Judgment: How Good Is It? How Can We Know?*, Princeton, N.J.: Princeton University Press, 2005.
21. "respostas universais, atemporais, que possam ser aplicadas em qualquer empresa". Collins, 2001, p. 5.

22. "certas leis imutáveis de desempenho humano organizado (a física) subsistirão". Collins, 2001, p. 15.
23. "com uma precisão de oito ou dez casas decimais". Emanuel Derman, *My Life as a Quant: Reflections on Physics and Finance*, Nova York: John Wiley, 2004, p. 15. No nível das partículas subatômicas, essa precisão se desfaz, e os físicos não conseguem descrever os fenômenos com a mesma precisão tranquilizadora, mas Collins não evoca a imagem da física para sugerir a incerteza; pelo contrário, sua referência à física pretende sugerir precisão e previsibilidade.

Capítulo Oito

1. "para se tornarem uma celebridade". Booker, Christopher, *The Seven Basic Plots: Why We Tell Stories*, Londres: Continuum Books, 2004, p. 585. "transformação milagrosa em sua sorte" é da p. 52.
2. Anders, George, "Homespun Strategist Offers Career Advice", *Wall Street Journal Online*, 13 de janeiro de 2004, www.careerjournal.com/myc/climbing/20040113-anders.html.
3. Bertrand, Marianne e Antoinette Schoar, "Managing with Style: The Effect of Managers on Firm Policies", *Quarterly Journal of Economics* 118, n° 4 (novembro de 2003): 1169–1208. Vale a pena mencionar que esta revista está entre as revistas de economia mais ilustres, dificilmente uma leitura leve para gestores corporativos. Os autores referem-se a outros trabalhos que procuraram medir o impacto de características gerenciais sobre o desempenho da empresa e corretamente observam que "esses artigos não controlam efeitos fixos das empresas e, portanto, não conseguem estabelecer diferença entre efeitos causados por gestores e por empresas". Esses artigos incluem o documento de trabalho de Wasserman, Nohria e Anand (2001), que foi mencionado como um esforço para estudar o impacto da liderança sobre o desempenho da empresa no Capítulo 5.
4. Bloom, Nick, Stephen Dorgan, John Dowdy, John Van Reenen e Tom Rippin, "Management Practices Across Firms and Nations", Centre for Economic Performance, London School of Economics, junho de 2005, p. 3. A interpretação da explicação dos 10% do desempenho total da empresa (DTE) vem da correspondência por e-mail com Nick Bloom, julho de 2005: "Sobre a variação do desempenho total da empresa explicada, baseia-se nos números R-quadrado das regressões ajustados para erros de medição. Para os países, baseia-se em dizer que a diferença DTE do Reino Unido-EUA é de 20% a 40% e a diferença gerencial estaria associada a uma diferença de DTE de 3% a 5%, de modo que isso explica cerca de 15% da variação. Naturalmente, aqui nada sabemos sobre causação." Comentando amplamente sobre estudos de desempenho, Nick Bloom escreveu: "DTE é realmente uma medida de nossa ignorância e somos agora um pouco menos ignorantes sobre um componente — administração — e assim achamos quedas de DTE inexplicadas."
5. "ao mesmo tempo, passa a fazer essas deduções". March, James G. e Robert I. Sutton, "Organizational Performance as a Dependent Variable", *Organization Science* 8, n° 6 (novembro–dezembro 1997): 698. Referência ao "tour de force esquizofrênico" no qual "as exigências dos papéis do consultor e professor estão dissociadas das exigências do papel de pesquisador" está na p. 703.
6. "Barns' Storming", *The Economist*, 12 de março 2005, p. 57. Preços extraordinários como esse sugerem algo diferente, uma espécie de consumo ostensivo como o descrito pelo economista Thorstein Veblen. Já que é difícil avaliar precisamente o valor dessas palestras, os altos preços indicam o alto valor de mercado.

7. "dos poderes limitados de acrescentar ou reduzir" é uma expressão tomada do discurso de Gettysburg de Abraham Lincoln: "Os homens valentes, vivos e mortos, que lutaram aqui, consagraram-no muito além dos nossos poderes limitados de acrescentar ou reduzir."
8. Os artigos citados nesta seção incluem Ekman, Ivar, "Lego Braces for Big Changes", *International Herald Tribune*, 23 de julho de 2005, p. 9; Austen, Ian, "Lego Plays Hardball with Right to Bricks", *International Herald Tribune*, 3 de fevereiro de 2005, p. 11; e o comunicado à imprensa da Lego de 21 de outubro de 2004, *www.lego.com*. As perspectivas declinantes para fábricas de brinquedos foram descritas por Erika Kinetz em "Putting Away Childish Things", *International Herald Tribune*, 2–3 de abril de 2005, pp. 16–17. "Pela maioria dos padrões, a indústria de brinquedos está se desintegrando. As crianças não estão comprando brinquedos como costumavam e o setor está lutando para se ajustar. As vendas na Europa Ocidental, Japão e EUA — os três maiores mercados de brinquedos por vendas — estão estagnadas há vários anos." Parte do problema é a expansão dos brinquedos eletrônicos e celulares; a consolidação dos canais varejistas pressiona ainda mais as fábricas de brinquedos. De acordo com a repórter, seria fundamental ampliar seu público, expandir seu apelo e aventurar-se na "eletrônica de consumo, mídia, educação, moda, e até mesmo híbridos de decoração doméstica". Praticamente tudo, exceto se prender à essência em extinção.

Capítulo Nove

1. "executar atividades diferentes das dos concorrentes, ou atividades semelhantes, mas de maneira diferente". Porter, Michael E., "What Is Strategy?", *Harvard Business Review*, nov.–dez. de 1996, pp. 62.
2. "bem entendida pelos colaboradores, clientes, parceiros, e investidores". Joyce, Nohria, e Roberson, 2003, p. 16.
3. "e só então decidiam que rumo tomar". Collins, *Empresas Feitas para Vencer*. O argumento de Collins é circular, já que sugere que podemos identificar pessoas "certas" e "erradas" independentemente da estratégia da empresa. De fato, certas pessoas e suas habilidades podem ser mais ou menos apropriadas dado o que a empresa está tentando fazer — as atividades que realiza, os mercados em que compete e as fontes de diferenciação que busca. Como um exemplo, considere a Harrah's Entertainment, que foi mencionada no capítulo 1. Quando Gary Loveman levou a empresa em uma direção diferente — uma escolha estratégica de enfatizar uma abordagem baseada em informações da gestão de dados do cliente — algumas das pessoas que haviam sido consideradas entre as de melhor desempenho não eram mais necessárias. Loveman até substituiu um gestor de marketing sênior que havia acabado de ser nomeado Funcionário do Ano. De repente, a pessoa ficou "errada"? Não em um sentido absoluto, mas relativo à direção estratégica, evidentemente.
4. Para fins desta discussão, eu uso os termos "risco" e "incerteza" de forma intercambiável, embora estritamente falando exista uma diferença importante entre as duas. Risco geralmente pretende envolver probabilidades conhecidas, enquanto sob condições de incerteza as probabilidades não são conhecidas. Apostar na roleta é portanto um jogo de risco — conhecemos as chances e conhecemos as recompensas, e podemos fazer nossas apostas de acordo. Prever o dano causado por um enorme terremoto envolve incerteza — não sabemos o momento ou a magnitude e não conseguimos prever o dano com precisão. Assim, grande parte do que falo aqui se enquadra na designação de incerteza.
5. "ao olhar no espelho". Guralnick, Peter, *Last Train to Memphis: The Rise of Elvis Presley*, Nova York: Little, Brown, 1994, p. 227 da edição em brochura.

6. Christensen, Clayton M., *The Innovator's Dilemma: When New Technologies Cause Great Firms to Fail*, Boston: Harvard Business School Press, 1997.
7. Robert R. Wiggins e Timothy Ruefli mostraram que os setores diferem na persistência do desempenho, com os setores de alta tecnologia mostrando uma erosão mais veloz do alto desempenho do que setores mais estáveis. Eles também mostraram que todos os setores parecem ter períodos curtos de persistência, significando que *o Sucesso do Delírio Duradouro* está se tornando cada vez mais pronunciado. Veja Wiggins, Robert R., e Timothy W. Ruefli, "Schumpeter's Ghost: Is Hypercompetition Making the Best of Times Shorter?", *Strategic Management Review* 26 (2005): 887–911.
8. Para ver a importância de conhecer o perfil da população geral, imagine que 90% de todas as empresas tivessem uma única essência e as outras 10% tivessem mais de uma. Neste caso, se 78% das empresas bem-sucedidas tivessem uma única essência, descobriríamos que empresas com mais de uma essência tendiam a ter uma maior probabilidade de sucesso de forma proporcional, 22/10 = 220% contra 78/90 = 87%. O estudo de Zook não é o único a cometer este tipo de erro. Neil Harper e Patrick Viguerie da McKinsey & Co. exploraram mais ou menos o mesmo tema em um artigo de 2002 (Harper, Neil W. C. e S. Patrick Viguerie, "Are You *Too* Focused?", *McKinsey Quarterly*, "Special Edition: Risk and Resilience", 2000, pp. 28–37). O estudo deles de mais de 4 mil grandes empresas norte-americanas de 1990 a 2000 descobriu que empresas focadas superavam a média de seus colegas do setor em 8%, mas empresas moderadamente diversificadas superavam a média em 13%. A conclusão: a diversificação moderada é, ao menos, tão boa quanto — e provavelmente melhor que — um foco maior. Mas assim como o estudo de Bain, o estudo de McKinsey é incapaz de nos dizer se a diversificação moderada *leva ao* alto desempenho ou se as empresas com bom desempenho evitam a maior diversificação. Só poderemos dizer se analisarmos os dados através do tempo e compararmos os resultados de diferentes decisões tomadas por empresas enfrentando circunstâncias similares.
9. Deveria ser possível realizar um tal estudo coletando dados através do tempo (um projeto longitudinal) usando uma metodologia apropriada como análise do histórico do evento, mas com a condição de que os dados não sejam corrompidos por halos.
10. Veja March, James G. e Zur Shapira, "Managerial Perspectives on Risk and Risk-Taking", *Management Science* 33 (1987). Eles escrevem: "Em uma perspectiva histórica não temos nenhuma dificuldade em distinguir aqueles que têm sido brilhantes tomadores de risco daqueles que têm sido apostadores insensatos, por mais obscura que a diferença possa ter sido na época em que estavam tomando suas decisões. A reconstituição após o fato permite que a história seja contada de modo que o 'acaso', quer no sentido de fenômenos genuinamente probabilísticos ou de variação inexplicada, é minimizado como uma explicação."
11. "são a essência da execução". Bossidy, Larry, e Ram Charan, com Charles Burck, *Execution: The Discipline of Getting Things Done*, Nova York: Random House Business Books, 2002, p. 9.
12. As origens do sistema sociotécnico remontam a Eric Trist, A. Rice, Eric J. Miller, e seus colegas da Tavistock School durante as décadas de 1950 e 1960.
13. "contingência idiossincrática". Becker, Brian E., Mark A. Huselid, Peter S. Pickus, e Michael F. Spratt, "HR as a Source of Shareholder Value: Research and Recommendations", *Human Resource Management* 36, n° 1 (1997): 41.
14. Peter Cappelli e Anne Crocker-Hefter da Wharton School duvidaram se existe qualquer conjunto individual de "melhores" práticas. Ao contrário, eles observaram, "existem exemplos em praticamente todos os setores de empresas altamente bem-sucedidas que possuem práticas administrativas bem distintas". Seus exemplos variaram de empresas (Sears e Nordstrom, ou Boston Consulting Group e McKinsey & Co) e de escolas de

negócios (Harvard e Wharton) a times de futebol americano (o San Francisco 49ers e o Oakland Raiders), cada um com práticas administrativas muito diferentes dos pares, mas todos bem-sucedidos em sua área. Eles observam: "Mesmo práticas que parecem ter sido demonstradas como sendo 'melhores' em algumas empresas nunca parecem se estender para a comunidade de negócios como um todo." Cappelli, Peter, e Anne CrockerHefter, "Distinctive Human Resources Are Firms' Core Competences", *Organizational Dynamics* 24 (1996): 7–21.

15. Murphy, James D., *Flawless Execution: Use the Techniques and Systems of America's Fighter Pilots to Perform at Your Peak and Win the Battles of the Business World*, Los Angeles: Regan Books, 2005.
16. Edmondson, Gail, "What He'll Do with Renault", *Business Week*, 25 de abril de 2005, p. 19.
17. A descrição da execução da Allied-Signal é de Tichy, Noel, e Ram Charan, "The CEO as Coach: An Interview with AlliedSignal's Lawrence A. Bossidy", *Harvard Business Review*, março–abril de 1995, p. 72.
18. A descrição da execução da Dell é de Bossidy, Larry, e Ram Charan, com Charles Burck, *Execution: The Discipline of Getting Things Done*, Nova York: Random House Business Books, 2002, pp. 16–18.
19. "Falhamos na execução". Veja www.informationweek.com/showArticle.jhtml?articleID=29100212.
20. Para relatos da substituição de Carly Fiorina, veja Morrison, Scott, "HP Sacks Chief Executive Fiorina but Stresses Strategy Will Not be Changed", *Financial Times*, 10 de fevereiro de 2005, p. 1; e Morrison, Scott, "HP Turns to NCR for Its New Chief", *Financial Times*, 30 de março de 2005, p. 1.
21. Um exame das questões estratégicas enfrentadas pela Hewlett-Packard foi bem sintetizado pela *Business Week* em "Carly's Challenge", por Ben Elgin, 13 de dezembro de 2004, pp. 48–56. Uma crítica devastadora, que abordou toda gama de problemas, da estratégia à execução, foi fornecida por Carol J. Loomis, "Why Carly's Big Bet Is Failing", *Fortune*, 24 de janeiro de 2005. Veja também "Exit Carly", *The Economist*, 12 de fevereiro de 2005, p. 63.
22. Lee, Louise, e Peter Burrows, "Dell's Edge Is Getting Duller", *Business Week*, 14 de novembro de 2005, p. 43. De acordo com os autores, algumas questões estratégicas enfrentadas pela Dell envolviam a importância dada aos consumidores versus os mercados, bem como sua aproximação com a China.
23. "Sim, é um paradoxo. Agora lide com ele". Peters, 2001, p. 90.

Capítulo Dez

1. Menção a Ballmer lendo *Empresas Feitas para Vencer*: Greene, Jay, "Troubling Exits at Microsoft", *Business Week*, 26 de setembro de 2005, p. 55.
2. Wiggins e Ruefli, 2005, escrevem que "a vantagem competitiva sustentada tornou-se menos uma questão de achar e manter uma única vantagem competitiva e mais um caso de achar uma série de vantagens competitivas através do tempo e concatená-las em uma vantagem competitiva sustentada".
3. "tão definida e duradoura como parece à distância". Lester, Tom, "Learning How to Fail in Business", *Financial Times*, 29 de setembro de 2003.
4. O professor de estratégia Jay Barney escreve: "Empresas que atingem retornos acima do normal o fazem devido a habilidades e insights únicos que controlavam quando as estratégias que geraram altos retornos foram escolhidas. Por outro lado, essas empresas

podem ter tido sorte". Barney, Jay B., "Strategic Factor Markets: Expectations, Luck, and Business Strategy", *Management Science* 32, n° 10 (outubro de 1986): 1231–1241.
5. "O que guiou a minha carreira tanto nos negócios quanto no governo". Rubin e Weisberg, p. 7.
6. "sucesso era produto da avaliação" Rubin e Weisberg, p. 7.
7. "Fluxo e incerteza faziam da arbitragem de risco algo estressante". Rubin e Weisberg, p. 46.
8. A transação da Becton Dickinson e Univis é explicada em Rubin e Weisberg, pp. 42–46.
9. "sob uma pressão considerável — e a lei das médias". Rubin e Weisberg, p. 46.
10. "que possam levar a melhores resultados". Rubin e Weisberg, p. xii.
11. "O chip foi um sucesso enorme". Grove, Andrew S., *Only the Paranoid Survive: How to Exploit the Crisis Points That Challenge Every Company*, Nova York: Doubleday, 1996, p. 83.
12. "é preciso ficar atento, porque sua velocidade e percurso podem mudar". Grove, 1996, p. 102.
13. "não estrutura (esse futuro)?", Grove, 1996, pp. 152–53.
14. "Medo... de estar errado e de perder tudo são motivadores poderosos". Grove, 1996, p. 117.
15. Citações do artigo de Jeffrey Garten são de "Andy Grove Made the Elephant Dance", *Business Week*, 11 de abril de 2005, p. 11.
16. Citações do artigo de Tedlow são de "The Education of Andy Grove", *Fortune*, 12 de dezembro de 2005, pp. 33–41.
17. "tem sido a empresa mais competente do Vale do Silício". Markoff, John, "The Disco Ball of Failed Hopes and Other Tales from Inside Intel", *New York Times*, 29 de novembro de 2004. *Business Week* também traçou o perfil da Intel como uma das maiores inovadoras nos negócios; veja Edwards, Cliff, "Supercharging Silicon Valley", *Business Week*, 4 de outubro de 2004, p. 8.
18. "foi abalada no último ano". Nuttall, Chris, "Intel In side Out: The Chip Industry Leader Adapts to Changing Consumer Demands", *Financial Times*, 9 de fevereiro de 2005, p. 15.
19. "uma das melhores manifestações de incorporação dos valores da Intel de correr risco, disciplina, e orientação para resultados que já vi aqui". Edwards, Cliff, "Inside Intel", *Business Week*, 9 de janeiro de 2006, pp. 43–53.
20. Comentários feito em *Orchestrating Winning Performance*, do IMD, Lausanne Suíça, 26 de junho de 2005.

Capítulo Onze

1. "Uma regra simples determina minhas compras". Buffett, Warren E. "Buy American. I Am", *New York Times*, 16 de outubro de 2008.
2. "Eliminaremos". Otterman, Sharon, "Obama Names Three to Top Economic Posts", *New York Times*, 19 de dezembro de 2008.
3. "o triunfo da ganância sobre o bem comum". Lloyd, John, "What is it all for?" *Financial Times*, 24 de dezembro de 2008.
4. "ganância e estupidez". Golub, Harvey, "Getting Out of the Credit Mess", *Wall Street Journal*, 9 de dezembro de 2008.
5. "combinação fatal de ganância e negligência". Da descrição do livro na amazon.com de Cohan, William D, *House of Cards: A Tale of Hubris and Wretched Excess on Wall Street*, Nova York: Anchor, 2010. "Uma narrativa intensa sobre a negligência e ganância que levou toda Wall Street para o caos e o país para uma crise... William Cohan expõe a arrogância corporativa, as lutas de poder, e a combinação mortal de ganância e negligência, que levou ao colapso da Bear Stearns, mas também dos fundamentos de Wall Street."

6. "ganância combinada com imprudência". Kakutani, Michiko, "Greed Layered on Greed, Frosted with Recklessness", *New York Times*, 15 de junho de 2009. "[A] atual crise global financeira conta a história de pessoas que pensaram que eram as mais espertas do local e descobriram ser ingênuas, imprudentes, e em alguns casos, pura e simplesmente estúpidas. É uma história — uma novela com nuances de narrativa moral — sobre arrogância, ganância e negligência."
7. "É loucura". Lewis, Michael, "In Defense of the Boom", *New York Times Magazine*, 27 de outubro de 2002. Citado em Schwartz, Tony, "Dope, Dopes and Dopamine: The Problem With Money", *Huffington Post*, 28 de outubro de 2010, http://www.huffingtonpost.com/tony-schwartz/dope-dopes-and-dopamine-t_b_775202.html.
8. "para encorajar um traço humano desprezível: o interesse próprio". Lewis, Michael, "In Defense of the Boom", *New York Times Magazine*, 27 de outubro de 2002.
9. "Ao eliminar essa regra centenária". Stout, Lynn A., "The Natural Result of Deregulation", de "What Goldman's Conduct Reveals", *New York Times*, 16 de abril de 2010, http://roomfordebate.blogs.nytimes.com/2010/04/16/what-goldmans-conduct-reveals.
10. "são aqueles que amam o bem que você chama de gananciosos". Platão, "Hiparco", *Plato, Complete Works*, John M. Cooper, org., Indianápolis: Hackett Publishing Company, 1997, p. 609.
11. *Harvard Business Review on Manufacturing Excellence at Toyota*, Boston: Harvard Business School Press, 2009.
12. Há uma verdadeira biblioteca de livros sobre a Toyota, incluindo o best-seller *O Modelo Toyota: 14 Princípios de Gestão do Maior Fabricante do Mundo*, por Jeffrey K. Liker (Porto Alegre: Bookman), que explicou o modelo "4P" para a excelência organizacional: Filosofia, Pessoal, Processo, e Resolução de Problemas. Em 2008, Jeffrey K. Liker escreveu com Michael Hoseus *A Cultura Toyota: A Alma do Modelo Toyota* (Porto Alegre: Bookman), que descreveu os sistemas humanos que instilam uma filosofia de excelência e criam uma força de trabalho global de pessoas comprometidas com a alta qualidade.
13. "Você devia se envergonhar, Toyota, por ser tão gananciosa". "Spotlight: Toyota Hearings", *Time*, 8 de março de 2010, p. 12; Washington, 23 de fevereiro de 2010, "Toyota Victim Recounts 'Near Death' Trip", https://www.cbsnews.com/news/toyota-victim-recounts-near-death-trip/.
14. Clark, Bill, "Toyota's Stellar Reputation Sullied by Greed" *Columbia Daily Tribune*, 8 de março de 2010.
15. "Para muitos, a história da Toyota é um conto antiquado de ganância". "Total Recall: The Toyota Story", 25 de março de 2010, BBC Money Programme, 55:50.
16. "talvez tivesse crescido muito rápido". Montopoli, Brian, "Akio Toyoda Congressional Testimony: 'I am Deeply Sorry'", *CBS News*, 23 de fevereiro de 2010, https://www.cbsnews.com/news/akio-toyoda-congressional-testimony-i-am-deeply-sorry-full-text/.
17. "aumentava as chances de morrer em um acidente de carro". Wright, Robert, "Toyotas Are Safe (Enough)", *New York Times*, 9 de março de 2010, http://opinionator.blogs.nytimes.com/2010/03/09/toyotas-are-safe-enough.
18. "Wall Street não é o único lugar onde uma busca irresponsável por lucros". Zimmerman, Eric, "Reid: BP's 'Greed' Caused Oil Spill", 17 de maio de 2010, https://thehill.com/policy/energy-environment/98193-reid-bps-greed-caused-oil-spill.
19. "Sem dúvida, a Goldman Sachs". "Quem era o maior vilão, a Goldman Sachs ou a BP?" 16 de junho de 2010, http://blogs.abcnews.com/nightlinedailyline/2010/06/bigger-villain-bp-or-goldman-sachs.html.
20. "Até esta data, não tivemos nenhum caso". Broder, John M., "Investigator Finds No Evidence That BP Took Shortcuts to Save Money", *New York Times*, 8 de novembro de 2010.

21. Um livro inteiro dedica-se a explicar fracassos nos negócios em termos de orgulho executivo excessivo: Hayward, Mathew, *Ego Check: Why Executive Hubris Is Wrecking Companies and Careers and How to Avoid the Trap*, Kaplan Business, 2007.
22. "não fui o único a considerar o milagre do rápido surgimento de edifícios em Dubai". Jeremy Warner, "If countries like Dubai begin to fail, who will save them?" *The Telegraph*, 27 de novembro de 2009, http://www.telegraph.co.uk/finance/comment/jeremy-warner/6672699/If-countries-like-Dubai-begin-to-fail-who-will-save-them.html.
23. Cohan, William D., *House of Cards: A Tale of Hubris and Wretched Excess on Wall Street*, Nova York: Doubleday, 2009.
24. "Nas semanas desde a explosão da plataforma, paralelos entre esse desastre". Kennedy, Randy, "The Ahab Parallax: 'Moby Dick' and the Spill", *New York Times*, 11 de junho de 2010, http://www.nytimes.com/2010/06/13/weekinreview/13kennedy.html?emc=eta1.
25. A Igreja Católica Romana reconhece sete pecados capitais: Luxúria, Gula, Cobiça, Preguiça, Ira, Inveja e Orgulho (arrogância).

Capítulo Doze

1. "Palavras são apenas *ferramentas* para o escritor". Thompson, Hunter S. Carta para Carrie Neftzger, setembro de 1974, de *Fear and Loathing in America: The Brutal Odyssey of an Outlaw Journalist, 1968–1976,* Nova York: Simon & Schuster Paperbacks, 2000, pp. 594–595.
2. Hardy, Quentin, "Intel Tries to Secure Its Footing Beyond PCs", *The New York Times*, 14 de abril de 2013.
3. A declaração da empresa Logitech, 28 de fevereiro de 2013. "Logitech Realigns Organization with Strategic Priorities, Resulting in Expected Incremental Cost Savings of $16 to $18 Million for FY 2014".
4. "Não vai ficar mais fácil para a divisão Harmony". Burns, Matt, "Logitech Decides to Retain Its Harmony Remote Division", *Tech Crunch*, 20 de junho de 2013, http://techcrunch.com/2013/06/20/logitech-decides-to-retain-its-harmony-remote-division.
5. "Buffett alertando para o 'risco de uma megacatástrofe'", BBC, terça, 4 de março de 2003, http://news.bbc.co.uk/1/hi/2817995.stm.
6. "Derivativos são armas financeiras de destruição em massa". Berkshire Hathaway Annual Report, 2002, http://www.fintools.com/docs/Warren Buffet on Derivatives.pdf.
7. "Eu não acho que se possa fazer as duas coisas". Packer, George, *Desagregação: Por dentro de uma nova América*, São Paulo: Companhia das Letras, 2013.
8. "o homem que não estava lá". Cohan, William D. "Rethinking Rubin", *Bloomberg Businessweek*, 24 de setembro de 2012, pp. 61–66.
9. "Bem, não acho que seja justo condenar todo um programa por causa de um pequeno engano, senhor". Kubrick, Stanley, e Terry Southern, *Dr. Strangelove*, p. 16 do roteiro, http://cdn.preterhuman.net/texts/movie_and_TV_scripts/published_movie_scripts/PDF_versions/Dr.%20Strangelove.pdf.
10. "O criador do iPod e iPhone estabelece um novo padrão fascinante". Morris, Betsy, "What Makes Apple Golden" *Fortune*, 3 de março de 2008.
11. "O que faz a Apple ser tão admirada?" Tkaczyk, Christopher. "World's Most Admired Companies, 2010", http://money.cnn.com/magazines/fortune/mostadmired/2010/snapshots/670.html.
12. Zweig, Jason, "The Halo Effect: How It Polishes Apple's and Buffett's Image", *Wall Street Journal*, 27 de agosto de 2011.

13. "Pelo sexto ano consecutivo". Lashinsky, Adam, "It's lonely at the top for Apple", *Fortune*, 1º de março de 2013.
14. "Apple perdeu o seu fator de atração?" *CNNMoney*, http://money.cnn.com/video/technology/innovation/2013/06/10/t-appleelectronics-future-products.cnnmoney.
15. "Somente a lista dos quesitos como mostrada acima é fornecida na pesquisa". *"Fortune World's Most Admired Companies"*, http://www.haygroup.com/ww/best_companies/index.aspx?id=1582.
16. "redução de custo substancial e medidas para melhorar a eficiência". Lego Group, Relatório Anual 2004, p. 5.
17. Wellian, Edwin, Carlos Cordon, e Ralf Seifert, "Lego: Consolidating Distribution (A)", IMD Case 6-0315, 2008.
18. "O resultado é altamente satisfatório". Lego Group, Relatório Anual 2010, p. 8.

Referências

Livros

Aronson, Eliot. *O Animal Social. Introdução ao Estudo do Comportamento Humano*. São Paulo: IBRASA, 2009.

Barham, Kevin e Claudia Heimer. *ABB: The Dancing Giant*. Londres: FT Pitman Publishing, 1998.

Berlin, Isaiah. *The Hedgehog and the Fox: An Essay on Tolstoy's View of History*. Chicago: Elephant Paperback, 1993.

Booker, Christopher. *The Seven Basic Plots: Why We Tell Stories*. Londres: Continuum Books, 2004.

Bossidy, Larry e Ram Charan, com Charles Burck. *Execução: a Disciplina Para Atingir Resultados*. Rio de Janeiro: Alta Books, 2019.

Burgelman, Robert A. *Strategy Is Destiny: How Strategy-Making Shapes a Company's Future*. Nova York: Free Press, 2002.

Carlin, George. *When Will Jesus Bring the Pork Chops?* Nova York: Hyperion, 2004.

Carroll, Paul. *Big Blues: The Unmaking of IBM*. Nova York: Crown Publishers, 1993.

Christensen, Clayton M. *O dilema da inovação: Quando as novas tecnologias levam empresas ao fracasso*. São Paulo: M Books, 2019.

_____ e Michael E. Raynor. *The Innovator's Solution: Creating and Sustaining Successful Growth*. Boston: Harvard Business School Press, 2003.

Cohan, William D. *House of Cards: A Tale of Hubris and Wretched Excess on Wall Street*. Nova York: Doubleday, 2009.

Collins, James C., e Jerry I. Porras. *Feitas Para Durar: Práticas bem-sucedidas de empresas visionárias*. Rio de Janeiro: Alta Books, 2020.

Collins, Jim. *Empresas feitas para vencer: Por que algumas empresas alcançam a excelência... E outras não*. Rio de Janeiro: Alta Books, 2018.

Derman, Emanual. *My Life as a Quant: Reflections on Physics and Finance*. Nova York: John Wiley, 2004.

Feynman, Richard P. *The Pleasure of Finding Things Out: The Best Short Works of Richard P. Feynman*. Londres: Penguin Books, 1999.

Foster, Richard N., e Sarah Kaplan. *Creative Destruction: Why Companies That Are Built to Last Underperform the Market—And How to Successfully Transform Them*. Nova York: Currency, Random House, 2001.

Gasparino, Charles. *The Sellout: How Three Decades of Wall Street Greed and Government Mismanagement Destroyed the Global Financial System*. Nova York: HarperBusiness, 2009
George, Bill. *Authentic Leadership: Rediscovering the Secrets to Creating Lasting Value*. São Francisco: Jossey-Bass, 2003.
Ghemawat, Pankaj. *Commitment: The Dynamics of Strategy*. Nova York: Free Press, 1991.
Gould, Stephen Jay. *Full House: The Spread of Excellence from Plato to Darwin*. Nova York: Three Rivers Press, 1996.
Grove, Andrew S. *Only the Paranoid Survive: How to Exploit the Crisis Points That Challenge Every Company*. Nova York: Doubleday, 1996.
Guralnick, Peter. *Last Train to Memphis: The Rise of Elvis Presley*. Nova York: Little, Brown, 1994.
Hayward, Mathew. *Ego Check: Why Executive Hubris Is Wrecking Companies and Careers and How to Avoid the Trap*. Nova York: Kaplan Business, 2007.
Harvard Business Review on Manufacturing Excellence at Toyota. Boston: Harvard Business School Press, 2009.
Hitchens, Christopher. *Letters to a Young Contrarian*. Nova York: Basic Books, 2001.
Joyce, James. *Ulisses*. São Paulo: Civilização Brasileira, 1986.
Joyce, William F., Nitin Nohria, e Bruce Roberson. *What Really Works: The 4+2 Formula for Sustained Business Success*. Nova York: HarperBusiness, 2003.
Kotter, John, e James Heskett. *Corporate Culture and Performance*. Nova York: Free Press, 1992.
Levitt, Steven D., e Stephen J. Dubner. *Freakonomics: O Lado Oculto e Inesperado de Tudo que nos Afeta*. Rio de Janeiro: Alta Cult, 2019.
Liker, Jeffrey K. *O Modelo Toyota: 14 Princípios de Gestão do Maior Fabricante do Mundo*. Porto Alegre: Bookman, 2005.
Liker, Jeffrey K., e Michael Hoseus. *A Cultura Toyota: A Alma do Modelo Toyota*. Porto Alegre: Bookman, 2009.
Marcus, Alfred A. *Grandes Vencedores e Grandes Perdedores: Os Quatro Segredos do Sucesso e do Fracasso de Longo Prazo*. Porto Alegre: Bookman, 2006.
Micklethwait, John, e Adrian Wooldridge. *The Witch Doctors: What the Management Gurus Are Saying, Why It Matters, and How to Make Sense of It*. Londres: Heinemann, 1996.
Murphy, James D. *Flawless Execution: Use the Techniques and Systems of America's Fighter Pilots to Perform at Your Peak and Win the Battles of the Business World*. Regan Books, 2005.
O'Reilly, Charles III, e Jeffrey Pfeffer. *Hidden Value: How Great Companies Achieve Extraordinary Results with Ordinary People*. Boston: Harvard Business School Press, 2000.
Packer, George. *Desagregação: Por dentro de uma nova América*. São Paulo: Companhia das Letras, 2014.
Paine, Lynn Sharp. *Value Shift: Why Companies Must Merge Social and Financial Imperatives to Achieve Superior Performance*. Nova York: McGraw-Hill, 2003.
Peters, Thomas J., e Robert H. Waterman Jr. *Vencendo a Crise: Como o Bom Senso pode Superá-la*. São Paulo: Harbra, 1983.
Peters, Tom. *Liberation Management: Necessary Disorganization for the Nanosecond Nineties*. Londres: Pan Books, 1992.
Pinker, Stephen. *Como a mente funciona*. São Paulo: Companhia das Letras, 1998.
Platão. *Plato, Complete Works*. John M. Cooper, ed. Indianápolis: Hackett Publishing Company, 1997.
Rubin, Robert E., e Jacob Weisberg. *In an Uncertain World: Tough Choices from Wall Street to Washington*. Nova York: Random House, 2003.
Schumpeter, Joseph. *Capitalismo, socialismo e democracia*. São Paulo: Editora Unesp, 2017.
Shaw, George Bernard. *Pygmalion*. Londres: Penguin Books, 1916.
Simon, Herbert A. *Models of My Life*. Nova York: Basic Books, 1991.

Taleb, Nassim Nicholas. *Iludidos pelo acaso: A influência da sorte nos mercados e na vida.* São Paulo: Objetiva, 2019.
Tetlock, Philip E. *Expert Political Judgment: How Good Is It? How Can We Know?* Princeton, N.J.: Princeton University Press, 2005.
Tett, Gillian. *Fool's Gold: The Inside Story of J. P. Morgan and How Wall St. Greed Corrupted Its Bold Dream and Created a Financial Catastrophe.* Nova York: Free Press, 2009.
Thompson, Hunter S. *Fear and Loathing in America: The Brutal Odyssey of an Outlaw Journalist, 1968-1976.* Nova York: Simon & Schuster Paperbacks, 2000.
Twain, Mark (Samuel L. Clemens). *Aventuras de Huckleberry Finn.* Rio de Janeiro: Clássicos Zahar, 2001.
Waters, John K. *John Chambers and the Cisco Way: Navigating Through Volatility.* John Wiley & Sons, 2002.
Yin, Robert K. *Case Study Research: Design and Methods.* Newbury Park, CA: Sage Publications, 1984.
Zook, Chris, com James Allen. *Profit from the Core: Growth Strategy in an Era of Turbulence.* Boston: Harvard Business School Press, 2001.

Artigos

"Global Most Admired: The World's Most Admired Companies", *Fortune*, 2 de outubro de 2000.
"Who's Excellent Now?", *Business Week*, 5 de novembro de 1984, pp. 46–48.
"Fortune 500 Largest U.S. Corporations", *Fortune*, 18 de abril de 2005.
"Poll: Bush Ratings Hit New Low", CBS News Poll, 6 de outubro de 2005.
"The Good Company: A Review of Corporate Social Responsibility", *The Economist*, 22 de janeiro de 2005.
"Tough at the Top: A Survey of Corporate Leadership", *The Economist*, 25 de outubro de 2003.
"Barns' Storming", *The Economist*, 12 de março de 2005, p. 57.
ABB Annual Reports, ABB Corporate Communications Ltd., Dept. CCBI, P.O. Box 8829, CH-8050, Zurique, Suíça.
Aguilar, Francis, e Arvind Bambri. "Johnson & Johnson, Philosophy and Culture (A)", Harvard Business School Case Study 384-053, 1983.
Anders, George. "Homespun Strategist Offers Career Advice", *Wall Street Journal Online*, 13 de janeiro de 2004.
Austen, Ian. "Lego Plays Hardball with Right to Bricks", *International Herald Tribune*, 3 de fevereiro de 2005, p. 11.
Barham, Kevin, e Claudia Heimer. "Creating the Globally Connected Corporation", *Financial Times Mastering Management*, junho de 1997, pp. 12–14.
Barney, Jay B. "Strategic Factor Markets: Expectations, Luck, and Business Strategy", *Management Science* 32, n° 10 (1986): 1231–41.
Bartlett, Christopher A. "ABB's Relays Business: Building and Managing a Global Matrix", Harvard Business School Case Study 9-394-016, 1993.
Becker, Brian E., Mark A. Huselid, Peter S. Pickus, e Michael F. Spratt. "HR as a Source of Shareholder Value: Research and Recommendations", *Human Resource Management* 36, n° 1, (1997): 47.
Bennis, Warren, e James O'Toole. "How Business Schools Lost Their Way", *Harvard Business Review*, maio de 2005.
Berman, Shawn L., Andrew C. Wicks, Suresh Kotha, e Thomas M. Jones. "Does Stakeholder Orientation Matter?: The Relationship Between Stakeholder Management Models and Firm Financial Performance", *Academy of Management Journal* 42, n° 5 (outubro de 1999).

Bertrand, Marianne, e Antoinette Schoar. "Managing with Style: The Effect of Managers on Firm Policies", *Quarterly Journal of Economics* 118, n° 4 (novembro de 2003): 1169–1208.

Bilefsky, Dan, e Anita Raghavan. "How ABB Tumbled Back Down to Earth", *Wall Street Journal Europe*, 23 de janeiro de 2003.

Bilefsky, Dan, Goran Mijuk, e Brandon Mitchener. "In a Surprise Move, ABB Replaces CEO—Appointment of Successor to Centerman Raises Questions on Management", *Wall Street Journal Europe*, 6 de setembro de 2002.

Bing, Stanley. "Quantum Business", *Fortune*, 4 de outubro de 2004 p. 104.

Bloom, Nick, Stephen Dorgan, John Dowdy, John Van Reenen, e Tom Rippin. "Management Practices Across Firms and Nations", Centre for Economic Performance, London School of Economics, junho de 2005, p. 3.

Broder, John M. "Investigator Finds No Evidence That BP Took Shortcuts to Save Money", *New York Times*, 8 de novembro de 2010.

Brown, Brad, e Susan Perry. "Removing the Financial Performance Halo from Fortune's Most Admired Companies", *Academy of Management Journal* 37, nº 5 (1994): 1347–59.

Buchanan, R. F. "Kmart Corporation—Company Report", Boston: Alex. Brown & Sons, Investext Group, 9 de outubro de 1990, p. 4.

Buffett, Warren E. "Buy American. I Am", *New York Times*, 16 de outubro de 2008.

Burns, Matt. "Logitech Decides to Retain Its Harmony Remote Division", *Tech Crunch*, 20 de junho de 2013.

Burrows, Peter. "Cisco's Comeback", *Business Week*, 24 de novembro de 2003, pp. 42–48.

Byrne, John A., e Ben Elgin. "Cisco Behind the Hype". *Business Week*, 21 de janeiro de 2002.

Cappelli, Peter, e Anne Crocker-Hefter. "Distinctive Human Resources Are Firms' Core Competences", *Organizational Dynamics* 24 (1996): 7–21.

Carvajal, Doreen. "Champion in Hearts of Employees", *International Herald Tribune*, 11 de agosto de 2004, p. 11.

Christensen, Clayton M., e Michael E. Raynor. "Why Hard-Nosed Executives Should Care About Management Theory", *Harvard Business Review*, setembro de 2003, pp. 67–74.

Clark, Bill. "Toyota's Stellar Reputation Sullied by Greed", *Columbia Daily Tribune*, 8 de março de 2010.

Clark, Nicola. "Fraying Brand Image at Britain's WH Smith", *International Herald Tribune*, 26 de abril de 2004, p. 9.

Coggan, Philip. "World's Most Respected Companies", *Financial Times, Special Report*, 18 de novembro de 2005.

Cohan, William D. "Rethinking Rubin", *Bloomberg Businessweek*, 24 de setembro de 2012.

Cooper, William H. "Ubiquitous Halo", *Psychological Bulletin* 90, n° 2 (1981): 218–44.

De Jonquieres, Guy. "Europe's Most Respected Companies", *Financial Times*, 18 de setembro de 1996, p. 1 da pesquisa.

Doonar, Joanna. "Brand MOT: Lego", *Brand Strategy*, 10 de fevereiro de 2004.

Downey, H. Kirk, Thomas Chacko, e James C. McElroy. "Attributions of the 'Causes' of Performance: A Constructive, Quasi-longitudinal Replication of the Staw (1975) Study", *Organizational Behavior and Human Performance* 24 (1979): 287–99.

Edmondson, Gail. "What He'll Do with Renault", *Business Week*, 25 de abril de 2005, p. 19.

Edwards, Cliff. "Supercharging Silicon Valley", *Business Week*, 4 de outubro de 2004, p. 8.

———. "Inside Intel", *Business Week*, 9 de janeiro de 2006, pp. 43–53.

Ekman, Ivar. "Lego Braces for Big Changes", *International Herald Tribune*, 23 de julho de 2005, p. 9.

Elgin, Ben. "Carly's Challenge", *Business Week*, 13 de dezembro de 2004, pp. 48–56.

Fleming, Charles. "New Chairman of ABB Aims to Tighten Business Focus", *Wall Street Journal Europe*, 23 de novembro de 2001.

Referências

Flower, Joe. "The Cisco Mantra", *Wired* 5.03 (março de 1997).
Foley, Sharon. "Wal-Mart Stores, Inc.", Harvard Business School Case Study 9-794-024, rev 1996.
Fombrun, Charles, e Mark Shanley. "What Is in a Name?: Reputation Building and Corporate Strategy", *Academy of Management Journal* 33, nº 2 (1990): 233-58.
Garten, Jeffrey S. "Andy Grove Made the Elephant Dance", *Business Week*, 11 de abril de 2005, p. 11.
Goldblatt, Henry. "Cisco's Secrets", *Fortune*, 8 de novembro de 1999.
Golub, Harvey. "Getting Out of the Credit Mess", *Wall Street Journal*, 9 de dezembro de 2008.
Gomes, Lee. "Cisco Tops $100 Billion in Market Capital—Passing Milestone in 12 Years May Be Speed Record", *Wall Street Journal*, 20 de julho de 1998.
Greene, Jay. "Troubling Exits at Microsoft", *Business Week*, 26 de setembro de 2005, pp. 53-60.
Hamel, Gary, e Liisa Välikangas. "The Quest for Resilience", *Harvard Business Review*, setembro de 2003, p. 52.
Hammonds, Keith H. "Michael Porter's Big Ideas", *Fast Company*, março 2001, pp. 150-55.
Hardy, Quentin. "Intel Tries to Secure Its Footing Beyond PCs", *New York Times*, 14 de abril de 2013.
Harper, Neil W. C., e S. Patrick Viguerie. "Are You Too Focused?", *McKinsey Quarterly, 2002 Special Edition: Risk and Resilience*, pp. 28-37.
Hjelt, Paola. "The World's Most Admired Companies", *Fortune*, 8 de março de 2004, pp. 30-37.
_____. "The World's Most Admired Companies", *Fortune*, 14 de março de 2005, pp. 41-45.
Huselid, Mark A., Susan E. Jackson, e Randall S. Schuler. "Technical and Strategic Human Resource Management Effectiveness as Determinants of Firm Performance", *Academy of Management Journal* 40, nº 1 (1997): 171-88.
Huselid, Mark A., e Brian E. Becker. "Methodological Issues in CrossSectional and Panel Estimates of the Human Resource-Firm Performance Link", *Industrial Relations* 35, nº 3 (julho de 1996): 400-22.
Jaworski, Bernard J., e Ajay K. Kohli. "Market Orientation: Antecedents and Consequences", *Journal of Marketing* 57 (julho-agosto de 1993): 53-70.
Kakutani, Michiko. "Greed Layered on Greed, Frosted with Recklessness", *New York Times*, 15 de junho de 2009.
Karlgaard, Rich. "Interview with Percy Barnevik", *Forbes*, 5 de dezembro de 1994, pp. 65-68.
Kennedy, Carol. "ABB: Model Merger for the New Europe", *Long Range Planning* 25, nº 5 (outubro de 1992).
_____. "ABB's Sun Rises in the East", *Director*, setembro 1996, pp. 40-44.
Kennedy, Randy. "The Ahab Parallax: 'Moby Dick' and the Spill", *New York Times*, 11 de junho de 2010.
Kets de Vries, Manfred. "Leaders Who Make a Difference", *European Journal of Management* 14, nº 5 (1996): 486-93.
_____. "Making a Giant Dance", *Across the Board* 31, nº 9 (outubro 1994): 27-32.
Kinetz, Erika. "Putting Away Childish Things", *International Herald Tribune*, 2-3 de abril de 2005, pp. 16-17.
Kirby, Julia. "Toward a Theory of High Performance", *Harvard Business Review*, julho-agosto de 2005, pp. 30-39.
Kupfer, Andrew. "The Real King of the Internet", *Fortune*, setembro de 1998.
Lashinsky, Adam. "It's Lonely at the Top for Apple", *Fortune*, 1º de março de 2013.
Lester, Tom. "Learning How to Fail in Business", *Financial Times*, 29 de setembro de 2003.
Lewis, Michael. "In Defense of the Boom", *New York Times Magazine*, 27 de outubro de 2002.
Lloyd, John. "What Is It All For?" *Financial Times*, 24 de dezembro de 2008.

Locke, Edwin A. "The Nature and Causes of Job Satisfaction", em M. D. Dunnette (org.), *Handbook of Industrial and Organizational Psychology*. Chicago: Rand McNally, 1976, pp. 1297-1349.

London, Simon. "J&J Stands Proudly by Its Leader's Words", *Financial Times*, 31 de agosto de 2004, p. 10.

Loomis, Carol J. "Why Carly's Big Bet Is Failing", *Fortune*, 24 de janeiro de 2005.

Loveman, Gary. "Diamonds in the Data Mine", *Harvard Business Review*, maio de 2003, pp. 109-113.

MacCarthy, Clare. "Deputy Chief Sacked as Lego Tries to Rebuild", *Financial Times*, 9 de janeiro de 2004, p. 25.

Manette, Nicole. "Cisco Fractures Its Own Fairy Tale", *Fortune*, 14 de maio de 2001.

March, James G., e Robert I. Sutton. "Organizational Performance as a Dependent Variable", *Organization Science* 8, n° 6 (novembro-dezembro de 1997): 698-706.

March, James G., e Zur Shapira. "Managerial Perspectives on Risk and Risk-Taking", *Management Science* 33, (1987).

Markoff, John. "Papers Shed New Light on Microsoft Tactics", *International Herald Tribune*, 25 de março de 2004, p. 11.

_____. "The Disco Ball of Failed Hopes and Other Tales from Inside Intel", *New York Times*, 29 de novembro de 2004.

McClenahen, John S. "Percy Barnevik and the ABBs of Competition", *Industry Week*, 6 de junho de 1994, pp. 20-24.

McGahan, Anita M. "Competition, Strategy, and Business Performance", *California Management Review* 41, n° 3 (Primavera de 1999): 74-101.

_____, e Michael E. Porter. "How Much Does Industry Matter, Really?", *Strategic Management Journal* 18, (1997): 15-30.

McGuire, Jean B., Thomas Schneeweis, e Ben Branch. "Perceptions of Firm Quality: A Cause or Result of Firm Performance?", *Journal of Management* 16, n° 1 (1990): 167-180.

Meindl, James R., Sanford B. Ehrlich, e Janet M. Dukerich. "The Romance of Leadership", *Administrative Science Quarterly* 30 (1985): 78-102.

Meindl, James R., e Sanford B. Ehrlich. "The Romance of Leadership and the Evaluation of Organizational Performance", *Academy of Management Journal* 30, n° 1 (1987): 91-109.

Mijuk, Goran. "Pensions Case Against Ex-CEOs of ABB Is Ended", *Wall Street Journal Europe*, 6 de outubro de 2005.

Montopoli, Brian. "Akio Toyoda Congressional Testimony: 'I Am Deeply Sorry'", *CBS News*, 23 de fevereiro de 2010.

Moore, Angela. "Mattel Earns Rise, but Barbie Sales Snag", Reuters, 19 de julho de 2004.

Morosini, Piero. "ABB in the New Millenium: New Leadership, New Strategy, New Organization", IMD Case Study, 3-0829, 2000.

Morris, Betsy. "What Makes Apple Golden", *Fortune*, 3 de março de 2008.

Morrison, Scott. "HP Sacks Chief Executive Fiorina but Stresses Strategy Will Not Be Changed", *Financial Times*, 10 de fevereiro de 2005, p. 1.

_____. "HP Turns to NCR for Its New Chief", *Financial Times*, 30 de março de 2005, p. 1.

Narver, John C., e Stanley F. Slater. "The Effect of Market Orientation on Business Performance", *Journal of Marketing*, outubro de 1990, pp. 20-35.

Nuttall, Chris. "Intel Inside Out: The Chip Industry Leader Adapts to Changing Consumer Demands", *Financial Times*, 9 de fevereiro de 2005, p. 15.

Orwell, George. "Notes on Nationalism", *England, Your England and Other Essays*. Londres: Secker & Warburg, 1945.

Otterman, Sharon. "Obama Names Three to Top Economic Posts", *New York Times*, 19 de dezembro de 2008.
Perry, Nancy J. "America's Most Admired Corporations", *Fortune*, 9 de janeiro de 1984.
Peters, Tom. "Tom Peters' True Confessions", *Fast Company*, dezembro de 2001, p. 90.
Platt, John R. "Strong Inference", *Science* 146, n° 3642, (16 de outubro de 1964).
Porter, Michael E. "What Is Strategy?", *Harvard Business Review*, novembro–dezembro de 1996.
Quick, Rebecca. "Tiny Dogs and a Dream: Beating Cisco", *Wall Street Journal*, 4 de junho de 1998.
Rapoport, Carla, e Kevin Moran. "A Tough Swede Invades the U.S.", *Fortune*, 29 de junho de 1992, pp. 76–79.
Reinhardt, Andy. "Can Nokia Get the Wow Back?", *Business Week*, 31 de maio de 2004, pp. 18–21.
_____, e Peter Burrows. "Crunch Time for the High Tech Whiz", *Business Week*, 28 de abril de 1997, p. 80.
Rosenzweig, Philip M. "What Do We Think Happened at ABB?: Pitfalls in Research About Firm Performance", *International Journal of Management and Decision Making* 5, n° 4 (2004): 267–81.
_____. "Bill Gates and the Management of Microsoft", Harvard Business School Case Study, 1991.
Ruf, Bernadette M., Krishamurty Muralidhar, Robert M. Brown, Jay J. Janney, e Karen Paul. "An Empirical Investigation of the Relationship Between Change in Corporate Social Performance and Financial Performance: A Stakeholder Theory Perspective", *Journal of Business Ethics* 32, n° 2 (2001): 143–56.
Salancik, Gerald R., e James R. Meindl. "Corporate Attributions as Strategic Illusions of Management Control", *Administrative Science Quarterly* 29 (1984): 238–54.
Santosus, Megan. "A Seasoned Performer", *CIO*, 15 de janeiro de 1995.
Schares, Gail E. "Percy Barnevik's Global Crusade", *Business Week*, 6 de dezembro de 1993, pp. 56–59.
Schlender, Brent. "Computing's Next Superpower", *Fortune*, 12 de maio de 1997, pp. 64–71.
Schneider, Benjamin, Paul J. Hanges, D. Brent Smith, e Amy Nicole Salvaggio. "Which Comes First: Employee Attitudes or Organizational, Financial, and Market Performance?", *Journal of Applied Psychology* 88, n° 5 (outubro de 2003): 836–51.
Schwartz, Tony. "Dope, Dopes and Dopamine: The Problem with Money", *Huffington Post*, 28 de outubro de 2010.
Serwer, Andy. "There's Something About Cisco", *Fortune*, 15 de maio de 2000.
Simonian, Haig. "Optimistic ABB Turns the Corner", *Financial Times*, 30 de julho de 2004.
Staw, Barry M. "Attribution of 'Causes' of Performance: A General Alternative Interpretation of Cross-Sectional Research on Organizations", *Organizational Behavior and Human Performance* 13 (1975): 414–32.
_____, Pamela I. McKechnie, e Sheila M. Puffer. "The Justification of Organizational Performance", *Administrative Science Quarterly* 28 (1983): 592–600.
Stout, Lynn A. "The Natural Result of Deregulation", de "What Goldman's Conduct Reveals", *New York Times*, 16 de abril de 2010.
Taylor, William. "The Logic of Global Business: An Interview with Percy Barnevik", *Harvard Business Review*, março–abril de 1991, pp. 91–105.
Tempest, Nicole, e Christian G. Kasper. "Cisco Systems, Inc.: Acquisition Integration for Manufacturing (A)", Harvard Business School Case Study 9-600-015, 1999.
Thorndike, Edward L. "A Constant Error in Psychological Ratings", *Journal of Applied Psychology* 4 (1920): 469–77.

Thurm, Scott. "Cisco Profit Before Charges Rises 33% as Revenue Growth Keeps Accelerating", *Wall Street Journal*, 3 de fevereiro de 1999.

_____. "Joining the Fold: Under Cisco's Systems, Mergers Usually Work", *Wall Street Journal*, 1º de março de 2000.

_____. "Superstar's Pace: Cisco Keeps Growing but Exactly How Fast Is Becoming an Issue—As Debate over Its Stock Mounts, the Outcome Could Have Big Ripples", *Wall Street Journal*, 3 de novembro de 2000.

Tichy, Noel, e Ram Charan. "The CEO as Coach: An Interview with AlliedSignal's Lawrence A. Bossidy", *Harvard Business Review*, março–abril de1995.

Tkaczyk, Christopher. "World's Most Admired Companies, 2010", http://money.cnn.com/magazines/fortune/mostadmired/2010/snapshots/670.html.

Tomlinson, Richard, e Paola Hjelt. "Dethroning Percy Barnevik", *Fortune*, abril de 2002, pp. 38–41.

"Total Recall: The Toyota Story", BBC Money Programme, 25 de março de 2010.

Tversky, Amos, e Daniel Kahneman. "Judgment Under Uncertainty: Heuristics and Biases", *Science* 185 (1974): 1124–31.

Walczak, Lee, Richard S. Dunham, e Mike McNamee. "Selling the Ownership Society", *Business Week*, 6-13 de setembro de 2004.

Waring, Geoffrey F. "Industry Differences in the Persistence of Firm-Specific Returns", *American Economic Review*, Dezembro de 1996, pp. 1253–65.

Warner, Jeremy. "If Countries Like Dubai Begin to Fail, Who Will Save Them?" *The Telegraph*, 27 de novembro de 2009.

Wasserman, Noam, Nitin Nohria, e Bharat Anand. "When Does Leadership Matter?: The Contingent Opportunities View of CEO Leadership", Harvard Business School documento de trabalho, 2001.

Weber, Joseph, Peter Burrows, e Michael Arndt. "Management Lessons from the Bust", *Business Week*, 20 de agosto de 2001.

Welch, David, e Dan Beucke. "Why GM's Plan Won't Work", *Business Week*, 9 de maio de 2005.

Wellian, Edwin, Carlos Cordon, e Ralf Seifert. "Lego: Consolidating Distribution (A)", IMD Case 6-0315, 2008.

Wiggins, Robert R., e Timothy W. Ruefli. "Schumpeter's Ghost: Is Hypercompetition Making the Best of Times Shorter?", *Strategic Management Review* 26 (2005): 887–911.

Willer, Robb. "The Effects of Government-Issued Terror Warnings on Presidential Approval Ratings", *Current Research in Social Psychology* 10, nº 1 (2004).

Woodruff, David. "ABB Unveils New Board, Overhaul—Structural Plan Aims to Shift Focus from Products to Corporate Customers", *Wall Street Journal Europe*, 12 de janeiro de 2001.

_____ "Shares of ABB Slide 8.5% in Zurich on Disappointing Report of Results—New Chairman Vows to Boost Earnings, Revenue at Industrial Conglomerate", *Wall Street Journal Europe*, 14 de fevereiro 2001.

_____, e Almar Latour. "Barnevik Gets Harsh Verdict in Court of Public Opinion—Former ABB Chief Is Disgraced in Pension Row", *Wall Street Journal Europe*, 18 de fevereiro de 2002.

Wright, Robert. "Toyotas Are Safe (Enough)", *New York Times*, 9 de março de 2010.

Yoffie, David B., e Mary Kwak. "Playing by the Rules: How Intel Avoids Antitrust Litigation", *Harvard Business Review*, June 2001, pp. 119–22.

Zimmerman, Eric. "Reid: BP's 'Greed' Caused Oil Spill", 17 de maio de 2010, https://thehill.com/policy/energy-environment/98193-reid-bps-greed-caused-oil-spill.

Zweig, Jason. "The Halo Effect: How It Polishes Apple's and Buffett's Image", *Wall Street Journal*, 27 de agosto de 2011.

Índice

A

abaixo do padrão, 47
abordagem agressiva, 10-11
aceleradores de tecnologia, 111
ações da concorrência, 107
ajustes econômicos, 35
alianças estratégicas, 28
ambiguidade causal, 137
arbitragem de risco, 148
ativos
    intangíveis, 40
    "não essenciais", 42

B

blocos acionários, 110
bolha
    da internet, 161
    especulativas, xxvi
Bolsa de Valores, 11-12
burocracia inflexível, 53

C

cadeia de suprimentos, 10-11
camadas administrativas, 80
capital
    aberto, 62
    de risco, 19
    intelectual, 40
características
    específicas, 47
    isoladas, 47
    não observáveis, 74
causalidade temporal, 100
comitês de avaliação, 79
competição global, xxv
comportamento
    de manada, 148
    do cliente, 12
    variedade de, 52
comunicação
    habilidades de, 56
    implacável, 35
    interpessoal, 37

conceito
    básicos, 1
    do porco-espinho, 111
        O Porco-espinho e a Raposa
        (Isaiah Berlin), 112
confiança no futuro, 118
contingência idiossincrática, 140
controle gerencial, 19
crescimento
    lucrativo, 4
        sustentável, 12
    oportunidades de, 4
crise
    de liquidez, 42
    financeira, xxiii, 163
    imobiliária, 161
culto à personalidade, 44
cultura, 10-11
    convencional, 53
    corporativa, 25
        dinâmica, 36
    da disciplina, 111
    de carpe diem, 29
    de ganância, 162
    de traje social, 19
    pessoas comuns deem seu melhor,
        10-11

D

danos colaterais, 165
da pobreza à riqueza, 119
declarações de intenções, 133
delírio, 60
    da Correlação e da Causalidade, 67
    da Extremidade Errada do Bastão,
        112-115
    da Física Organizacional, 115-116
    da Pesquisa Rigorosa, 93-94
    das Explicações Únicas, 70
    de Ligar os Pontos Vencedores, 85-86
    do Desempenho Absoluto, 103-108
    do Sucesso Duradouro, 94-98
efeito halo, 47

desempenho
    absoluto, 107
    alto, xxii
        segredos do, xxii
    atribuições fundamentadas no, 51
    da empresa, xix
    estratégia, 133
    execução, 133
    financeiro, xx
        estatísticas, 49
    motivador de, 76
    relativo, 107
    sólido, 18
destruição criativa, 97
dissonância cognitiva, 47
dividendos, 83
duplicação de esforços, 44

E

eficiência
    operacional, 140
    organizacional, 32
escolha
    consciente, 112
    estratégica, 134
        concorrência imprevisível, 136
        demanda de clientes incerta, 136
        mudança tecnológica, 136
        natureza arriscada da, 134
essência da empresa, 3
    afastar-se da, 2
estabilidade financeira, xx
estilo gerencial, 122
estrutura organizacional, 78
estudo longitudinal, 69
excelência gerencial, 78
excesso de confiança, 84
execução
    disciplinada, 152
    impecável, 140
expansão orgânica, 134
expectativas dos investidores, 83
experimentação científica, 12

F

financeiro
    prejuízo, 1
    sucesso, 39
flexibilidade, 23
foco
    no cliente, 37, 63
    no mercado, 70
força
    da concorrência, 96
    de trabalho, 24

G

ganância, xxiii
    executiva, 43
gestão
    de mercadorias, 105
    de Probabilidades, 147–150
grandeza duradoura, 95–98, 152

H

hipóteses alternativas, 12
histórias inspiradoras, 146

I

identificação de oportunidades, 151
incompatibilidade de rede, 19
indicadores
    contábeis, 62
    de mercado, 62
índice
    de aprovação, 48
    de confiança, 58
informação
    redes de, 20
    sistemas de
        fusão dos, 23
    tecnologia da, 10–11
inovação constante, 167
integração, 34
inteligência
    artificial, xxviii
        Herbert Simon, pai da, xxviii
    de mercado, 70
intensidade competitiva, 71
interpretação das descobertas, 112

Índice

J
julgamento
    de eventos futuros, 114
    mutáveis, 63
    perspicaz, 147
    público, xxvi
junk bond, 107

L
lei
    das médias, 149
    de Modernização do Mercado Futuro de Commodities, 166
liderança, 54
    nível 5, 118
limites, 2
lucratividade, 1, 84

M
margem operacional, 21
medida imparcial, 68
mercado
    capitalização de, 18, 43
    editorial, 8
    emergentes, 34
    financeiro, xxii
    média do, 83
    participação dominante, 3
    participação no, 26
métodos de produção, 23
motivadores do sucesso, 85
mudanças tecnológicas, xxv, 180
    aceleração, xxv

N
negócios
    decisões fundamentais nos, 14
    delírios nos, xxvi
        investigar, xxvi
    de tecnologia, 21
    imprensa de, xxii
    leis da física dos, 159
    livros de, xxii
    modelo de, xxii
    mundo dos, xix
    sucesso nos, xxv
        segredos, xxvi
nível de satisfação, 48, 68
Nova Economia
    transição de indústria para serviços, 20

O
O Efeito Halo, xix–xxx
olhar estratégico, 38
operações
    comerciais, 35
    eficazes, 133
oportunidades de promoção, 68
orientação ao cliente, 32

P
padrões de consumo, 12
pensamento
    casual, xxix
    crítico, xxiv
    questionáveis, xxvii
    rápido, xxvii
pesquisas
    acadêmicas, xxii
    científica, 14
    confiáveis, 62
pirâmide corporativa, 28
política
    de investimento, 122
    econômica, 48
    específica, 48
    financeiras, 122
práticas
    de gestão, 167
    gerenciais, 74
previsões financeiras, 27
princípios
    atemporais, 89
    universais, 116
processos decisórios, 57
produto
    básicos, 1
    linha de, 133
progresso econômico, 165
projeto
    de organização, 104
    Evergreen, 99–108
        Fórmula 4+2, 101
        Práticas Principais, 102
            Cultura, 102
            Estratégia, 102
            Estrutura, 102
            Execução, 102
promessas revolucionárias, xxvi

Q

qualidade, xx
    de gerenciamento, xx
    de marketing, xx
    dos serviços e produtos, xx

R

recompensa
    do sucesso, 114
    potencial, 114
recursos
    corporativos, xx
    empresariais, 44, 178
    humanos
        administração de (ARH), 73
        investimentos em, 73
redução
    de custos, 34
    de funcionários, 34
resistência às mudanças, 158
responsabilidade
    ambiental, xx
    comunitária, xx
    moral, 45
    social, 178
resultados previsíveis, 132
retorno do investimento (ROI), 97
riscos
    análise de, xix

S

satisfação
    do colaborador, 131
    do funcionário, 70
setor da eletrônica, 151
sistema
    de incentivos, 165
    monetário
        global, 150
    sociotécnico, 139
social
    responsabilidade corporativa (RSC), 71

soluções, 37
    plug and play, xxvi
    rápidas, xxvi, 48
    simples, xxii
swap de créditos, 162

T

táticas de vendas, 63
taxa
    de despesas, 106
    de rotatividade, 68
tecnologia
    bolha da, 58
tendência humana, 50
Teorema da Viagem, xxviii
teoria
    de decisões, xxviii
    dos jogos
        Dilema do Prisioneiro, 135
        (estuda a tomada de decisão), 135
testes estatísticos, 62
tour de force
    esquizofrênico, 124
turbulência
    ambiental, 75
    de mercado, 71
    tecnológica, 71

V

validade dos dados, 102
valores
    centrais
        dedicação aos, 80
    conjunto de, 37
        ação, 37
        aceitar riscos, 37
        iniciativa, 37
    investimentos de, xix
vantagem competitiva, 34
variáveis fundamentais, 14
    processo de integração, 14
    setor, 14
    tamanho da empresa, 14
virtudes do vício, 165